U0441553

自动驾驶汽车关键技术丛书

自动驾驶汽车视觉和行为实践

用 Python3 和 OpenCV4 探索视觉感知、车道检测和物体分类

[美] 卢卡·文图瑞（Luca Venturi）
克里斯托弗·柯尔达（Krishtof Korda） 著
刘 帅 蒋朝阳 译

机械工业出版社

本书将使用 OpenCV 完成各种任务，包括行人检测和车道检测。本书将讲述深度学习并介绍如何利用它进行图像分类、对象检测和语义分割，使用它来识别行人、汽车、道路、人行道和交通信号灯，同时帮助读者了解一些有影响力的神经网络算法。本书中还将使用 Carla 模拟器通过行为克隆和 PID 控制器来控制汽车；了解网络协议、传感器、摄像头以及使用激光雷达来绘制周围的世界并找到相应位置。本书适合具备任何一种编程语言基础的程序员，以及车辆工程和自动驾驶相关专业的研究生阅读使用。

图书在版编目（CIP）数据

自动驾驶汽车视觉和行为实践：用 Python3 和 OpenCV4 探索视觉感知、车道检测和物体分类/（美）卢卡·文图瑞（Luca Venturi），（美）克里斯托弗·柯尔达（Krishtof Korda）著；刘帅，蒋朝阳译. —北京：机械工业出版社，2023.5
（自动驾驶汽车关键技术丛书）
书名原文：Hands-On Vision and Behavior for Self-Driving Cars
ISBN 978-7-111-72936-5

Ⅰ.①自… Ⅱ.①卢… ②克… ③刘… ④蒋… Ⅲ.①计算机视觉-应用-汽车驾驶-自动驾驶系统 Ⅳ.①U463.61-39

中国国家版本馆 CIP 数据核字（2023）第 056564 号

机械工业出版社（北京市百万庄大街 22 号 邮政编码 100037）
策划编辑：孙 鹏 责任编辑：孙 鹏 丁 锋
责任校对：潘 蕊 梁 静 责任印制：张 博
北京建宏印刷有限公司印刷
2023 年 6 月第 1 版第 1 次印刷
169mm×239mm·17.25 印张·2 插页·352 千字
标准书号：ISBN 978-7-111-72936-5
定价：149.00 元

电话服务
客服电话：010-88361066
010-88379833
010-68326294
封底无防伪标均为盗版

网络服务
机 工 官 网：www.cmpbook.com
机 工 官 博：weibo.com/cmp1952
金 书 网：www.golden-book.com
机工教育服务网：www.cmpedu.com

致我亲爱的妻子

感谢你的耐心和你无尽的支持。我知道，既要做母亲又要做科学家，同时又要和我结婚，这是一个挑战。

我只能希望我们的儿子能幸运地遇到像你这样的女人。

致我的合著者

非常感谢你和我一起踏上本次征途。这本书能够完成，是因为你承担了最困难的章节的工作。我知道你是一个真正的实干家，而你又一次证明了这一点。看到你的章节逐渐成形我很高兴，这些章节充满了你的经验，我相信读者会喜欢它们。

卢卡·文图瑞

致我可爱的妻子

感谢你在我写作本书的整个过程中给予的支持。你的关心、关注和支持是无价的。当我自我怀疑时，你信任我。当我产生最黑暗的想法时，你让我充满动力。当我忘记吃饭时，你是我的米其林三星厨师。你给我带来了水果和茶，让我保持旺盛的精力。你是我能够为这本书做出贡献的唯一原因。你是我的阳光，我的甘露，我的空气。你永远是我的一切。这本书是献给你的！我爱你！

致我的合著者

我不知道该如何感谢你向我伸出援手，帮助我完成这本书。如果没有你的帮助和考虑，我想我永远不可能做这样的事情。我真的很感谢你让我加入，并允许我在这本书上打下自己的烙印。我对你的辛勤工作和奉献精神印象极为深刻，这将鼓舞我继续努力。我从未想过我真的会成为一名出版作家，但多亏了你，我们才得以实现！

克里斯托弗·柯尔达

本书贡献者

关于作者

Luca Venturi 曾在世界级公司（包括法拉利和 Opera 软件）担任程序员，具有丰富的工作经验。他还曾为一些初创公司工作，包括 Activetainment（世界上第一辆智能自行车的制造商）、Futurehome（智能家居解决方案供应商）和 CompanyBook（其产品将人工智能应用于销售）。他曾在 Tapad（Telenor 集团）的数据平台团队工作，使公司其他部门能够访问数以亿计的数据，现在是 Piano 软件公司分析数据库的首席工程师。

Krishtof Korda 曾在 Lyft 公司为 5 级自动驾驶汽车设计传感器集成。现在，他作为 Ouster 的应用工程师，在机器人、飞行器、无人机和采矿等领域负责整合激光雷达的工作。此外，他喜欢参加 Enduro 山地自行车比赛。

关于审稿人

Choo Wilson 是一位来自马来西亚的数据科学家。他在客户的项目中应用计算机视觉、深度学习和机器人技术。他从不同的深度学习框架中建立和微调定制的深度学习模型，并将它们部署在不同的系统上。此外，他还对最先进的深度学习模型进行研究，并在边缘设备、本地和云服务器上进行模型迁移、优化和部署。他还针对业内工程师开设深度学习培训课程。Choo Wilson 目前正在建立一个基于 Jeston Nano 驱动的机器人和自主性的 YouTube 频道。

前　言

自动驾驶汽车即将在人们的生活中得到广泛应用。自动驾驶领域的发展和进步令人叹为观止。作者第一次听说自动驾驶汽车是在2010年，当时作者在东京的丰田展厅试乘过一次，乘车费用约为1美元。汽车行驶得很缓慢，这辆车非常明显地依赖嵌入道路的传感器。

几年后，激光雷达和计算机视觉和深度学习取得了很大进步，使得之前的技术看起来非常原始，存在对道路不必要的改造，成本高昂。

本书将使用OpenCV完成各种任务，包括行人识别和车道识别；读者将会探索深度学习并学习如何将其用于图像分类、目标检测和语义分割，并用它来识别行人、汽车、道路、人行道和交通信号灯，同时学习一些影响最深远的神经网络算法。

经过对本书的学习，读者将能熟练使用Carla模拟器，基于该模拟器使用行为克隆和PID控制器来控制汽车；了解网络协议、传感器、摄像头，以及如何使用激光雷达来对周围世界进行建图和定位。

但在深入研究这些惊人的技术之前，请花点时间想象一下20年以后的未来。汽车会是什么样子？它们可以实现自动驾驶吗？那时候汽车能飞起来吗？交通信号灯那时还是否会存在？那些汽车多快、多重，又有多贵？人们如何使用汽车以及人们使用汽车的频率如何？自动驾驶公交车和货车又将如何发展？

人们无法预知未来，但可以想象，自动驾驶汽车和一切能够自动驾驶的事物将以令人兴奋的新方式塑造人们的城市和日常生活。

读者想在定义未来中发挥积极作用吗？如果是，请继续阅读下去。本书会成为这场旅程的开端。

本书面向的读者

这本书涵盖了建造自动驾驶汽车所需的几个方面，适用于具备任何一种编程语言（最好是 Python）基础知识的程序员。读者不需要具备深度学习的经验，但是，若要完全理解最高阶的章节，学习一些扩展阅读的内容可能会有所帮助。与第 11 章相关的参考源代码是用 C++ 语言编写的。

本书内容

第 1 章，OpenCV 基础知识和摄像头标定，介绍了 OpenCV 和 NumPy；讲解如何处理图像和视频，如何使用 OpenCV 检测行人；此外还解释了摄像头的工作原理以及如何使用 OpenCV 对其进行校准。

第 2 章，理解和使用信号，介绍了不同类型的信号：串行、并行、数字、模拟、单端和差分信号，并讲解了一些非常重要的协议：CAN、以太网、TCP 和 UDP。

第 3 章，车道检测，涵盖使用 OpenCV 检测路上车道所需的一切。本章介绍了阈值处理、透视校正、边缘检测、直方图、滑动窗口算法以及获得最佳检测所需的滤波。

第 4 章，基于神经网络的深度学习，介绍了一般的神经网络，特别是卷积神经网络。本章还介绍了 Keras（一个深度学习模块），并展示了如何用它来检测手写数字和对一些图像进行分类。读者通过本章学习，能够快速掌握编写神经网络的方法。

第 5 章，深度学习工作流，恰当地补充了第 4 章中基于神经网络的深度学习。本章介绍了神经网络理论和典型工作流的步骤：获取或创建数据集，将其拆分为训练、验证和测试集，进行数据增强，在分类器中使用的主要层以及如何训练、推理和重新训练。本章还介绍了欠拟合和过拟合，并解释了如何将卷积层的激活情况可视化。

第 6 章，改进神经网络，解释了如何优化神经网络、减少其参数，以及如何使用批量归一化、早终止、数据增强和随机失活（Dropout）来提高其验证准确性。

第 7 章，检测行人和交通信号灯，介绍自动驾驶汽车模拟器 Carla，并用它来创建交通信号灯数据集。本章还使用被称为 SSD 的预训练神经网络检测行人、汽车和交通信号灯，以及使用名为迁移学习的强大技术来训练神经网络，以便根据交通信号灯的颜色对其进行分类。

第 8 章，行为克隆，讲解如何训练神经网络来驱动 Carla，解释了行为克隆是什么，如何使用 Carla 构建驱动数据集，如何创建适合此任务的网络以及如何对其进行训练。本章还使用显著图来了解网络正在学习什么，并将其与 Carla 集成以帮助它自驱动。

第 9 章，语义分割，这是关于深度学习的最后一章，也是最高阶的一章，解释了什么是语义分割。本章详细介绍了一个非常有趣的 DenseNet 架构，展示了如何使其适用于语义分割。

第 10 章，转向、加速和制动控制，本章内容涉及控制自动驾驶汽车，解释了什么是控制器，重点介绍了 PID 控制器并涵盖了 MPC 控制器的基础知识。最后将在 Carla 中实现一个 PID 控制器的控制。

第 11 章，环境建图，这是本书最后一章。本章讨论了地图、定位和激光雷达，并介绍了一些开源建图工具。读者将了解到什么是同步定位与地图构建（SLAM），以及如何使用 Ouster 激光雷达和 Google Cartographer 实现它。

充分利用本书

本书假定读者已经具备 Python 的基础知识，熟悉所用操作系统的命令解析器 shell。读者需要安装 Python，也可能用到虚拟环境来匹配本书中使用的软件版本。建议使用 GPU，因为没有 GPU 的训练会很艰难。Docker 将有助于第 11 章环境建图。

本书使用的软件见下表：

本书用到的软件/硬件	操作系统要求
Python 3. 7	无
TensorFlow 2. 2	无
Keras 2. 3	无
Carla 0. 9. 9. 2	无

如果读者使用的是本书的电子版，建议自己输入代码或通过 github 代码仓访问代码。这样做有助于避免与复制粘贴代码有关的潜在错误。

下载示例代码文件

本书示例代码文件的下载地址为：https://github.com/PacktPublishing/Hands-On-Vision-and-Behavior-for-Self-Driving-Cars。如果代码有更新，它将在现有的 github 代码仓上更新。

此外还有其他各种书目的代码包和视频也一并提供，其网址为：https://

github. com/PacktPublishing/。

使用约定

本书使用了许多文本约定。

文本中的代码采用如 Code in text 所示字体，采用该字体的内容包括：文本中的代码、数据库表名称、文件夹名称、文件名、文件扩展名、路径名、虚拟 URL、用户输入和 Twitter 句柄。例如：“Keras 在模型中提供了一种获取概率的 predict( ) 方法、一个获取标签的 predict_classes( ) 方法”。

代码块形式如下：

```
img_threshold = np.zeros_like(channel)
img_threshold[(channel > =180)] =255
```

当希望读者注意代码块的特定部分时，相关行或项目以加粗字体设置如下：

```
[default]
exten = >s,1,Dial(Zap/1 |30)
exten = >s,2,Voicemail(u100)
exten = >s,102,Voicemail(b100)
exten = >i,1,Voicemail(s0)
```

所有命令行输入或输出写成如下形式：

```
/opt/carla - simulator/
```

目录

第一部分

OpenCV 和传感器及信号

本部分将重点关注 OpenCV 可以实现的内容，以及它在自动驾驶汽车领域里可以发挥的作用。

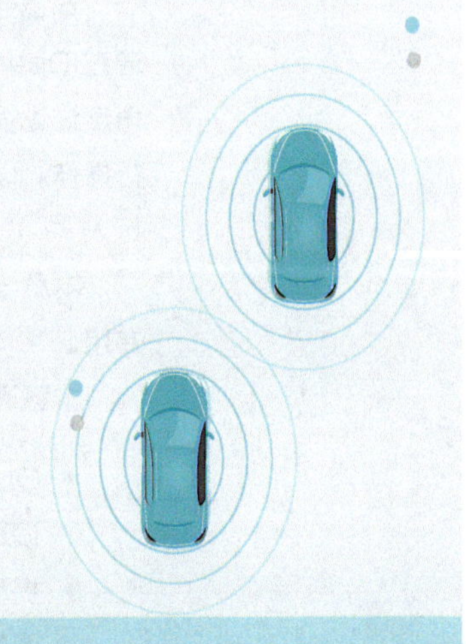

本部分包含以下内容：

第 1 章

OpenCV 基础知识和摄像头标定

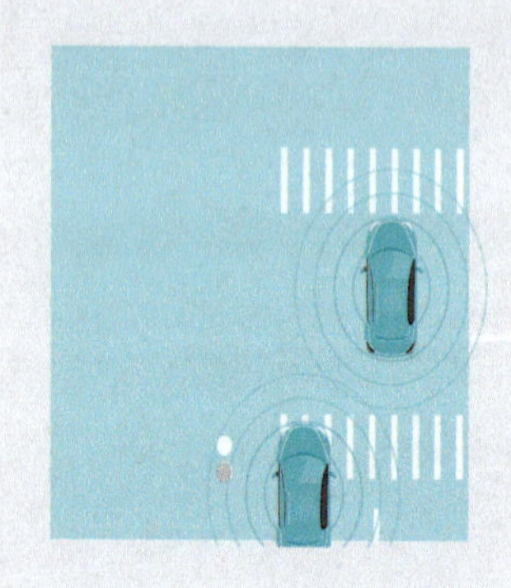

本章是 OpenCV 的简介以及它在自动驾驶汽车技术路线开始阶段的用法，通过 OpenCV 获取视频流，以使其适用于后续操作。本书将从自动驾驶汽车的角度讨论摄像头的特性，以及提高图像提取质量的方法。还将研究如何对视频进行操作，以及尝试 OpenCV 最著名的功能之一——物体检测，并用它来检测行人。

本章学习将为使用 OpenCV 和 NumPy 奠定坚实的基础，对后续实践十分有用。

本章涵盖以下内容：

- OpenCV 和 NumPy 简介。
- 读取、操作、保存图像。
- 提取、操作、保存视频。
- 图像处理。
- 使用 HOG 进行行人检测。
- 摄像头特征。
- 进行摄像头标定。

1.1 技术需求

为了便于本章教学开展以及使用本章的代码，读者需要安装以下软件及模块：

- Python 3.7。
- OpenCV-Python 模块。
- NumPy 模块。

可以在以下网址找到本章的代码：

https://github.com/PacktPublishing/Hands-On-Vision-and-Behavior-for-Self-Driving-Cars/tree/master/Chapter1。

1.2 OpenCV 和 NumPy 简介

OpenCV 是一个计算机视觉和机器学习库，自开发以来已有 20 多年，它提供了大量的功能。尽管 API 中存在一些不一致性，但它的简明性和实现的大量算法使其成为非常流行的库，在许多情况下都有很好的使用效果。

OpenCV 是使用 C++ 编写的，但是 Python、Java 和 Android 也可以使用。

在本书中重点介绍使用 Python 进行 OpenCV 操作，所有的代码是基于 OpenCV 4.2 进行测试的。

Python 环境下的 OpenCV-Python 可通过下面的命令安装：

```
pip install opencv-python
```

OpenCV 可以利用硬件加速，但为了获得最佳性能，可能需要从源代码编译它，使用与默认值不同的标志，以针对目标硬件对其进行优化。

1.2.1 OpenCV 和 NumPy

Python 配合 NumPy 使用可以增加其灵活性并使它能与许多其他库兼容。由于 OpenCV 图像是一个 NumPy 数组，读者可以使用常规的 NumPy 操作来获取有关图像的信息。对 NumPy 较好的理解可以帮助读者提高算法性能并减少代码篇幅。

以下展示一些在 OpenCV 中使用 Numpy 的示例。

1.2.2 图像大小

可以使用 shape 属性检索图像的大小，如下所示：

```
print("Image size:", image.shape)
```

对于 50×50 像素的灰度图，image. shape( )将返回元组（50，50），而对于 RGB 图，结果将是（50，50，3）。

Tips

注意

在 NumPy 中，数组的大小是指数组所占的字节数，例如对于 50×50 像素的灰度图，数组的大小为 2 500，而对于 50×50 的 RGB 图，数组的大小为 7 500。shape 属性包含了图像大小的信息，上面例子中灰度图的大小为（50，50），RGB 图的大小为（50，50，3）。

1.2.3 灰度图

灰度图由二维 NumPy 数组表示。第一个索引表示行（y 坐标），第二索引代表列（x 坐标）。y 轴原点在图像的顶部，x 轴原点在图像的最左端。

可以使用 np. zeros( )创建一个黑色图像，即将所有像素初始化为 0，如下所示：

```
black = np.zeros([100,100],dtype = np.uint8) # Creates a black image
```

上面的代码使用了共 10 000 个无符号字节（dtype = np. uint8），构建了大小为（100，100）的灰度图。

创建像素值非零的图像，可以使用 full( )方法，如下所示：

```
white = np.full([50, 50], 255, dtype = np.uint8)
```

更改所有像素的颜色，可以使用[:]表示法：

```
img[:] = 64 # Change the pixels color to dark gray
```

只需第一个索引的范围值，就可仅修改某些行，如下所示：

```
img[10:20] = 192 # Paints 10 rows with light gray
```

上面的代码更改了 10～20（不含 20）行的颜色。

列同样适应于这个机制，仅需要在第二个索引中指定范围。使用之前提到的[:]表示法，让 NumPy 包含完整索引，如下所示：

```
img[:, 10:20] = 64 # Paints 10 columns with dark gray
```

还可以组合行操作和列操作，选择矩形区域，如下所示：

```
img[90:100, 90:100] = 0 # Paints a 10 ×10 area with black
```

也可以像操作普通数组一样操作单个像素，如下所示：

```
img[50,50]=0 # Paints one pixel with black
```

可以使用 NumPy 来选择图像的一部分，也称为感兴趣区域（ROI）。例如，以下代码将 10×10 像素的 ROI 从位置（90，90）复制到位置（80，80），如下所示：

```
roi=img[90:100,90:100]
img[80:90,80:90]=roi
```

图 1.1 是操作结果。

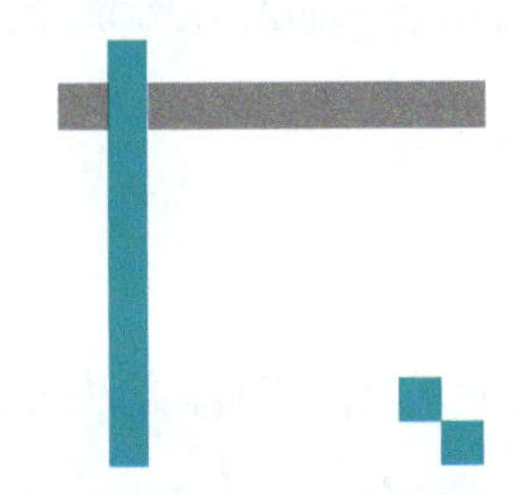

图 1.1　使用 NumPy 模块进行的图像处理

要复制图像，可以直接使用 Copy()，如下所示：

```
image2=image.copy()
```

1.2.4　RGB 图

RGB 图与灰度图不同，因为 RGB 图是三维的，第三个索引表示三个通道。请注意，OpenCV 以 BGR 格式存储图像，而不是 RGB 格式，因此通道 0 为蓝色，通道 1 为绿色，通道 2 为红色。

> Tips
>
> **重要提示**
>
> OpenCV 将图像存储为 BGR 格式，而不是 RGB 格式。在本书的其余部分，当谈到 RGB 图时，只意味着它是一个 24 位的彩色图像，但是内部表示通常是 BGR 格式。

需要提供三个维度的值来创建 RGB 图，如下所示：

```
rgb=np.zeros([100,100,3],dtype=np.uint8)
```

如果在新的 RGB 图（忽略第三个索引）中运行之前用于灰度图的代码，将会获得相同的结果。这是因为 NumPy 会对三个通道应用相同的颜色，从而导致了灰色的阴影。

如果要选择图像的颜色，就需要提供第三个索引，如下所示：

```
rgb[:, :, 2] = 255 # Makes the image red
```

在 NumPy 中，还可以选择不连续的行、列或通道。可以通过直接提供一个包含所需索引的元组来实现这一点。要使图像为洋红色，需要将蓝色和红色通道设置为 255。该过程可以通过以下代码实现：

```
rgb[:, :, (0, 2)] = 255 # Makes the image magenta
```

可以使用 cvtColor()将 RGB 图转换为灰度图，如下所示：

```
gray = cv2.cvtColor(original, cv2.COLOR_BGR2GRAY)
```

1.3 处理图像文件

OpenCV 提供了一种非常简便的加载图像方法 imread()：

```
import cv2
image = cv2.imread('test.jpg')
```

要显示图像，可以使用 imshow()，该函数包含以下两个参数：

- 显示图像的窗口的标题名称。
- 要显示的图像。

但是需要注意，如果没有调用 waitKey()函数，它就不会显示图像，如下所示：

```
cv2.imshow("Image", image)
cv2.waitKey(0)
```

在函数 imshow()后调用 waitkey()将有以下两个效果：

- 使 OpenCV 显示 imshow()提供的图像。
- 图像显示时间持续若干毫秒，或者是当持续的毫秒数≤0 时，将持续到下次按键的时刻。

可以使用 imwrite()在硬盘保存图像，该函数包含以下三个参数：

- 文件名。
- 图像。
- 一个可选的格式相关的参数，表示如下：

```
cv2.imwrite("out.jpg", image)
```

有时，将多张图片并排放置会非常有用。本书中的一些示例将广泛使用此功能来比较图像。

为此，OpenCV 提供了两种方法：hconcat() 水平连接图片和 vconcat() 垂直连接图片，两者都以图像列表作为参数。以下面的例子为例：

```
black = np.zeros([50, 50], dtype = np.uint8)
white = np.full([50, 50], 255, dtype = np.uint8)
cv2.imwrite("horizontal.jpg", cv2.hconcat([white, black]))
cv2.imwrite("vertical.jpg", cv2.vconcat([white, black]))
```

结果如图 1.2 所示。

图 1.2　使用 hconcat() 水平连接图片和 vconcat() 垂直连接图片

可以使用这两种方法来创建棋盘格：

```
row1 = cv2.hconcat([white, black])
row2 = cv2.hconcat([black, white])
cv2.imwrite("chess.jpg", cv2.vconcat([row1, row2]))
```

创建的棋盘格如图 1.3 所示。

图 1.3　使用 hconcat() 和 vconcat() 创建的棋盘格

处理完图像后，下面将开始对视频进行处理。

1.4 处理视频文件

在 OpenCV 中使用视频非常简单，实际上，每一帧都是一个图像，可以用之前已经提到的方法进行处理。

调用 VideoCapture() 函数，可以在 OpenCV 中打开一个视频，如下所示：

```
cap = cv2.VideoCapture("video.mp4")
```

之后，可以调用 read()，循环检索各帧。该方法返回具有两个值的元组：

- 布尔值，当视频结束时为 false。
- 下一帧：

```
ret, frame = cap.read()
```

可以使用 VideoWriter 来保存视频，它的构造函数接收以下四个参数：

- 文件名。
- 视频编码的 FOURCC（四字符代码）。
- 每秒帧数。
- 分辨率。

举例如下：

```
mp4 = cv2.VideoWriter_fourcc(*'MP4V')
writer = cv2.VideoWriter('video-out.mp4', mp4, 15, (640, 480))
```

一旦 VideoWriter 被创建，write()方法可用于将帧添加到视频文件，如下所示：

```
writer.write(image)
```

在结束 VideoCapture 和 VideoWriter 对象调用后，需要进行释放，如下所示：

```
cap.release()
writer.release()
```

使用网络摄像头

可以通过前文提到的 OpenCV 处理视频的方法使用网络摄像头；仅需要为 VideoCapture 提供一个不同的参数，该参数是一个以 0 起始的索引，用于辨识网络摄像头：

```
cap = cv2.VideoCapture(0)
```

上面的代码打开了第一个网络摄像头；如果需要使用不同的网络摄像头，可以指定其他索引。

下面介绍处理多张图像的操作方式。

1.5 图像处理

作为自动驾驶汽车计算机视觉的一部分，无论有没有深度学习，都需要处理视频流以使其他算法在预处理步骤中发挥更好效果。

本节介绍预处理视频流的基础操作。

1.5.1　图像翻转

OpenCV 提供函数 flip( ) 方法以翻转图像，其接收以下两个参数：

- 图像。
- 数字 1 表示水平翻转，0 表示垂直翻转，以及 -1 表示水平和垂直翻转。

看一个简单例子如下：

```
flipH = cv2.flip(img, 1)
flipV = cv2.flip(img, 0)
flip = cv2.flip(img, -1)
```

结果如图 1.4 所示。

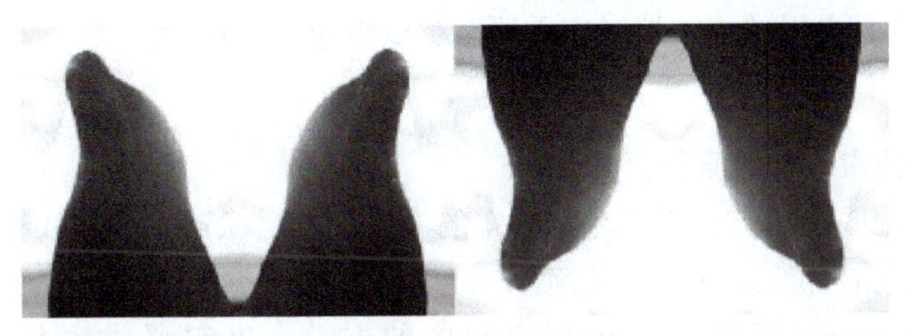

图 1.4　原始图像、水平翻转、垂直翻转、水平和垂直同时翻转

第一张图像是原始图像，然后是对其分别进行水平翻转、垂直翻转、水平和垂直同时翻转的图像。

1.5.2　图像模糊化

有时，一些对图像的处理可能会使得图像具有噪声。OpenCV 提供了几种模糊化图像的方法来解决这些情况。通常来说，需要同时考虑模糊化的质量和执行的速度。

最简单的操作方法是采用 blur( ) 函数，该函数是对图像进行低通滤波，其至少包含下面两个参数：

- 图像。
- 内核大小(内核越大，模糊效果越强)。

```
blurred = cv2.blur(image, (15, 15))
```

另一种选择是使用 GaussianBlur( ) 函数，该函数具有更多的约束条件，至少包含三个参数：

- 图像。
- 内核大小。
- sigmaX，即在 X 上的标准偏差。

建议直接指定 sigmaX 和 sigmaY（在 Y 上的标准偏差，第四个参数）大小：

```
gaussian = cv2.GaussianBlur(image, (15, 15), sigmaX = 15,sigmaY = 15)
```

一个有趣的模糊方法是使用 medianBlur( ) 函数，它计算中值，因此具有保留图像中存在颜色的像素的特性（这在前面的方法中不一定发生）。它可有效减少噪声。它具有以下两个必须提供的参数：

- 图像。
- 内核大小(是奇数，并大于 1)。

```
median = cv2.medianBlur(image, 15)
```

还有一个更复杂的滤波器，bilateralFilter( )，能够有效地去除噪声，同时保持边缘锐化。这是最慢的滤波器，它需要至少以下四个参数：

- 图像。
- 每个像素的邻域直径。
- sigmacolor：滤波器在颜色空间中的方差，决定像素邻域内共有多少种不同的颜色混合。
- sigmaspace：滤波器在坐标空间中的方差，决定那些颜色相似度低于 sigmacolor 的且有一定距离的像素如何相互影响：

```
bilateral = cv2.bilateralFilter(image, 15, 50, 50)
```

选择最佳滤波器需要进行一些实验，还需要考虑计算速度。考虑到性能取决于使用的参数，这里根据作者的测试，为读者提供一些大概的估计，请注意以下几点：

- blur( ) 是最快的滤波器。
- GaussianBlur( ) 和 blur( ) 相似，但它比 blur( ) 慢 2 倍。
- medianBlur( ) 比 blur( ) 慢 20 倍。
- bilateralFilter( ) 是最慢的，并且可以比 blur( ) 慢 45 倍。

图 1.5 是结果图像。

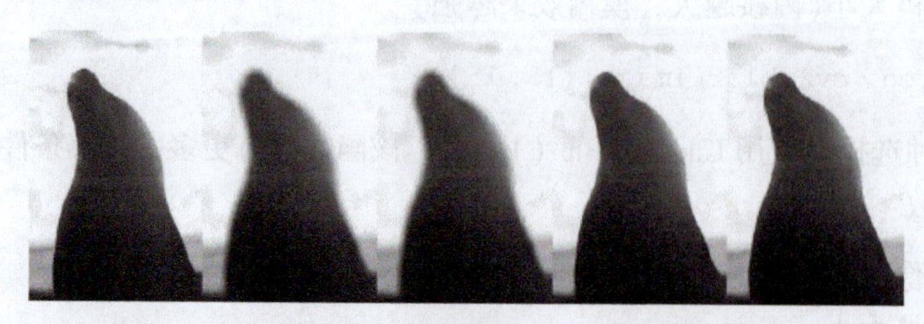

图 1.5　原始图像及分别经过 blur( )，GaussianBlur( )，medianBlur( )，bilateralFilter( ) 的图像

1.5.3　改变对比度、亮度和灰度系数

使用 convertScaleAbs( ) 函数可以对数组的所有值执行多个操作：

- 乘以缩放参数，alpha。
- 添加 delta 参数，beta。
- 如果结果高于 255，则设置为 255。
- 将结果转换为无符号 8 位整型。

该方程包含以下四个参数：

- 源图像。
- 终止状态(可选项)。
- 用于缩放的 alpha 参数。
- betadelta 参数。

convertScaleAbs( ) 可用于影响图像对比度。当 alpha 缩放因子超过 1 时，对比度增加（放大像素之间的色差），而低于 1 的缩放因子将降低对比度（降低像素之间的颜色差异）：

```
cv2.convertScaleAbs(image, more_contrast, 2, 0)
cv2.convertScaleAbs(image, less_contrast, 0.5, 0)
```

convertScaleAbs( ) 也可以用于影响亮度，因为 betadelta 因子可用于增加所有像素的值（增加亮度）或降低像素的值（减少亮度）：

```
cv2.convertScaleAbs(image, more_brightness, 1, 64)
cv2.convertScaleAbs(image, less_brightness, 1, -64)
```

结果图像如图 1.6 所示。

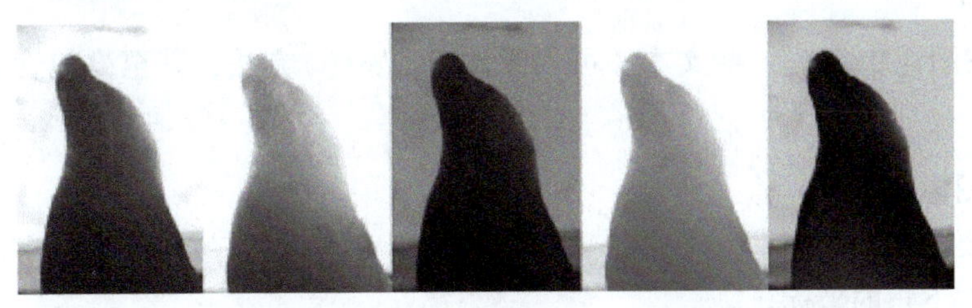

图 1.6　原图像及分别经过增加对比度(2 倍)，降低对比度(0.5 倍)，增加亮度(+64)，降低亮度(-64) 的图像

一种更复杂的改变亮度的方法是应用 Gamma 校正。可以使用 NumPy 来完成 Gamma 校正。大于 1 的灰度系数会增加亮度，小于 1 的灰度系数会降低亮度，如下所示：

```
Gamma =1.5
g_1_5 =np.array(255 *(image /255) * *(1 /Gamma), dtype ='uint8')
Gamma =0.7
g_0_7 =np.array(255 *(image /255) * *(1 /Gamma), dtype ='uint8')
```

结果如图 1.7 所示。

图 1.7　原始图像，高 Gamma 值(1.5)图像，低 Gamma 值(0.7)图像

通过比较中间图像和最右边图像，能看到不同灰度系数的影响。

1.5.4　绘制矩形和文本

在处理对象检测任务时，通常需要突出显示区域以查看已检测到的内容。OpenCV 提供了 rectangle() 函数，接收以下五个参数：

- 图像。
- 矩形的左上角。
- 矩形的右下角。
- 使用的颜色。
- 密度（可选）。

```
cv2.rectangle(image, (x, y), (x +w, y +h), (255, 255, 255),2)
```

要在图像中编写一些文本，可以使用 putText()方法，其至少包含以下六个参数：

- 图像。
- 要添加的文本。
- 左下角的坐标。
- 字体。
- 比例因子，用于更改文本大小。
- 颜色如下所示：

```
cv2.putText(image,'Text', (x, y), cv2.FONT_HERSHEY_PLAIN, 2, clr)
```

1.6 使用 HOG 进行行人检测

有向梯度直方图（HOG）是由 OpenCV 实现的目标检测技术。在简单的情况下，它可以用来查看图像中是否存在某个物体，它在哪里，以及它有多大。

OpenCV 提供了一个训练好的行人检测器。对于真实的情况来说，这个检测器可能还不够，但学习如何使用它是有用的。读者也可以使用更多图像训练另一个检测器，来看看它是否表现得更好。本书接下来将介绍如何使用深度学习来检测行人、车辆和交通信号灯。

1.6.1 滑动窗口

OpenCV 中的 HOG 行人检测器用 48 ×96 像素的模型进行训练，因此无法检测到像素小于该大小的对象。

HOG 检测器的核心是能够判断给定的 48 ×96 像素的图像是否是行人。但是这个方法不甚有效，因此 OpenCV 实现了一种滑动窗口机制，即检测器在略微不同的位置被多次使用，这种情况下“图像窗口”每次只进行轻微的滑动。当整个图像检测结束时，图像窗口的尺寸增加（缩放），并且再次使用该检测器，以便能够检测更大的目标。因此，对一张图像可能要检测数百上千次，速度会比较慢。

1.6.2 使用 OpenCV 中的 HOG

首先需要初始化检测器并指定用于检测行人的检测器，如下所示：

```
hog = cv2.HOGDescriptor()
det = cv2.HOGDescriptor_getDefaultPeopleDetector()
hog.setSVMDetector(det)
```

然后只需要调用函数 detectMultiScale( )就可以进行检测，如下所示：

```
(boxes, weights) = hog.detectMultiScale(image, winStride = (1,1),
padding = (0,0), scale =1.05)
```

上面函数的参数解释如下：

- image，图像。
- winStride，窗口步长，指定滑动窗口每次移动的长度。
- padding，在图像边缘填充的像素（用于检测边界附近的行人）。
- scale，指定图像窗口每次的增加尺度。

降低 winStride 可以提高准确性（因为考虑到了更多的位置），但它对性能产生了很大影响。例如（4，4）的步长可以比（1，1）的速度快 16 倍，但在实践中，性能相差要小一些，大概相差 10 倍。

一般而言，减小 scale 也能提高精度同时降低性能，尽管影响不是很大。改善精度意味着检测更多的行人，但这也会增加误报。detectMultiScale( )有几个可以使用的高级参数：

- hitThreshold，其改变了支持向量机（SVM）平面所需的距离。高的阈值意味着检测器对结果具有更高的置信度。
- finalThreshold，与同一区域的检测次数有关。

需要进行一些实验来调节这些参数，但通常较高的 hitThreshold 值（通常在 0 ~ 1.0 范围内）可以减少误报。

更高的 finalThreshold（例如 10）也将减少误报。

在 Carla 生成的行人的图像上使用 detectMultiScale( )，HOG 检测如图 1.8 所示。

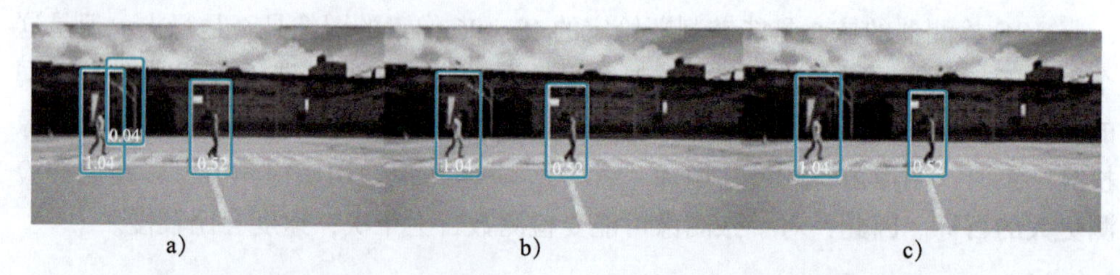

a)　　　　b)　　　　c)

图 1.8　HOG 检测，winStride = (1, 2)，scale = 1.05，padding = (0, 0)

a）hitThreshold = 0，finalThreshold = 1　b）hitThreshold = 0，finalThreshold = 3
c）hitThreshold = 0.2，finalThreshold = 1

正如读者所看到的，作者在图像中检测到了一些行人。使用低 hitThreshold 和低 finalThreshold 可能导致误报，如图 1.8a 中一样。最终目标是找到合适的平衡，即检测行人的同时又没有太多的误报。

1.6.3　摄像头简介

摄像头可能是现代世界中最普遍的传感器之一。它在日常生活的手机、笔记本电脑、监控系统还有摄影技术中得到了广泛使用。它们提供丰富的高分辨率图像，其中包含有关环境的大量信息，包括空间、颜色和时间信息。因此摄像头在自动驾驶技术中得到大量使用并不让人感到惊讶。摄像头如此受欢迎的原因之一是它模仿了人眼的功能。当人们深入了解了它的功能、局限性和优势时，使用它会非常顺手。

本节介绍如下内容：

- 摄像头术语。
- 摄像头组件。

- 摄像头的优势和缺点。
- 为自动驾驶选择合适的摄像头。

下面将探讨其中细节。

1.6.4　摄像头术语

在了解摄像头的组件及其优劣势之前，需要了解一些基本术语。这些术语对于评估和选择适用于自动驾驶应用的摄像头是非常重要的。

视场（FoV）（图 1.9）

这是传感器可见的环境（场景）垂直和水平角度范围。在自动驾驶汽车中，希望在 FoV 与传感器的分辨率之间取得平衡，以确保用最少的摄像头看到尽可能多的环境。更大的 FoV 通常意味着更多的镜头失真，因此需要在摄像头标定中进行补偿（请参阅摄像头标定部分）。

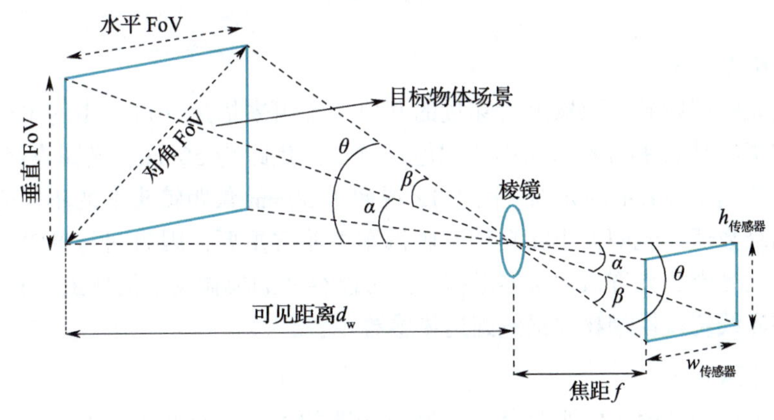

图 1.9　视场

分辨率（图 1.10）

这是传感器中水平和垂直方向的像素总数。通常使用术语百万像素（MP）来讨论此参数。例如，FLIR Blackfly 等 5MP 摄像头具有 2 448 × 2 048 像素的传感器，相当于 5 013 504 像素。

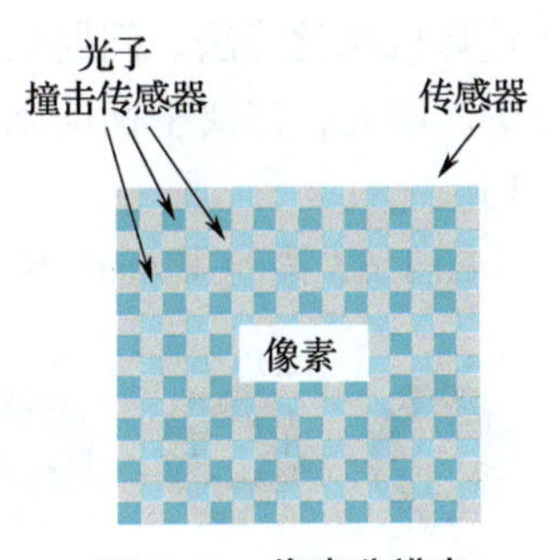

图 1.10　像素分辨率

更高的分辨率允许使用具有更宽 FoV 的镜头，但仍能提供运行计算机视觉算法所需要的细节。这意味着可以使用更少的摄像头来覆盖环境，从而降低成本。

Blackfly 具有各种不同的风格，由于其成本低、体积小、可靠性强、稳健性高和易于集成的特点，所以 Blackfly 是自动驾驶汽车中常用的摄像头。

焦距（图 1.11）

这是从镜头光学中心到传感器的长度。焦距影响摄像头的缩放。更长的焦距意味着使用者将被放大到更接近环境中的物体。在自动驾驶汽车中，需要根据想在环境中看到什么来选择不同的焦距。例如，选择 100mm 的相对较长的焦距，以确保分类器算法有足够的分辨率来检测距离足够远的交通信号，以使汽车能够平稳安全地停车。

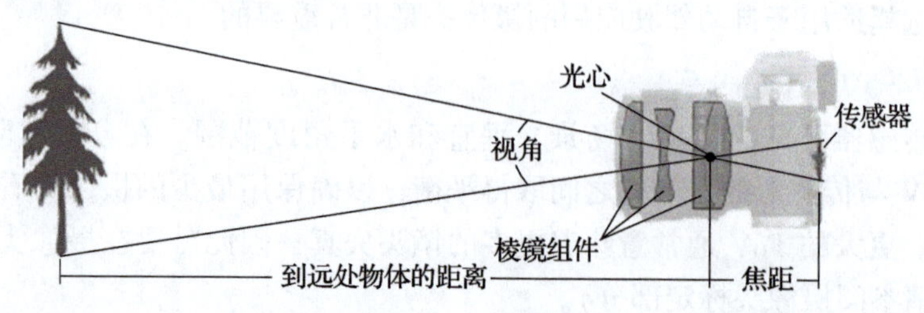

图 1.11　焦距

光圈和光圈级数

它是光线照射到传感器上所穿过的开口。常用来描述开口大小的单位是光圈级数，它指的是焦距与光圈大小的比值。例如，焦距为 50mm、光圈直径为35mm 的镜头将相当于 *f*/1.4 的光圈。图 1.12 说明了 50mm 焦距镜头上的不同光圈直径及其光圈级数值。光圈大小在自动驾驶汽车中非常重要，因为它与景深（DOF）直接相关。大光圈还允许摄像头容忍镜头上可能存在的模糊物（例如虫子）。较大的孔径允许光线绕过模糊物并仍然到达传感器。

景深（DOF）

这是环境中被聚焦的距离范围。这与光圈的大小直接相关。通常，在自动驾驶汽车中，驾驶人会想要较深的 DOF，以便 FoV 中的所有内容都可以被聚焦以用于计算机视觉算法。问题是 DOF 越深就需要光圈越小，这就意味着传感器的光线更少。因此，需要平衡动态范围内的 DOF 与感光度，以确保在环境中看到所需的一切。

图 1.13 描绘了 DOF 和光圈之间的关系。

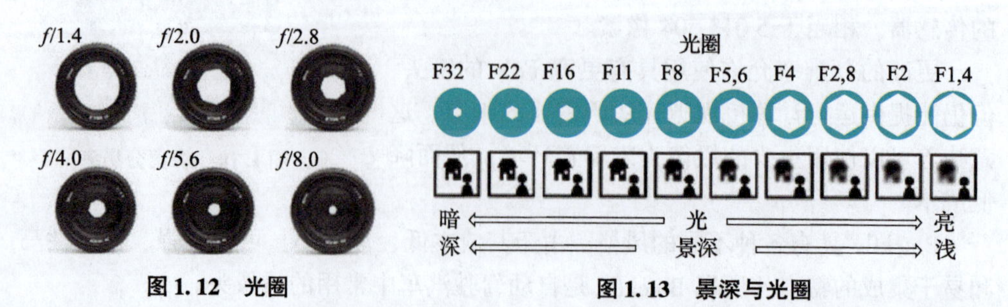

图 1.12　光圈　　图 1.13　景深与光圈

动态范围

这是传感器的一个属性，它表示其对比度或它可以解析的最亮对象与最暗对象的比率。这可以使用单位 dB（例如 78dB）或对比度（例如 2 000 000∶1）来表示。

自动驾驶汽车需要在白天和晚上都能运行。这意味着传感器需要足够灵敏，以在黑暗条件下提供有用的细节，同时在明亮的阳光下驾驶时不会过曝。需要高动态范围（HDR）的另一个原因是当太阳在地平线上较低位置时驾驶的例子。相信人们在早上开车上班时遇到过这种情况，阳光直直地照在脸上，几乎看不到眼前的环境，因为过多的光线导致眼睛“过度曝光”。HDR 意味着即使在阳光直射的情况下，传感器也能“看清”环境。图 1.14 说明了这些情况。

图 1.14　HDR 例子

> Tips
>
> **读者所期望的动态范围**
>
> 如果可以任意调节传感器的动态范围，读者所期望的动态范围是多少？

国际标准化组织（ISO）敏感度

这是像素对入射光子的敏感度。

等一下，读者可能疑惑“你是不是把缩略词搞混了？”看起来是这样，但是国际标准化组织甚至决定对它们的首字母缩略词进行标准化，否则每种语言里它都会不一样。

标准化的 ISO 值（感光度）范围为 100 ~ 10 000 以上。较低的 ISO 值对应较低的传感器感光度。现在可能会问，“为什么不想要最高的感光度？”因为增加感光度的代价是噪声的增加。ISO 值越高，在图像中看到的噪点就越多。在尝试对对象进行分类时，这种增加的噪声可能会给计算机视觉算法带来麻烦。在图 1.15 中，可以看到较高的 ISO 值对图像中噪点的影响。这些图像都是在镜头盖合上（全黑）的情况下拍摄的。随着 ISO 值的增加，随机噪声开始增多。

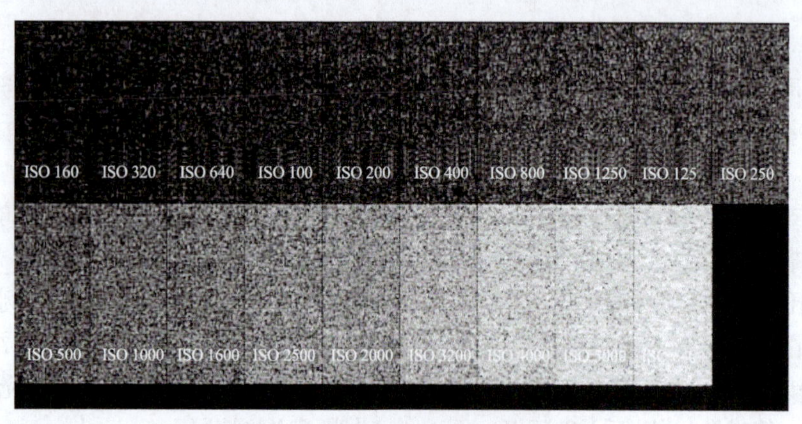

图 1.15　在暗室的 ISO 值和噪声

帧率（FPS）

这是传感器获得连续图像的速率，通常以 Hz 或每秒帧数（FPS）表示。一般来说，人们会希望拥有最快的帧率，这样场景中快速移动的对象不会模糊。这里主要需要权衡的地方是延迟：从真实事件发生到计算机视觉算法检测到它的时间。必须处理的帧率越高，延迟就越高。在图 1.16 中，可以看到帧率对运动模糊的影响。

清晰度并不是选择更高帧率的唯一原因。根据车辆的速度，驾驶人需要一个在物体突然出现在其视场中时能够让车辆做出反应的帧率。如果帧率太低，当车辆看到某些东西时，可能已经来不及做出反应。

镜头光晕

它是来自物体的光的虚影，影响传感器上的像素使其与物体在环境中的对应位置不符。人们可能在夜间经历过这种驾驶情况，如迎面来车的前照灯。这种星芒状效果是由于光线在眼睛的晶状体（或摄像头的镜头）中散射，由于缺陷的存在，一些光子产生了与它的来源（即前照灯）不符的像素。图 1.17 展示了这种效果。可以看到星芒状亮光让人难以看到实际的物体，例如汽车。

图 1.16　120Hz 和 60Hz 的图像

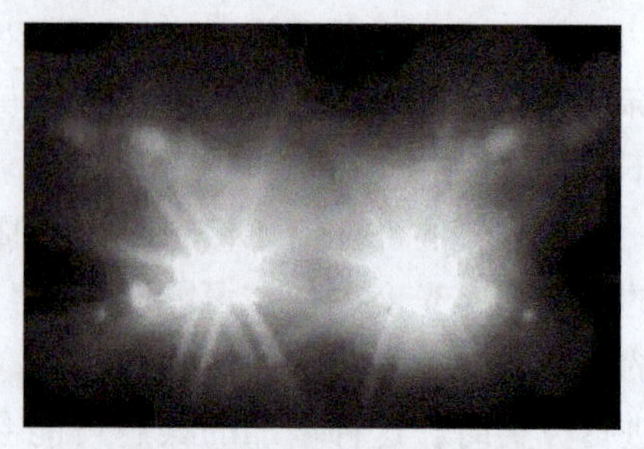

图 1.17　来自迎面来车的前照灯光晕

镜头畸变

这是无畸变或真实场景与摄像头图像所见之间的差异。如果读者曾经看过运动摄像头的画面，可能会认出“鱼眼”镜头效果。图 1.18 显示了广角镜头失真的极端示例。下面将介绍使用 OpenCV 纠正这种失真。

图 1.18 镜头畸变

1.6.5 摄像头组件

像眼睛一样，摄像头由光敏阵列、光圈和镜头组成。

光敏阵列——CMOS 传感器（摄像头的视网膜）

大多数消费级数码摄像头中的光敏阵列被称为 CMOS 有源像素传感器（或仅称为 CMOS 传感器）。它的基本功能是将入射光子转换为电流，该电流可以根据光子的颜色波长进行数字化。

光圈（摄像头的虹膜）

摄像头的光圈是光线可以通过并到达传感器的开口。这可以是可变的或固定的，具体取决于摄像头类型。光圈用于控制诸如景深和照射到传感器的光量等参数。

镜头（摄像头的晶状体）

镜头是将光从环境聚焦到传感器上的摄像头组件。镜头主要通过其焦距确定摄像头的 FoV。在自动驾驶应用中，FoV 非常重要，因为它决定了汽车可以通过单个摄像头看到多少环境。摄像头的镜头常是一些最昂贵的零件，对图像质量和镜头耀斑产生很大影响。

1.6.6 选择摄像头的注意事项

读者现在已经了解了摄像头及其相关术语的所有基础知识，是时候了解如何为自动驾驶选择摄像头了。以下是选择摄像头时需要权衡的主要因素列表：

- 分辨率。
- FoV。
- 动态范围。
- 成本。
- 尺寸。
- 防水防尘等级（IP 等级）。

Tips

完美的摄像头

如果读者可以设计一台理想的摄像头，这台理想的摄像头将会是怎么样？

作者认为完美的自动驾驶摄像头将能够看到所有方向（球形 FoV，360° HFoV×360° VFoV）。它具有无限的分辨率和动态范围，因此可以在任何光照条件下以数字方式解析任何距离的物体。它将是一粒米的大小，完全防水防尘，而且只要花费 5 美元！显然，这是不可能的。所以，读者必须对所需的东西谨慎地进行权衡。

最好从摄像头预算开始筹划。这将影响之后要查找的款式和规格。

接下来就要考虑应用需要看到以下哪些内容：

- 需要在以 100km/h 速度行驶时能看到 200m 处的小孩吗？
- 需要车辆周围多大的视野范围？能容忍车辆侧面的任何盲点吗？
- 需要在晚上和白天都能看到吗？

最后，考虑多少空间来集成这些摄像头。读者应该不希望车辆看起来像图 1.19 这样。

图 1.19　摄像头艺术

这有点太吓人了，所以构思如何设计计算机视觉系统是非常重要的。一款非常受欢迎的优秀摄像头是 FLIR Blackfly S 系列。它们在分辨率、FPS 和成本之间取得了极好的平衡。接下来，就要为它搭配满足 FoV 需求的镜头。互联网上有一些有用的 FoV 计算器，例如来自 http://www.bobatkins.com/photography/technical/field_of_view.html 的计算器。

1.6.7　摄像头的优点和缺点

没有任何传感器是完美的，即使是人们钟爱的摄像头也会有其优点和缺点。

首先看看摄像头的优点：

- 高分辨率：相对于其他类型的传感器（例如雷达、激光雷达和声呐），摄

像头具有出色的分辨率，可用于挑选场景中的对象。读者可以非常轻松地找到具有 5MP 分辨率的便宜摄像头。

- 纹理、颜色和对比度信息：摄像头提供其他类型的传感器无法提供的丰富的环境信息。这是因为摄像头能够感应到多种多样的波长。
- 成本：摄像头是能找到的最便宜的传感器之一了，尤其对于它们能提供的数据质量来说。
- 尺寸：CMOS 技术和现代专用集成电路使摄像头变得非常小，许多都是边长小于 30mm 的立方体。
- 范围：这真的要归功于传感器的高分辨率和无源特性。

接下来，说说摄像头的缺点：

- 进行对象检测需要处理大量数据：高分辨率带来大量数据。这就是追求如此准确和详细的图像付出的代价。
- 被动：摄像头需要外部照明源，例如太阳、前照灯等。
- 遮挡物（如虫子、雨滴、大雾、灰尘或雪）：摄像头在“看”穿大雨、雾、灰尘或雪方面不是特别好。雷达通常更适用于这些场景。
- 缺乏原始深度/速度信息：单独的摄像头图像不能提供有关物体速度或距离的任何信息。

摄影测量方法有助于弥补这一弱点，但会消耗宝贵的处理资源（GPU、CPU、延迟等）。它的准确度也不如能够自然生成这些信息的雷达或激光雷达。

现在读者已经很好地了解了摄像头的工作原理，以及它的基本部件和术语，是时候动手并开始使用 OpenCV 标定摄像头了。

1.7 使用 OpenCV 进行摄像头标定

在本节中，读者将学习如何利用一个图形已知的物体，并使用 OpenCV 校正它的镜头畸变。

还记得在上一节中谈到的镜头畸变吗？需要对它进行修正，以确保准确地相对于车辆的位置定位物体。如果不知道它是在面前还是在身边，那么看到一个物体是没有好处的。即使是好的镜头也会使图像失真，对于广角镜头尤其如此。幸运的是，OpenCV 提供了一种机制来检测这种失真并纠正它！

标定的方法是拍摄棋盘的照片，OpenCV 就可以使用这种高对比度模式来检测点的位置，并根据预期图像和记录图像之间的差异计算失真。

需要提供多张不同方向的图片。可能需要做一定的实验才能找到一组好的图片，但 10 ~ 20 张图片应该足够了。如果使用印刷的棋盘，请注意使纸尽可能平整，以免影响测量结果，如图 1.20 所示。

图 1.20　可以用于标定的图片例子

如图 1.20 所示，中央图像清楚地显示出一定的桶形畸变。

1.7.1　畸变检测

OpenCV 会将一系列三维点映射到摄像头的二维坐标中，然后使用此信息来纠正失真。

首先是初始化一些结构体，如下所示：

```
image_points = [ ] # 2D points
object_points = [ ] # 3D points
coords = np.zeros((1, nX * nY, 3), np.float32)
coords[0,:,:2] = np.mgrid[0:nY, 0:nX].T.reshape(-1, 2)
```

请注意 nX 和 nY，它们分别是棋盘中 x 轴和 y 轴上的点数。实际上，它们等于方格的数量减一。

然后，需要调用 findChessboardCorners( ) 如下：

```
found, corners = cv2.findChessboardCorners(image, (nY, nX),None)
```

当 OpenCV 检测到点，Corners 包含找到的点，那么 found 为真。

在代码中，假设图像已被转换为灰度，但也可以使用 RGB 图片进行校准。

OpenCV 提供了一个很好的图像来描述找到的角点，确保算法正常工作，如下所示：

```
out = cv2.drawChessboardCorners(image, (nY, nX), corners, True)
object_points.append(coords) # Save 3d points
image_points.append(corners) # Save corresponding 2d points
```

结果如图 1.21 所示。

图 1.21　由 OpenCV 在标定图像上检测到的角点

1.7.2　校准

在几张图像中找到角点后，最终做好了使用 calibrateCamera( ) 生成校准数据的

准备如下：

```
ret, mtx, dist, rvecs, tvecs = cv2.calibrateCamera(object_
points, image_points, shape[:: -1], None, None)
```

现在可以使用 undistort( ) 来校准图片了，如下所示：

```
dst = cv2.undistort(image, mtx, dist, None, mtx)
```

结果如图 1.22 所示。

图 1.22　原始图像和校准后的图像

可以看到第二张图像的桶形失真较小，但不是很好。可能需要更多更好的校准样本。

但是也可以通过在亚像素精度等级上寻找角点的方法，从相同的校准图像中获得更高的精度。这可以通过在 findChessboardCorners( ) 之后调用 cornerSubPix( ) 来完成：

```
corners = cv2.cornerSubPix(image, corners, (11, 11), ( -1, -1),
(cv2.TERM_CRITERIA_EPS + cv2.TERM_CRITERIA_MAX_ITER, 30, 0.001))
```

结果如图 1.23 所示。

图 1.23　亚像素精度的校准图像

由于完整的代码有点长，建议在 github 上查看完整的源代码。

1.8　总结

到此，已经为制造真正的自动驾驶汽车的计算机视觉之旅开了个好头。

读者学习了一个非常有用的工具集 OpenCV，它可以结合 Python 和 NumPy 使用。借助这些工具，读者能够使用 imread()、imshow()、hconcat() 和 vconcat() 等方法创建和导入图像。读者已经学习了如何导入和创建视频文件，以及如何使用 VideoCapture() 和 VideoWriter() 等方法从网络摄像头获取视频。小心，斯皮尔伯格，城里来了一位新电影制作人！

学会导入图像已经进步了一大步，但是如何对它们进行处理以帮助计算机视觉算法了解哪些特征是重要的呢？读者已经学习了使用 flip()、blur()、GaussianBlur()、medianBlur()、bilateralFilter() 和 convertScaleAbs() 等方法来执行此操作。然后，学习了如何使用诸如 rectangle() 和 putText() 之类的方法来注释图像以便理解。

当读者学会了如何拍摄图像并使用 HOG 进行第一次真正的计算机视觉检测以检测行人时，真正的魔法开始了。学会了如何使用 detectMultiScale() 方法使滑动窗口在图像上以不同的窗口尺寸扫描，参数包括 winStride、padding、scale、hitThreshold 和 finalThreshold。

读者已经从学习新的图像处理工具中获得了很多乐趣。但是还差了些什么。应该怎样在自动驾驶汽车上获取这些图像呢？为了回答这个问题，学习了摄像头及其基本术语，例如分辨率、FoV、焦距、光圈、景深、动态范围、ISO 值、帧率、镜头光晕，最后是镜头畸变。然后，学习了构成摄像头的基本组件，即镜头、光圈和光敏阵列。有了这些基础知识，在了解摄像头的优缺点后，就能开始为选择摄像头做一些考虑了。

有了以上知识，读者就可以大胆地开始使用在 OpenCV 中学到的用于畸变校正的工具来消除这些缺陷之一——镜头畸变。为此，读者会使用 findChessboardCorners()、calibrateCamera()、undistort() 和 cornerSubPix() 等方法。

在下一章中，将学习将传感器集成到自动驾驶应用中时可能会遇到的一些基本信号类型和协议。

1.9 问题

阅读本章后，读者应该能够回答以下问题：

1. OpenCV 可以利用硬件加速吗？
2. 如果 CPU 算力不是问题，那么最好的模糊方法是什么？
3. 哪个检测器可用于在图像中检测行人？
4. 如何从网络摄像头读取视频流？
5. 光圈与景深之间如何权衡？
6. 什么时候需要高 ISO 值？
7. 在图像校准中使用亚像素精度等级计算是否值得？

第 2 章

理解和使用信号

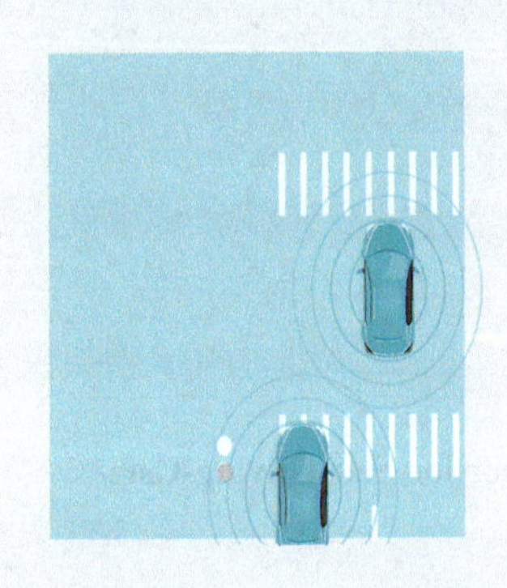

在本章中，读者将学习几种不同的信号类型，这些信号类型很可能在读者为项目选择传感器时会遇到。同时，读者也会学到这些不同信号的架构，并且本章会帮读者选择哪种信号最适合读者的应用场景。每种信号都有其缺陷、协议和使用方法。

本章将介绍以下几方面内容：

- 信号类型。
- 模拟信号与数字信号。
- 串口数据。
- CAN。
- UDP。
- TCP。

在本章结束时，读者将对每种协议有更深刻的理解。读者将能够手动解码各种协议的串行数据，来帮助调试信号。最重要的是，读者将具备应用开源工具完成繁重工作所需要的知识。

2.1 技术需求

要执行本章中的使用说明，读者需要具备以下知识：

- 基本电路知识（关于电压、电流和电阻）。
- 二进制、十六进制和 ASCII 编程知识。
- 使用示波器检测传感器信号的经验。

可以在以下网址找到本章的代码：

https://github.com/PacktPublishing/Hands-On-Vision-and-Behavior-for-Self-Driving-Cars/tree/master/Chapter2。

2.2 理解信号的类型

在为自动驾驶汽车集成传感器、执行器和控制器时，读者会遇到许多不同的信号类型。读者需要了解每种信号的优缺点，来帮助选择正确的设备集成到系统中去。接下来的几节将涵盖每种信号类型的所有详细信息，并提供有助于做出正确选择的知识。

以下是读者将在机器人和自动驾驶汽车领域中遇到的一些基本信号类型：

- 串行信号。
- 并行信号。
- 模拟信号。
- 数字信号。
- 单端信号。
- 差分信号。

在下一节中，读者将学习到模拟信号和数字信号之间的区别。

2.3 模拟信号与数字信号

首先要记住的是，人们生活在一个充满模拟信号的世界中。没有什么是瞬间发生的，一切都是连续的。遗憾的是，这就是人们无法瞬间传送的原因！

同样，模拟信号是连续的、不断变化的；它们不会发生突变，而是从一种状

态平滑过渡到另一种状态。模拟信号的一个典型例子是老式的调幅（AM）无线电。可以在图2.1中看到平滑的数据信号是如何调制到平滑的载波上，以创建平滑的AM信号。在图中，音调由信号幅值变化的速度表示，音量由信号的幅值表示。

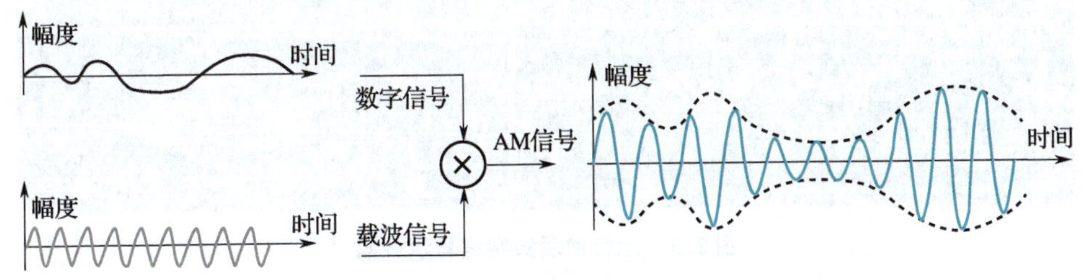

图2.1 模拟信号示例

相反，数字信号是在已知时间点采样的信号。当信号被采样时，会检查它是否高于或低于某个阈值，这将确定它是逻辑0还是1。可以在图2.2中看到这样的示例。

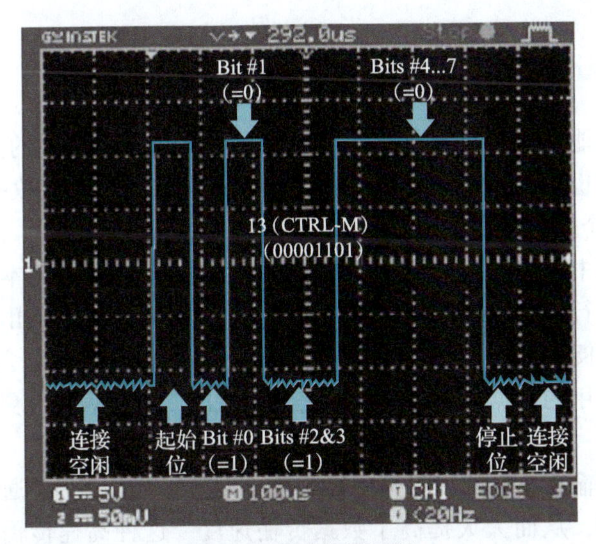

图2.2 数字信号示例

Tips

模拟信号隐藏在数字信号中

虽然经常谈到数字信号总是阶跃的，从一个状态阶跃到另一个，其实不然。数字信号只是变换得非常迅速，且以模拟信号的规则变换。人们会简单地在脉冲的中间进行取样。真实世界始终是由模拟信号构成的，但是人们有时会从数字信号的层面上解读它。

如果仔细查看图2.3，会看到隐藏在拐角处的模拟信号的性质。

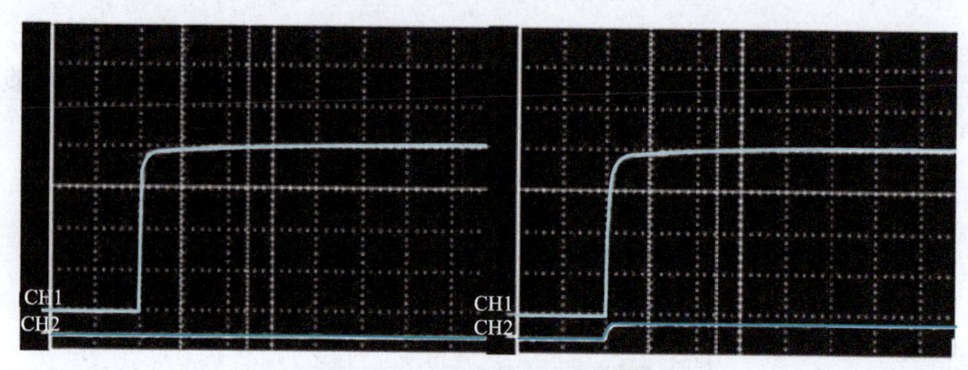

图 2.3　运行前后数字信号示波器

看到了吗？虽然这应该是电压之间的急剧转变，但可以看到本应该是方角的地方出现了圆角。这是因为自然界中没有任何事物是瞬时的，一切转变都是平滑地从一种状态过渡到另一种状态。

在下一节中，读者将了解串行和并行数据传输之间的区别。

2.4 串行和并行

串行数据可能是最普遍的数据传输类型。这就是人类习惯的交流方式。当阅读本书时，读者也正在这样做。串行通信就是一次只发送和接收一个单元的数据（与并行发送多个数据单元相反）。

在阅读这本书的情况下，眼睛通过从左到右扫描每一行文本来处理每个词，然后返回到下一行的开头并继续。读者正在“处理”一连串词。相反，想象一下读者是否可以同时阅读书中的几行内容。这就是并行数据传输，它会很棒！

计算机中使用的数据单位是位，它是开或关的二进制表示，更通俗地来说是1或0。

并行数据传输在早期的计算机中很流行，因为它允许多条（通常为8条）数据线同时传输数据，从而大大提高了数据传输速度。这种高速传输也是有代价的，更多的数据线意味着更多的重量、成本和噪声，由于多条导线通常彼此相邻，因此相邻导线上会产生大量噪声，称为串扰。这种噪声会缩短数据传输的距离。图2.4说明了如何使用串行和并行的方式传输8位数据。

现在可以看到每一根数据线都专注于1位数据，这在早期只传输8位数据的计算机中能够很好地工作，但是无法应对传输32位和64位的数据。值得庆幸的是，一旦协议速度提高，串行传输明显比并行传输更便宜，而且更易于集成。这并不是说并行数据传输现在不存在了，它适用于需要高速传输数据的场景。

串行数据协议有多种类型，例如UART、I^2C、SPI、以太网和CAN协议。在接下来的几节中，将对它们一一介绍。

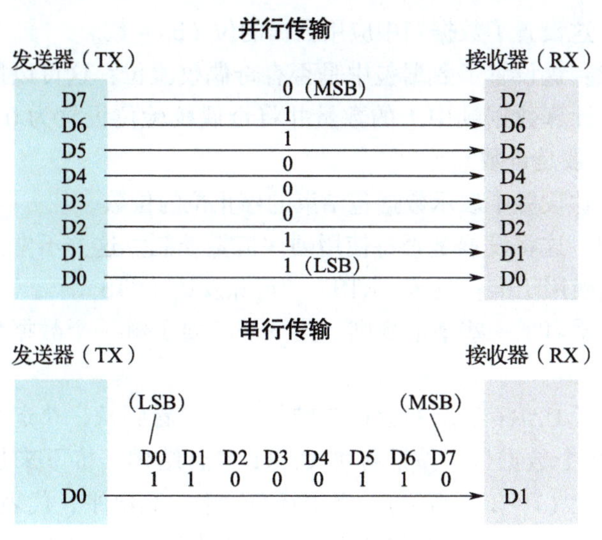

图 2.4　串行和并行传输

2.4.1　通用异步接收和发送（UART）

Tips

打扰了，读者可能认为把首字母缩写混在了一起

英语和法语对于协调世界时的首字母缩写各执一词，所以协调世界时一词的缩写既不是英语的 CUT（Coordinate Universal Time），也不是法语的 TUC（Temps Universel Coordonné），UTC 把二者的语序混在了一起，并没有更偏爱英语或者法语的表达。UTC 既不是英语缩写的语序，也不是法语缩写的语序。就这样，UTC 这个词被造了出来。

UART 是一种非常常见的协议，这要归功于它的简单性和低成本。许多低数据速率应用程序将使用它来发送和接收数据。在自动驾驶场景下的一个常见应用是使用 UART 与 GPS 进行时间同步。来自 GPS 接收器的一条包含所有位置和时间信息的消息将被发送到激光雷达、摄像头、毫米波雷达或其他传感器，来将它们与协调世界时（UTC）同步。

那么 UART 是什么样子的呢？需要了解的第一件事是这个协议是异步的，这意味着不需要时钟信号（连线）。但是，这两个设备都必须有非常好的内部时钟来为自己计时，所以不需要时钟线；但是需要什么样的数据线？只需要两根数据线：一根用于发送数据，一根用于接收数据。因此，这两个设备需要在开始运行之前就以下基本规则达成一致：

1)波特率：这设置了在设备之间交换数据的单位时间的位数。换句话说，它是相邻数据位之间的时间差。常见的波特率有 9 600、19 200、38 400、57 600、115 200、128 000 和 256 000。

2）数据位：这设置了数据帧中应用数据的位（bit）数。

3）奇偶校验：这设置了数据包中是否有奇偶校验位，这可以用于验证收到的消息的完整性。计算数据帧中 1 的数量并将奇偶校验位设置为 0（1 的个数是偶数）或 1（1 的个数是奇数）。

4）停止位：这设置了表示数据包结束的停止位的位数。

5）流量控制：这将设置是否将使用硬件流量控制。这并不常见，因为它需要两条额外的数据线用于准备发送（RTS）和清除发送（CTS）。

至此，读者学习了一些基本规则。接下来将要了解一个数据包的结构，然后进行解码。

图 2.5 说明了 UART 消息的数据包结构。可以看到从一个起始位（低位）开始，然后是 5～9 个数据位，按照标准 UART 消息结构，接下来是一个奇偶校验位，最后是停止位（1～2 个高位）。空闲状态通常是高电平，代表 1，活动状态通常是低电平，代表 0。这是正常的电压极性，如果需要，可以反转电压极性，但需要提前制定基本规则。

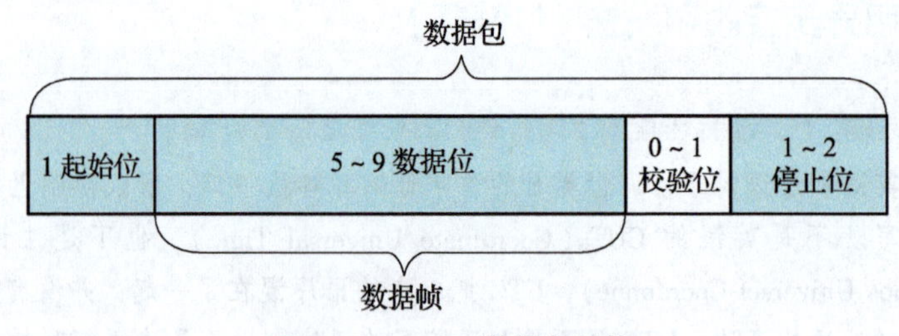

图 2.5　UART 数据包结构

图 2.6 是一个示例信号的时序图，图中显示了如何对具有 8 个数据位、无奇偶校验位和 1 个停止位的数据进行解码。初始状态是空闲状态（高电平），然后数据包以低电平开始，这表示接下来的 8 位是数据。接下来是 5 个高电平，表示 5 个 1 的比特位，接着是 3 个低电平，表示 3 个 0 比特位。UART 消息首先使用最低有效位发送，这意味着先发送的是最低的二进制值或 2^0位，接着是 2^1位，然后是

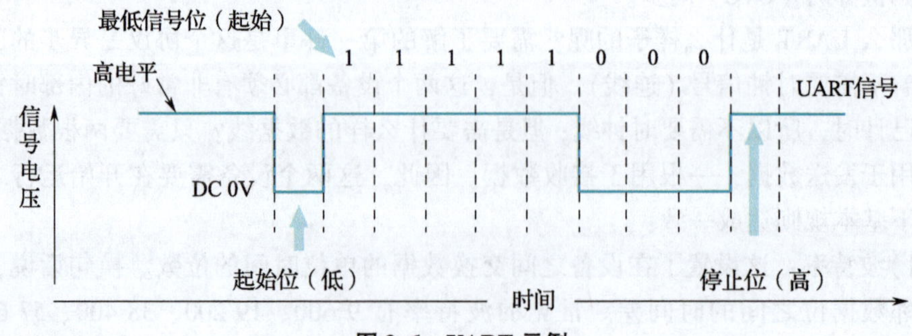

图 2.6　UART 示例

2^2位，依此类推。因此，如果将它们按照人类的阅读习惯重新排序，则数据消息为 0 0 0 1 1 1 1 1；将它们转换为十进制为 31，转化为十六进制为 1F。在 https://www.mathsisfun.com/binary-decimal-hexadecimal.html 上有大量资源用于不同的基数系统，例如二进制、十进制和十六进制。在 http://www.asciitable.com/ 上还有另一个方便用于从二进制解码 ASCII 字符的资源。

Tips

复活节彩蛋

将解码指环拿下来，是时候学习一下生命、宇宙和万物的含义……

到这里，读者已学习了如何解码 UART 串行消息。

既然 UART 这么简单，为什么还要用其他的信号类型？先来回顾一下 UART 的一些优缺点。

优点：

- 便宜。
- 全双工（同时发送和接收）。
- 异步（无时钟线）。
- 简单，每个设备之间只有两根数据线。
- 使用奇偶校验进行错误检查。
- 使用广泛。

缺点：

- 每帧的最大位数为 9 位。
- 通信双方设备时钟的误差必须小于 10%。
- 按照现代标准它很慢，标准比特率的范围为 9 600 ~ 230 400bit/s。
- 需要在每个设备之间直接连接而不是使用总线架构。
- 起始位和停止位会有一部分过载，需要复杂的硬件来进行发送和接收。

如果想增加使用 UART 和 Python 的经验，在 Arduino 上测试 UART 通信是最简单的方法。如果读者已经有了一个 Arduino，就可以直接使用 PySerial 上的文档并开始与 Arduino 通信。如果没有 Arduino，可以在本书代码仓库的第二章文件夹中找到用于练习的示例模拟器代码：

https://github.com/PacktPublishing/Hands-On-Vision-and-Behavior-for-Self-Driving-Cars/tree/master/Chapter2。

接下来，读者将了解使用 UART 消息的两种不同标准。

2.4.2 差分与单端

UART 信号可以通过几种不同的方式传输，最常见的两种方式是推荐标准 232（RS-232）和推荐标准 422（RS-422）。

RS-232 是单端信号，这意味着其电压直接与系统的电气接地（0V）进行比较。图 2.7 描述了一个单端信号。

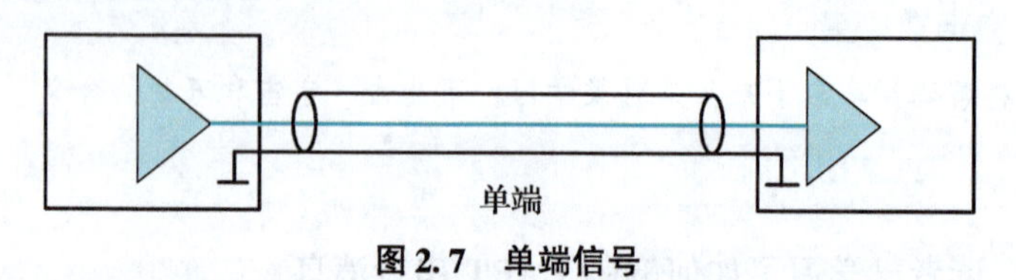

图 2.7　单端信号

相比之下，RS-422 是一种差分信号，需要比较两条数据线上的电压，而与系统的电气接地无关，如图 2.8 所示。

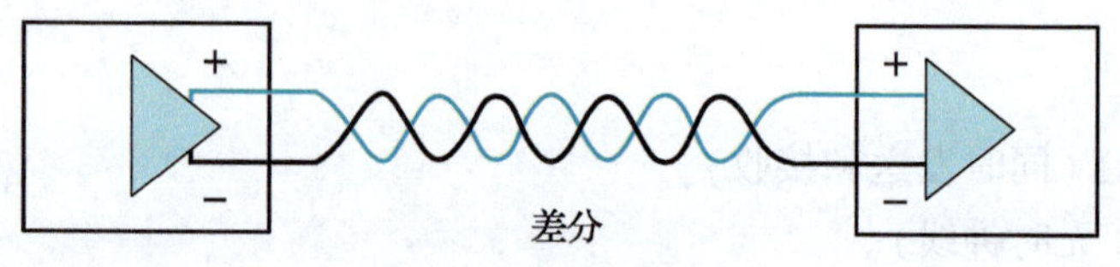

图 2.8　差分信号

现在是故事时间……

曾几何时，信号带着一个使命诞生了：将信息从发送者传递给遥远的接收者，但这个世界充满了阻碍信号传递信息的妖魔鬼怪，这些妖魔鬼怪绊倒并伤害了我们可怜的信号朋友。信号在旅程中花费的时间越长，这些坏人就越有机会潜入并造成严重破坏。通常，在短途旅行中，信号不会受到影响并且能够相对不受干扰地穿过魔法森林。然而，旅程越长，信号就越需要技巧、帮助和保护才能安全到达接收器。

那么，这些妖魔鬼怪是谁？它们是电磁场和感应电流。只要有电磁场(妖魔鬼怪)靠近信号路径(数据线)，它就会在信号路径上产生一个魔咒(电流)。在信号到达目的地之前，这个魔咒就会拉长和挤压信号，而接收者看到信号比原本更短或更长。

但是别担心——接下来将介绍信号可利用的技巧、帮助和保护。信号有一个很好的小技巧来阻止妖魔鬼怪，但它必须首先产生一个分身：我们称为分身信号(也就是反向的信号)。分身信号和原信号在到达接收器的途中相互缠绕。这使妖魔鬼怪感到困惑，并导致它们产生两个相等但相反的魔咒，它们在不知不觉中相互撞击抵消并在魔咒生效之前消失了。

分身信号和原信号的另一个技巧是，它们承诺无论什么妖魔鬼怪袭击它们，它们都会牵着手一起走在旅途中。因此，当它们到达目的地时，接收器只需测量分身信号和原信号之间的电压差即可获取信息。

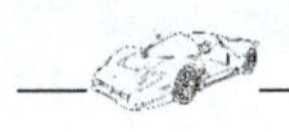

那么这个童话故事在真实生活中是什么样子的呢？不是只有一根传输线，而是使用两根传输线。然后，将一根传输线设置为高压（V+），将另一根传输线设置为低压（V-）。现在，当比较接收器端的信号时，可以测量 V+ 和 V- 之间的电压差来确定，而与高信号还是低信号无关。图 2.9 显示了单端信号（1a）和差分信号(1b)的波形。

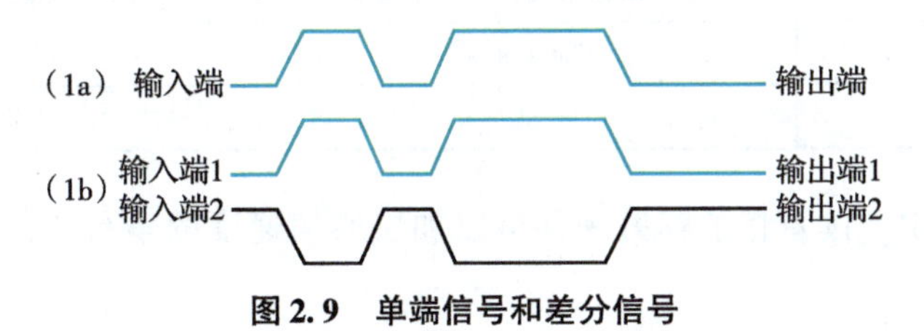

图 2.9　单端信号和差分信号

这产生了让任何感应噪声同时影响高压端（V+）和 低压端（V-）的奇妙效果，因此当测量高压端（V+）和 低压端（V-）之间的差异时，它与发送时的电压差没有变化。图 2.10 说明了这种奇妙的效果。

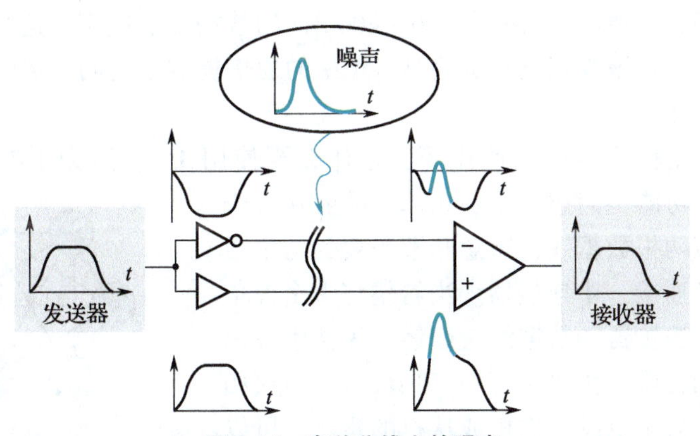

图 2.10　在差分线上的噪声

另一个技巧是将差分对的两条线相互缠绕，这能消除导线中的任何感应电流。图 2.11 显示了平行线和双绞线中电流之间的区别。可以看到，在每次缠绕时，数据线会交换两侧，因此每次缠绕时噪声产生的电流都在交替，从而有效地抵消了它们自身的影响。

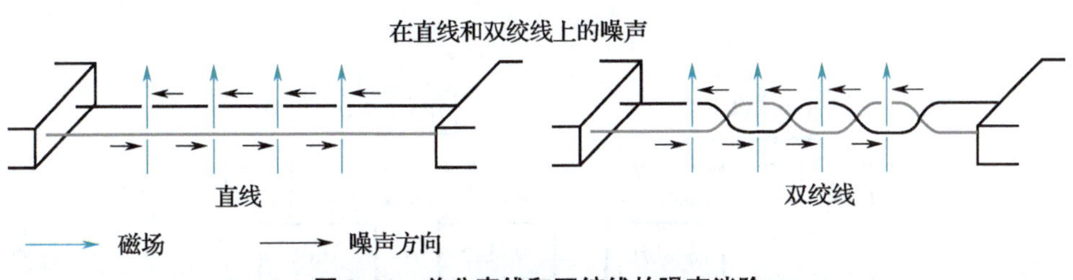

图 2.11　差分直线和双绞线的噪声消除

那么，如何在单端和差分之间进行选择呢？表 2.1 应该会有所帮助。

表 2.1　单端和差分差异表

	单端	差分
最大线长	15m	1 220m
线数目	一条数据线和一条地线	两条数据线和一条地线
最大速度	256kbit/s	10Mbit/s
成本	低	高

在下一节中，读者将了解另一种可以加快通信速度的串行通信方式，以及其他优势。

2.4.3　I^2C

I^2C 是 Inter-Integrated Circuit 的缩写，是另一种串行数据传输协议，具有一些很酷的新功能，稍后会详细介绍这些内容。I^2C 通常用于单个印制电路板（PCB）上的组件之间进行通信，它拥有 100～400kHz 的数据传输速率，这是大部分组件普遍支持的，并且该规范甚至为高达 5MHz 的通信提供了空间，尽管许多设备通常不支持这一点。

UART 已经非常简单易使用了，为什么要使用 I^2C？因为 I^2C 添加了一些 UART 没有的功能。回想一下，UART 需要在每个设备之间连接两根数据线，这意味着需要为与之通信的每个设备连接一个连接器。当希望将多个设备互联时，这些连接器和数据线会缠绕成无法管理的电线网络。因为设备在独立的 Tx 和 Rx 线上直接相互通信，而 UART 也没有主机或从机的概念。可以在图 2.12 中看到一个完全连接 UART 架构的示例。

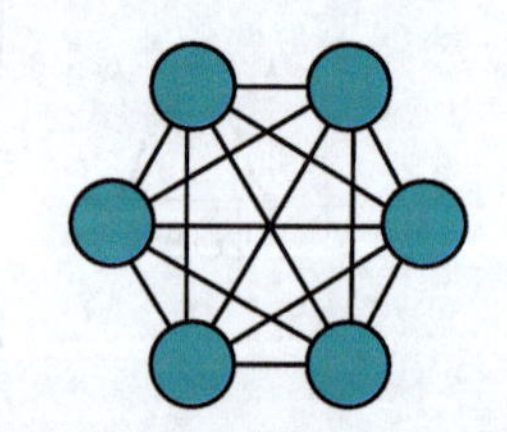

图 2.12　完全连接 UART 架构

I^2C 可以解决这些问题。I^2C 也仅使用两条线：串行时钟线（SCL）和串行数据线（SDA），稍后将详细介绍它们的工作原理。它使用这两条线在设备之间建立新的架构，即总线。总线就是一组共享的数据线，将信号传输到与其相连的所有设备。图 2.13 将帮助人们更好地理解总线。

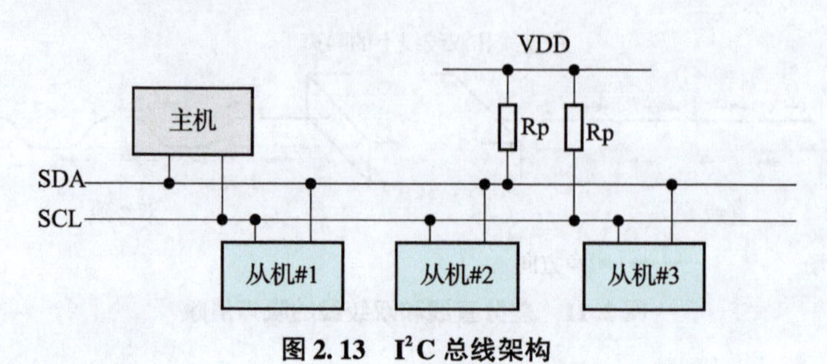

图 2.13　I^2C 总线架构

这允许多个设备相互通信，而无须在每个设备到它需要与之通信的其他设备之间架设专用线路。

那么，如何让每个节点都在同一条线路上通信并理解任何事情？I²C 协议实现了主从设备的概念。一个主机通过向大家宣布来控制通信流程，嘿，大家听着，我在和 RasPi1 说话，请确认你在哪里，然后给我发送数据！然后主机将控制权交给了 RasPi1，RasPi1 迅速喊道："我来了，我理解了请求！这是你要求的数据，请确认你已收到。"主机说："收到！"然后这个过程重新开始。图 2.14 是一次 I²C 交换的时序图。

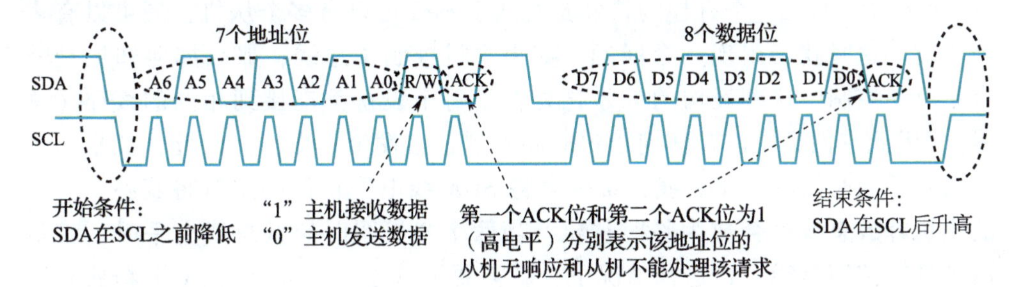

图 2.14 I²C 时序图

让我们来看一个通信序列。该序列从主机拉低 SDA 电平开始，然后拉低 SCL 电平，这表示数据将要开始传输了。接下来的 7～10 位（取决于设置）是从机的地址。下一个位为 R/W 位，告诉从机是向寄存器中写入数据（逻辑 0）还是从寄存器中读取数据（逻辑 1）。R/W 后面的位是确认位（ACK），如果被寻址的从机收到、理解、确认并将响应请求，则确认位被从机置位。然后主机将继续在 SCL 线上产生脉冲，同时从机或主机开始将数据放置在 SDA 的 8 个数据位上。

Tips

优先传输最高有效位

和 UART 相反，在 I²C 中字节的最高有效位先被传输。

例如，如果 R/W 位设置为 0，从机将接收放置在 SDA 线上的数据并将其写入内存。紧跟在 8 个数据位之后，从机会将 SDA 线拉低电平作为一个时钟计数，以确认它接收到数据、存储数据并准备将 SDA 线的控制权交还给主机。此时，主机将 SDA 线拉回低电平。最后，为了停止通信序列，主设备将先后释放 SCL 和 SDA。

当这么多设备同时在总线上通信时，制定一些规则以确保不会发生冲突是很重要的。I²C 通过使用开漏系统来实现这一点，这意味着任何主机或从机只能将总线电平拉低。SCL 和 SDA 的空闲状态通过上拉电阻保持在高电压状态，这可以在图 2.13 中看到，电阻连接到 VDD。当主机或从机想要发送数据时，它们会将线路电平拉低（或打开漏极），这可以确保一台设备将总线拉高和另一台设备将总线电平拉低的情况不会同时发生。

Tips

复活节彩蛋

如果 1.5 只母鸡在 1.5 天内下 1.5 个鸡蛋，那么 6 只母鸡在 6 天内会下多少蛋？解码下面的波形查看答案。

I^2C 协议的另一个有趣的特性是总线上不仅可以有多个从机，还可以有多个主机。这时就会出现一个问题，如果主机控制了总线，那么如何知道是哪个主机在控制？这种架构的天才之处在于每个设备都连接到相同的线路（总线），因此它们都可以在任何给定时间看到正在发生的事情。因此，如果两个主机几乎同时试图控制总线，第一个将 SDA 线电平拉低的主机将获胜！另外的主机释放总线就会成为临时从机。当两个主机同时拉低总线电平时，就不清楚谁在控制总线。在这种情况下，就需要仲裁了，首先在 SDA 上释放总线的主机仲裁失败就会成为从机。

这里总结了 I^2C 的优点和缺点。

优点：

- 多主机、从机架构，10 位地址模式下多达 1 024 个设备。
- 基于总线的通信方式，只需要两根线（SCL 线和 SDA 线）。
- 通信速度高达 5MHz。
- 便宜。
- 消息确认机制。

缺点：

- 半双工，不能同时发送和接收数据。
- 起始、停止和确认条件的数据位会降低有效数据传输量。
- 上拉电阻会限制时钟速度、占用 PCB 空间且增加功耗。
- 较短的最大总线长度（1cm ~ 2m），这取决于电容、电阻和通信速度。

读者现在已经学到了很多关于 I^2C 的知识，它将帮助读者学习更多有关处理串行数据的知识。在下一节中，读者将了解另一种串行通信协议，该协议更加激进但可以处理其他额外的事情。

2.4.4 SPI

串行外设接口（SPI）是一种串行传输链路，主要用于微控制器，用于连接

USB、存储器和板载传感器等外部设备。它的主要优点是速度快和使用简单。SPI 不常用于自动驾驶汽车应用中的传感器，但值得了解一下。它是使用四根线的全双向链路：SCLK、MOSI、MISO 和 SS。图 2.15 将帮助理解 SPI 功能。

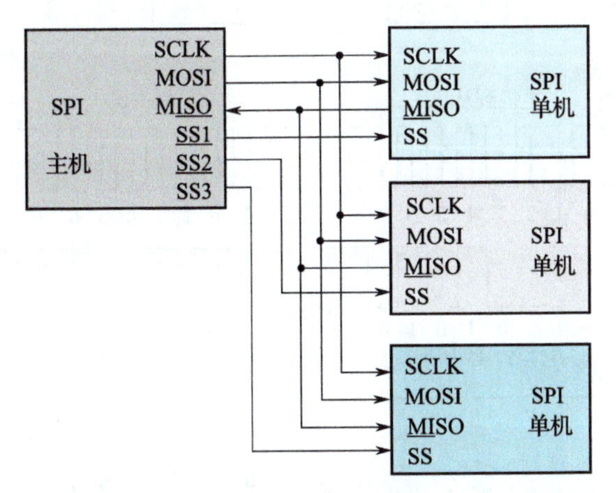

图 2.15　SPI 连接图

SPI 是使用主时钟信号（SCLK）的同步串行链路，与 I^2C 相似。时钟速率通常在 6～12.5MHz 范围内，这也是它的比特率。数据在主出从入（MOSI）和主入从出（MISO）线上的设备之间传递。MOSI、MISO 和 SCLK 可以用作总线架构，与 I^2C 相似。最后一条线是从选择（SS）线。通过将 SS 线电平拉低通知与其连接的从机应该收听即将到来的消息。

这与 I^2C 形成对比，I^2C 向从机地址发送有关要监听的从机的信息。正如图 2.15所示，每个连接到系统的从机必须专用一条单独的电线和引脚（在图中用 SS1、SS2 和 SS3 表示）。用于实现 SPI 的硬件非常简单，通常依赖于移位寄存器。什么是移位寄存器？这是一个简单的内存寄存器，可以保存一定数量的位，比如 8 位。每次一个新的位从一侧进入时，另一侧的位就会被推出。图 2.16 说明了它在 SPI 中的工作原理。

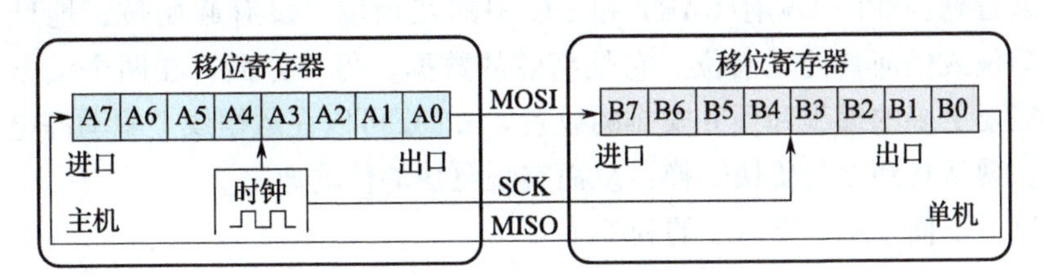

图 2.16　SPI 移位寄存器

SPI 数据传输非常简单，因为总线上只允许存在一个主机。图 2.17 有助于说明如何使用 SCLK、MOSI、MISO 和 SS 进行全双向数据传输。

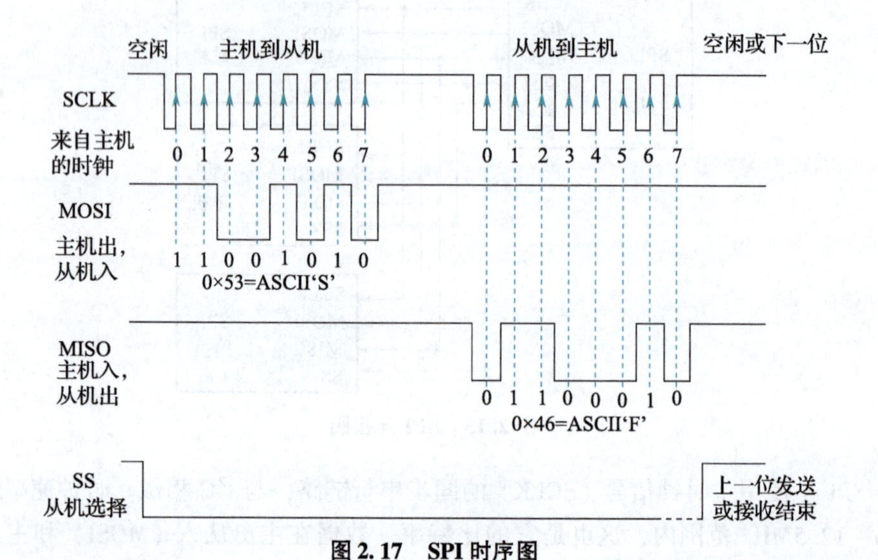

图 2.17　SPI 时序图

主机拉低 SS 线电平，让目标单机知道，嘿，SS1，这个消息是给你的，请准备好接收。然后主机在 SCLK 线上发送时钟脉冲，告诉单机何时应该对来自 MOSI 线的数据进行采样。如果已预先确定从机应发送回某些信息，则主机随后会发送 SCLK 脉冲，以指示单机何时应在 MISO 线上发送数据。由于有两条线，MISO 线和 MOSI 线，这两个事件可以同时使用移位寄存器进行。

就协议而言，SPI 不像 UART 或 I^2C 那样标准化。因此，读者需要查阅要连接设备的接口控制文档，以确定操作设备所需要的特定命令、寄存器大小、时钟模式等。

可以看到，SPI 中没有 UART 和 I^2C 中的冗余位。没有起始位、地址、停止位、应答位或任何其他冗余位。它是高效的数据。另一方面，在两个设备之间进行通信需要更多的编程和预先安排的设置。SPI 还可以在数据线上驱动高电平和低电平，实现从 0 到 1 的更快转换，从而实现更快的传输速率。

所以，下面总结一下 SPI 的利弊。

优点：

- 6 ~ 12.5MHz 的快速数据传输速率。
- 全双工通信。
- 可以使用简单的移位寄存器硬件。

- 多个从机。
- 总线架构。

缺点：

- 单主机。
- 需要四根导线，外加每个从机的一根从机选择线。
- 短传输长度取决于传输速度、阻抗和电容，最大传输长度大约为 3m。

在下一节中，将讨论几乎所有道路车辆使用的常见协议。

2.5 基于帧的串行协议

到目前为止，我们一直在讨论在 8～10 位范围内，具有相当小的信息量的协议。如果想多传送一点呢？在接下来的几节中，读者将了解支持更大信息量的协议，这些协议能将信息打包到帧或报文段中。

读者将了解以下协议：

- CAN。
- 以太网：UDP 和 TCP。

2.5.1 理解 CAN

控制器区域网络（Controller Area Network，CAN）是一种基于消息的协议，由 Bosch 公司开发，用于减少车辆中不断增长的微控制器和电子控制单元(Electronic Control Units，ECU)的连接线数量。

它是一种基于总线的协议，有两条线作为差分对，即 CAN-HI 和 CAN-LO。读者在单端与差分部分学习了差分对。

> Tips
>
> **妖魔鬼怪**
>
> 还记得用来为分身信号和信号提供安全通道的把戏吗？该故事包含“转折”。

CAN 是一种功能打包协议，具有鲁棒性强、可靠和快速的特点。以下是该协议的一些功能：

- 分布式多主站通信。
- 按优先顺序排列消息。
- 总线仲裁。
- 远程终端请求。

- 具有循环冗余校验保证数据完整性。
- 具有灵活的可扩展网络。
- 集中诊断和配置。
- 通过双绞差分对抑制 EMI 噪声。

CAN 总线结构极其简单，如图 2.18 所示。

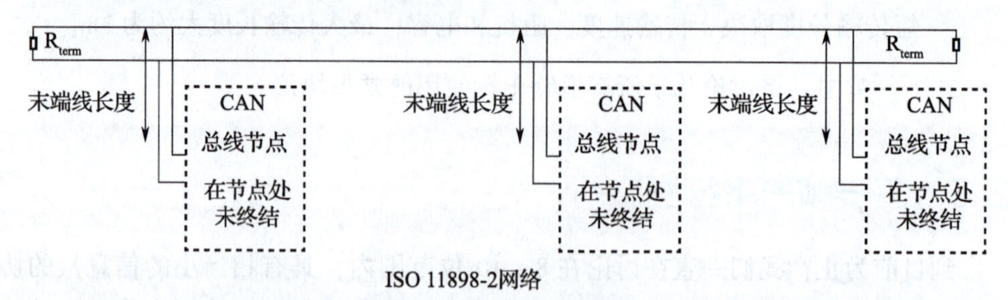

图 2.18　CAN 总线结构

图中可以看到，节点可以添加到总线上，可以在总线两个终端电阻 R_{term} 间的任何位置。连接节点时需要考虑的是未终止的末端线长度，标准建议将其控制在 0.3m 以下。

现在让我们看看位是如何在 CAN-HI 和 CAN-LO 差分双绞线上传输的。图 2.19 说明了 CAN 协议的显性位和隐性位。

> Tips
>
> **总线上的 0**
>
> 0 代表总线上的显性位，其差分电压大于最小阈值。

> Tips
>
> **总线上的 1**
>
> 1 代表总线上的隐性位，其差分电压小于最小阈值。

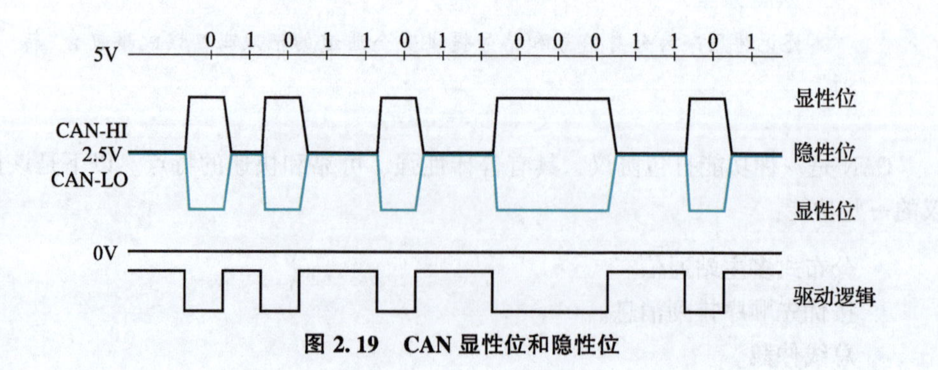

图 2.19　CAN 显性位和隐性位

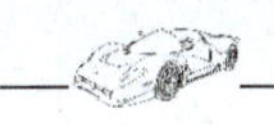

了解了 0 和 1 是如何放置在总线上的，来看一下 CAN 总线上帧的结构。这将在调试和读取 CAN 线时非常有用。图 2.20 描述了 CAN 帧的各个段。

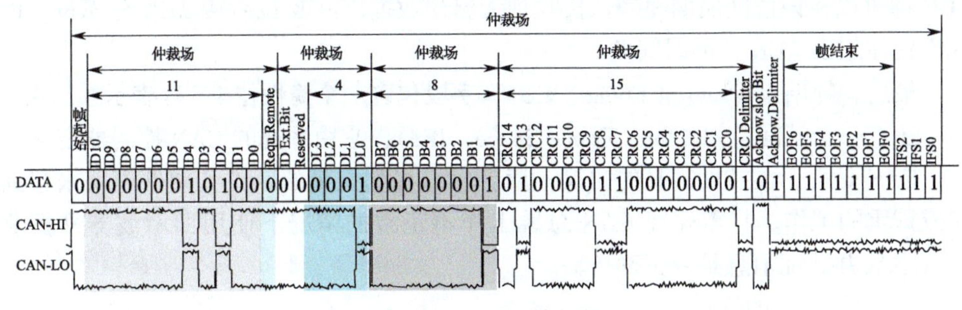

图 2.20　CAN 帧各段

CAN 帧以起始位（Start of Frame，SOF）开始，该位是显性位 0。这听起来有点类似于在 UART 通信中学习的内容，UART 通信也是从逻辑 0 开始的。与 UART 非常相似，CAN 中的 SOF 也是从空闲状态到活动状态的转换。然而，与 UART 不同，CAN 的 SOF 活动状态和显性位是差分电压高压状态。

SOF 之后是仲裁场。这可以看作是 ECU 的功能地址（例如转向模块、氧传感器、激光雷达传感器等）。

Tips

越小优先级越高

仲裁场中地址较小的 ECU 有较高的优先级。当两个或多个设备同时开始传输时，较小的地址将赢得仲裁。

下一位是远程传输请求（Remote Transmission Request，RTR）。当一个 ECU 希望直接从另一个 ECU 请求数据时使用此位。通过将此位设置为逻辑 1（隐性位）来请求远程数据传输。

接下来的 6 位是帧的数据长度代码（Data Length Code，DLC）部分，表示即将出现的数据场的长度。CAN 消息的数据长度可以是 0 ~ 8Byte。

紧接着 DLC 的是数据场，其长度可以是 0 ~ 64 位（0 ~ 8Byte）。

Tips

位序

CAN 首先发送最高有效位。

接下来是循环冗余校验（Cyclic Redundancy Check，CRC）场，长度为 15 位，用于对消息进行错误检查。发送数据的 ECU 对数据场计算校验和，并将其放入 CRC 字段。一旦接收数据的 ECU 获得帧，它将对数据场运行相同的校验和计算操作，并验证它是否与接收帧中的 CRC 场匹配。CRC 场后面紧跟 CRC 定界符字段，使其与 ACK 场分离。

接下来是应答场（Acknowledge，ACK），该位传输隐性位 1，以便任何接收的 ECU 都可以在该位间隔期间确认接收到无错误数据。ACK 位后接 ACK 分隔符，以允许任何超出 ACK 位的时间差。

最后，帧结束（End of Frame，EOF）字段包含 7 个隐性位 1，这表示帧结束。

还有一个帧间空间（Inter Frame Space，IFS），它由系统的 CAN 控制器定义。

CAN 是一个支持度很高的协议，读者可以找到大量的软件和硬件模块来帮助完成繁重的工作。只需要在 CAN 总线工作不正常的情况下使用旧示波器来探测 CAN 总线并验证消息是否正确传输。

以下是 CAN 的优点：

- 分布式多主站通信。
- 按优先顺序排列消息。
- 总线仲裁。
- 可实现 RTR。
- 使用 CRC 保证数据完整性。
- 具有灵活的可扩展网络。
- 集中诊断和配置。
- 通过双绞差分对抑制 EMI 噪声。
- 最大电缆长度为 40m。

唯一的弊病是：

- 需要仔细注意总线末端和末端线长度。

在下一节中，读者将了解现代无论是在汽车中还是在家中最普遍的网络协议。

2.5.2 以太网和因特网协议

以太网是一个由协议和层组成的框架，在现代网络中，几乎所有与之交互的应用程序中都使用它。以太网在家里，在火车上，在飞机上，当然也在自动驾驶汽车上。它包括基于网络通信的物理标准和协议标准。这一切都始于不同层次的开放系统互联（Open Systems Interconnection，OSI）的体系结构模型。图 2.21 说明了 OSI 模型的七个层以及每一层的任务。

OSI 模型的每一层都有自己的数据处理协议。这一切都从应用层的原始数据或数据的每一位开始。数据在每一层得到处理，并传递到下一层。每一层都将前一层的帧包装成一个新帧，这就是模型显示帧越来越大的原因。图 2.22 说明了各层的协议。

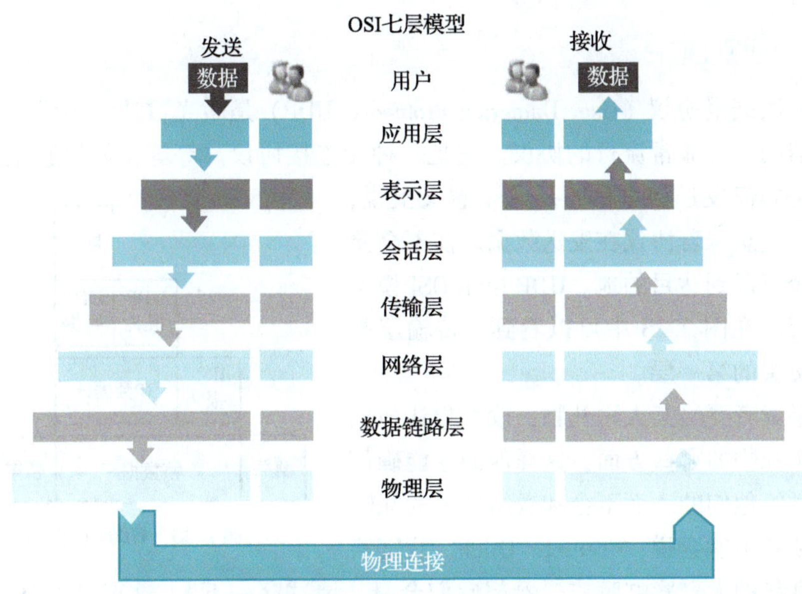

图 2.21　OSI 模型的七个层

#4 层模型	ISO 7 层模型	协议	数据封装	
5 应用层	应用层	· FTP · SMTP · HTTP · Skype		
	表示层		数据	数据
	会话层			
4 传输层	传输层	· TCP · UDP	报文头 报文数据	报文段
3 网络层	网络层	· IP · BGP(inter) · OSPF(intra) · RIP(intra)	IP报头 IP数据	数据包
2 连接层	数据链路层	· Ethernet · 802.111 (WiFi)		
1 物理层	物理层		帧报头 帧数据 帧报尾	帧

图 2.22　OSI 模型各层的协议

可以花一整本书来讨论每一层和协议的细节。但是本书不会这么做，本书将重点介绍在自动驾驶汽车中使用传感器和执行器时会遇到的两种协议（UDP 和 TCP）。

2.5.3 理解 UDP

用户数据报协议（User Datagram Protocol，UDP）是激光雷达、摄像头和雷达等传感器的一种非常流行的协议。它是一种无连接协议。等等，如果它是无连接的，它是如何发送数据的？从这个意义上说，无连接只是意味着协议在发送数据之前不会验证它是否可以到达目的地。UDP 位于 OSI 模型的传输层。在图 2.23 中可以看到，传输层是添加报文头的第一层。

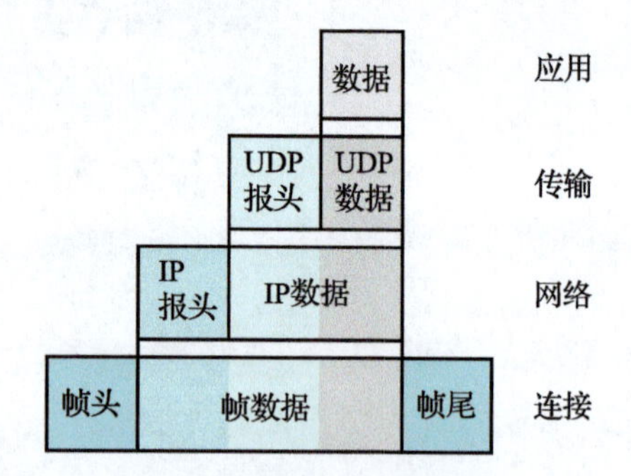

图 2.23 UDP 在传输层

如果读者要给某人送礼物，读者想让他们知道关于礼物的哪些方面，这样他们才能确信礼物是送给他们的，而不会和送给别人的礼物搞混？读者可能会说，“Tenretni Olleh，我寄给你这件豪华的大号彩虹睡衣，希望它们合身。请试穿一下”。这正是 UDP 报文头的功能所在。它存储源端口、目的端口、数据长度（包括报文头），最后存储校验和。校验和在发送数据之前通过算法计算，以确保数据在接收时完好无损。这是通过对接收到的数据运行与上述相同的算法并将计算得的数字与校验和算法计算值进行对比来实现的。这类似于给 Tenretni Olleh 发送一张睡衣的照片，这样他们就知道自己收到了正确的礼物。

图 2.24 说明了 UDP 报文头中的字段和实际消息本身。

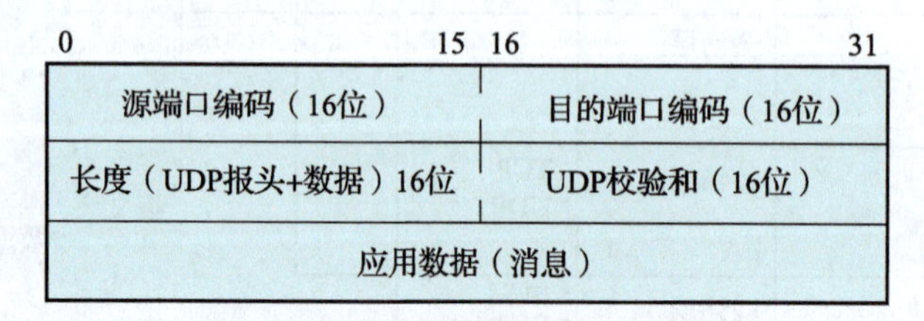

图 2.24 UDP 报文头字段

> **Tips**
>
> **端口、插头和插座**
>
> 以太网协议中的端口可以被看作是墙上的电源插座。人们可以将不同的设备插入插座，如灯具和电视。每个插头一旦连接，就为特定的设备供电。类似地，端口是为特定设备或协议创建的，以进行发送和/或接收数据。

UDP 报文头始终为 8Byte（64 位），而数据（消息）的长度最多可达 65 507Byte。图 2.25 是自动驾驶汽车的一个相关示例，该示例展示了一系列流行的高分辨率激光雷达传感器的 UDP 数据包的数据（消息）字段大小。

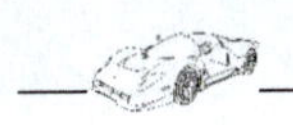

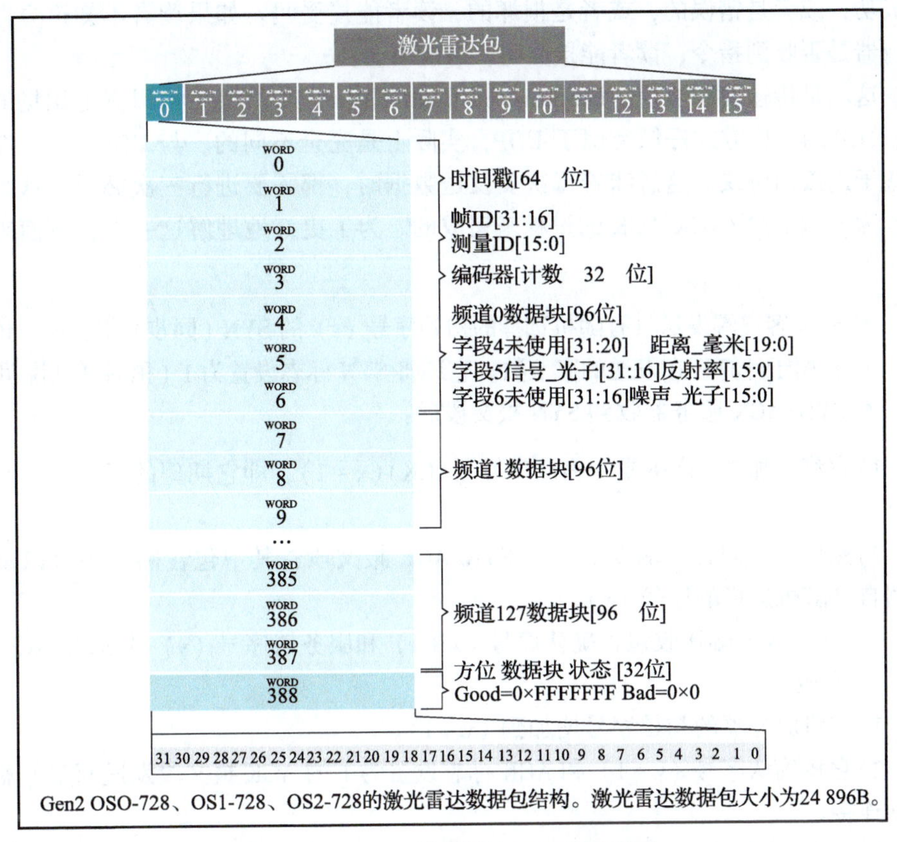

Gen2 OSO-728、OS1-728、OS2-728的激光雷达数据包结构。激光雷达数据包大小为24 896B。

图 2.25　Ouster 激光雷达 UDP 数据结构

从图中可以看出，如果仔细乘所有字节，则得到 389 个字段 ×4 个字节/字段 × 16 个方位角/数据包 = 24 896Byte/数据包。该数据包的数据大小在 UDP 最大消息长度 65 507Byte 之内。为了通过 UDP 发送此数据，激光雷达传感器必须附加哪些数据？需要有一个包含 8Byte 的源、目标、数据长度和校验和信息的 UDP 报文头。

UDP 通常用于流式设备，如激光雷达传感器、摄像头和雷达，因为如果未接收到数据，则重新发送数据是没有意义的。想象一下，在激光雷达传感器示例中，你没有收到方位角，将这些数据重新发送给你是否有用？答案可能是没用，因为反射激光的东西现在已经过去了，而且可能处于不同的位置。在这种设备上使用 UDP 的另一个原因是，数据传输速率很高，重新发送丢失或损坏的数据会大大降低速度。

在下一节中将讨论一个协议，该协议将应用于每个报文段都有三方握手的情况。

2.5.4　理解 TCP

如果读者打算发送一个命令来转动自动驾驶汽车的方向盘，如果这个命令没有成功，或者是错误的，或者是损坏的，读者能接受吗？如果读者不知道方向盘执行器是否收到指令，读者能接受吗？可能不会！

这就是传输控制协议（Transmission Control Protocol，TCP）可以派上用场的地方。TCP的工作方式好像类似于UDP，实际上是完全不同的。与UDP不同，TCP是基于连接的协议。这意味着每次要发送数据时，都需要进行三次握手。这是通过称为SYN-SYN/ACK-ACK的过程来完成的。为了更好地理解这一点，下面来分析一下：

- SYN 客户端发送具有随机选择的初始序号（x）的SYN（同步）报文段，该序号用于计算正在发送的字节数。它还将SYN标志设置为1（稍后详细说明）。
- SYN/ACK 服务器收到SYN报文段后：

1）它将x加1。这将成为确认序号（ACK）（x+1），即它期望的下一个字节的序号。

2）然后，它向客户端发送一个SYN/ACK报文段，其中包含确认序号以及服务器自己随机选择的序号（y）。

- ACK 客户端接收包含确认序号（x+1）和服务器序号（y）的SYN/ACK报文段：

1）它将服务器的初始序号增加到（y+1）。

2）它将确认序号（y+1）和ACK标志设置为1的ACK报文段发送回服务器以建立连接。

图2.26说明了TCP的连接顺序。

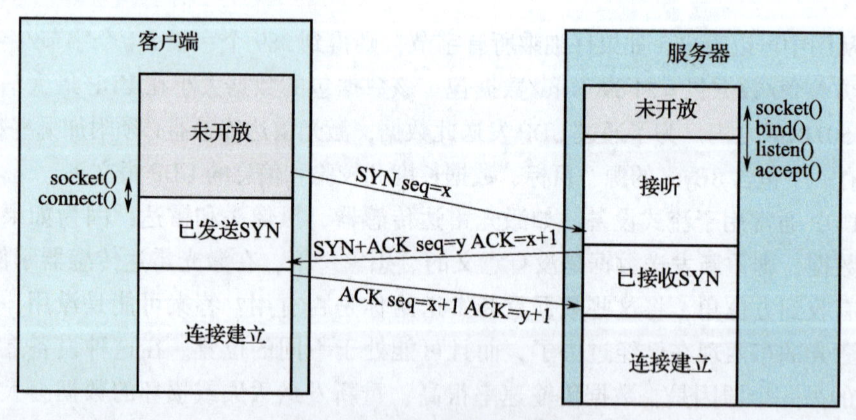

图2.26　TCP连接顺序图

现在连接已经建立，数据可以开始流动了。每个报文段被发送后，ACK报文段将被返回，该ACK报文段的确认序号为接收的报文段的序号加1，表示报文段已完整接收，以及预期接下来的报文段的序号是多少。在接收SYN和SYN/ACK报文段后，返回的ACK报文段的确认序号等于接收的报文段序号加1。在接收

ACK 报文段后，返回的 ACK 报文段的序号将被加上接收的报文段包含应用数据的字节数。

可以看到，为了完成这些，TCP 报文头需要比 UDP 更多的字段。图 2.27 显示了 TCP 报文头的字段。

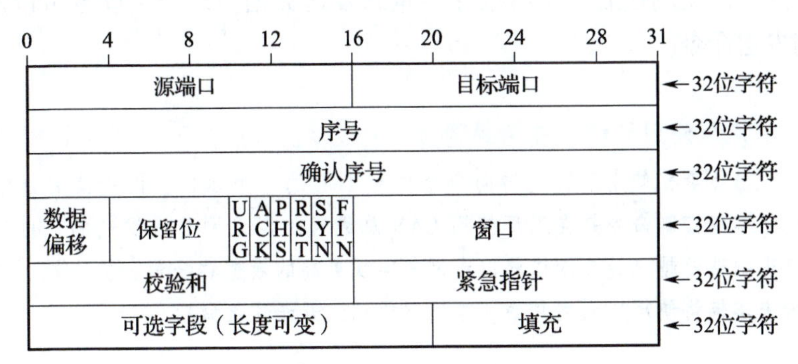

图 2.27　TCP 报文头部分

详细描述每个字段及其用途如下：

- 源端口：这是发送报文段的端口。这通常是随机分配的端口号。
- 目标端口：这是报文段发送到的端口。这通常是专用于特定协议的已知端口号。例如，SecureShell（SSH）端口被保留为端口号 22。
- 序号：这是在应用数据中被发送的第一个字节的编号，或者，对于 SYN 和 SYN/ACK 报文段，它是随机选择的初始序号。
- 确认序号：等于已接收的字节数加 1，表示期望的下一个字节的编号。
- 数据偏移：这是 TCP 报文头的长度，即应用数据之前的偏移量。
- 保留位：这是未使用但保留用于未来协议改进的位。
- URG：这是 6 位标志中的第 1 位（设置为 0 或 1）。它用于将报文段标记为紧急。
- ACK：这是 ACK 位标志，在发送有效的确认序号时设置为 1。
- PHS：这是推位标志，当数据应立即推送到应用程序时，该标志设置为 1。
- RST：这是重置位标志，当需要重置连接时，将其设置为 1。
- SYN：这是同步位标志，在启动 SYN - SYN/ACK 连接建立过程时设置为 1。它表示序号字段中有一个有效的序号。
- FIN：这是结束位标志，当所有数据发送完成后应关闭连接时，该标志被设置为 1。
- 窗口：这是接收端在丢失数据之前可以接收的缓冲区大小。
- 校验和：这是通过对应用数据 + 报文头的算法计算得出的值，用于验证接收到的数据是否有效且没有变化。

- 紧急指针：这是被认为紧急的数据的第一个字节的编号。如果 URG 位标志设置为 1，则此设置有效。

TCP 使用上述报文头信息来确保所有数据都得到接收、验证和确认。如果数据丢失，则可以使用最后一个有效序号重新发送数据。现在，读者可以放心地通过以太网发送命令。

Tips

汽车使用 CAN，主要是因为……

虽然最初使用了发送转向命令作为 TCP 的一个示例，但是读者通常会发现，车辆控制命令是在工厂使用 CAN 总线通过以太网总线发送的。自动驾驶汽车制造商越来越多地依赖以太网来实现更高的数据吞吐量和安全性。有人说未来车辆将使用以太网总线。军用飞机已经开始这么做！

天呐，读者要接受的知识太多了。不过，不要担心，既然读者已经看过并理解了，将来就可以依靠开放源码工具来解析它了。当出错并且需要调试数据流时，读者会发现这很有用。

说到这一点，Wireshark 是一款非常棒的工具，可用于搜寻网络上的以太网报文段，并可以查看用于调试和测试的信息流。读者可以在 https://www.Wireshark.Org/上找到安装和使用 Wireshark 工具所需要的所有信息。

TCP 是一种功能强大的协议，用于基于连接、高度可靠和安全的数据传输。现在开始使用本章末尾列出的开源工具来使用以太网协议吧！

2.6 总结

恭喜读者，读者已经和新朋友，分身信号和原信号一起完成了任务！读者已经经历了一次相当大的冒险！读者与电磁波和感应电流化身的妖魔鬼怪战斗。一路走来，读者学到了很多关于串行和并行数据传输、数字和模拟信号的知识，以及 UART、I^2C、SPI、CAN、UDP 和 TCP 等协议及其秘密解码指环！现在，读者已经掌握了将传感器和执行器集成到真正的自动驾驶汽车中所需要的知识。

在下一章中，读者将学习如何使用 OpenCV 检测道路上的车道，这是确保自动驾驶汽车安全合法运行的一项至关重要的技能！

2.7 问题

阅读本章后，读者应该能够回答以下问题：

1. 每个协议需要多少条线路？它们的名称是什么？

2. 降低信号中噪声的两种方法是什么？
3. 串行数据传输和并行数据传输有什么不同？
4. 哪些协议使用总线体系结构？
5. 哪些协议有时钟信号？
6. 什么协议被广泛用于向其他传感器发送 GPS 信息？

2.8 扩展阅读

- 德州仪器控制器区域网络（CAN）物理层要求：
  http://www.ti.com/lit/an/slla270/slla270.pdf?HQS=slla270aaj&ts=1589256007656。
- 德州仪器公司介绍控制器局域网（CAN）：
  http://www.ti.com/lit/an/sloal0lb/sloal0lb.pdf。
- 通用异步收发器（UART）：
  https://ieeexplore.ieee.org/document/7586376。
- 了解 I^2C 总线：
  https://www.ti.com/lit/an/slva704/slva704.pdf?&ts=1589265769229。

开源协议工具

读者还可以参考以下资源，了解有关使用所述协议进行编程的工具的更多信息：

- PySerial 用于 UART（RS-232，RS-422，RS-485）：
  (https://pypi.org/project/pyserial/)。
- python-periphery 用于 UART，I^2C，SPI 以及更多：
  https://python-periphery.readthedocs.io/en/latest/index.html。
- smbus2 用于 I^2C：
  https://pypi.org/project/smbus2/。
- spidev 用于 SPI：
  https://pypi.org/project/spidev/。
- python-can 用于 CAN：
  https://pypi.org/project/python-can/。
- socket 用于因特网 TCP，UDP 以及更多：
  https://docs.python.org/3/library/socket.html。

第 3 章

车道检测

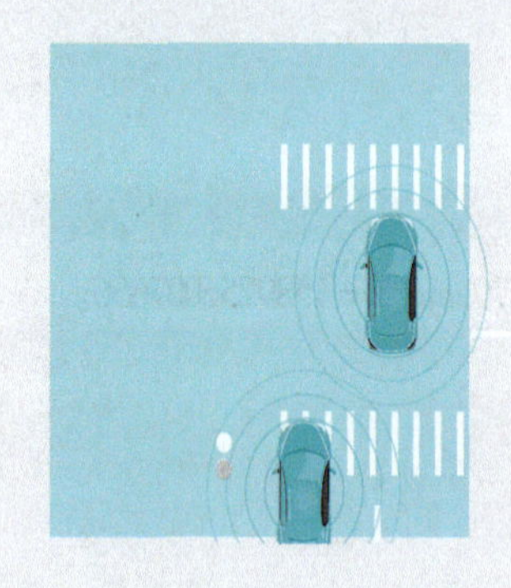

本章将介绍使用计算机视觉技术，特别是 OpenCV，来实现一件不可思议的事情——车道检测。首先，本章展示了如何一步步地利用视觉知识分析图像；其次，本章应用了几种滤波方法对图像进行去噪和近似，以便于在直路或转弯处的位置检测出车道；最后，本章将上述车道检测方法应用于视频进行车道检测。

本章提出的车道检测方法包括一些与真实世界可能并不相符的假设，当然也可以调整车道检测方法以修正这些假设。希望读者会觉得这一章有趣。

本章主要包括以下内容：

- 检测道路上的车道线。
- 颜色空间。
- 透视校正。
- 边缘检测。
- 阈值处理。
- 柱状图。
- 滑动窗口算法。
- 多项式拟合。
- 视频滤波。

通过本章的学习，读者将能够使用 OpenCV 实现道路上的车道检测。

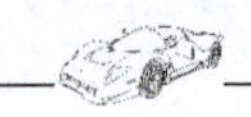

3.1 技术需求

本章的车道检测技术涉及非常多的代码，本章将阐述车道检测的主要方法，可以在以下网址找到本章的代码：

https://github.com/PacktPublishing/Hands-On-Vision-and-Behavior-for-Self-Driving-Cars/tree/master/Chapter3。

为了便于本章教学开展以及使用本章的代码，读者需要安装以下软件及模块：

- Python 3.7。
- OpenCV-Python 库。
- NumPy 库。
- Matplotlib 库。

为了识别车道，需要一些图片和视频。虽然很容易找到一些相关的开源数据库，但它们通常用于非商业用途。因此，本章使用由两个开源项目产生的图像和视频：自动驾驶任务模拟器 Carla，以及开源视频游戏 SpeedDream。本章所涉及的技术也适用于真实世界的道路识别，并且鼓励读者在公开数据集如 CULane 或 KITTI 中进行尝试。

3.2 阈值处理

虽然对人类来说，沿着车道走非常容易，但对计算机来说，这并不容易。问题之一在于道路的图像中包含太多信息，需要对其进行简化，只挑选感兴趣的部分。本节将只分析图像中带有车道的部分，还需要使用颜色选择等方法将车道与图像的其他部分分开。显然，道路通常是黑色或深色，而车道线通常是白色或黄色。

在接下来的章节中，将分析不同的颜色空间，以找到哪种颜色空间对阈值处理效果最好。

3.2.1 阈值在不同颜色空间中如何工作

从实用的角度来看，颜色空间是一种分解图像色彩的方法，最常见的是 RGB 颜色空间，除此之外还有其他种类的颜色空间。OpenCV 支持几种颜色空间，我们需要从各种颜色空间中选择两种最佳颜色通道。为什么要使用两种不同的颜色通道呢？有以下两个原因：

- 有利于白色车道线识别的颜色空间可能不利于黄色车道线识别。
- 当存在难于识别的画面时（例如，道路上有阴影或者车道变色），一个通道受到的影响可能小于另一个通道。

对于本章的例子来说，这可能不是完全必要的，因为在我们的例子中车道线总是白色的，但设置两种最佳颜色通道在真实生活中进行车道识别绝对是有用的。

以下将介绍本章所用的测试图像在不同的颜色空间中是如何表现的，可能与读者所用的例子不尽相同。

3.2.2 RGB/BGR

道路起点如图 3.1 所示。

图 3.1 参考图像(来自 Speed Dreams)

当然，图像可以被分解成三个颜色通道：红、绿、蓝。OpenCV 通常会将图像存储成 BGR(第一个字节为蓝色通道，而不是红色通道)，但从概念上讲，这和 RGB 没有什么区别。

图 3.2 是 BGR 通道分离后的三个通道。

图 3.2 BGR 通道：蓝、绿、红通道

图 3.2 的效果看起来不错。我们尝试通过选择白色像素以分离车道。由于白色是(255，255，255)，我们选择超过 180 的像素，以留出一些余地。要进行这一操作，我们需要创建一个与所选通道相同大小的黑色图像，然后将原通道中 180 以上的所有像素涂成白色。

```
img_threshold = np.zeros_like(channel)
img_threshold[(channel >= 180)] = 255
```

图3.3为输出结果。

图3.3 BGR通道：蓝、绿、红，像素高于180

图3.3效果比较合理。红色通道也显示了汽车的一部分，但这不在我们分析图像关注的范围内，所以这不是问题。由于白色在红、绿、蓝三个通道中具有相同的像素值，因此车道线在三个通道中都是可见的。但对于黄色车道线来说，并不是如此。

阈值的选取十分重要，并且它的选取受车道线的颜色、道路状况，以及光线和阴影情况的影响。

图3.4显示了BGR通道完全不同的阈值为20~120处理后的结果。

图3.4 BGR通道：蓝、绿、红，阈值为20~120

读者可以利用以下代码选择阈值在20~120范围内的像素。

```
img_threshold[(channel >= 20) & (channel <= 120)] = 255
```

如果车道线是黑色的，图3.4可能仍然可用，但不推荐这样做。

3.2.3 HLS

HLS颜色空间将颜色按照色调、亮度和饱和度进行分类，分类结果有时可能会令人意想不到。

图3.5 HLS通道：色调、亮度和饱和度

色调通道表现较差，有噪声，并且分辨率低，而亮度通道表现不错，饱和度通道无法检测车道线。

尝试通过阈值选择以改进效果。

改进阈值后，如图 3.6 所示，亮度通道仍然表现良好。

图 3.6 HLS 通道：色调、亮度和饱和度，阈值超过 160

3.2.4 HSV

HSV 颜色空间将颜色分为色调、饱和度和值，如图 3.7 所示，它与 HLS 具有相关性。因此，HSV 的分类结果与 HLS 相似。

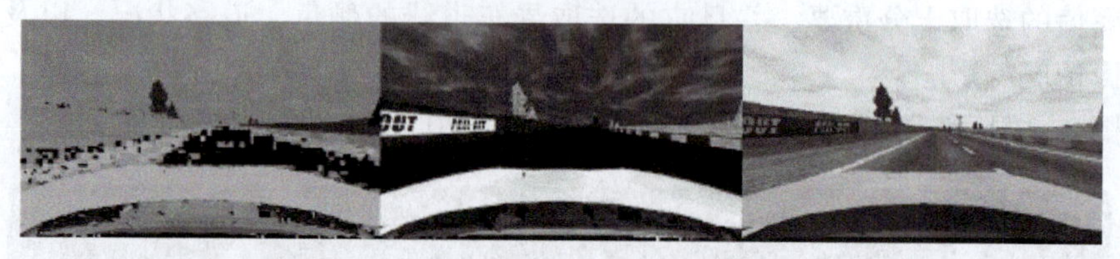

图 3.7 HSV 通道：色调、饱和度和值

色调和饱和度对结果作用不大，但值经过阈值处理后，看起来不错，如图 3.8 所示。

图 3.8 HSV 通道：色调、饱和度和值，阈值超过 160

3.2.5 LAB

LAB（CIELAB 或 CIE L＊a＊b＊）色彩空间将颜色分为 L＊（亮度，从黑到白）、a＊（从绿到红）和 b＊（从蓝到黄），如图 3.9 所示。

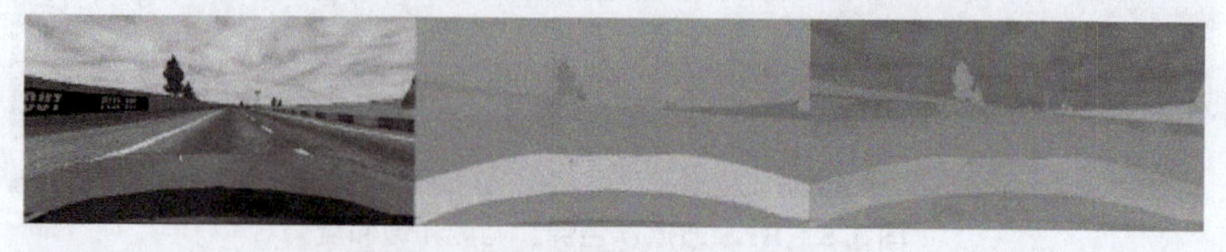

图 3.9 LAB 通道：L＊、a＊ 和 b＊

L * 看起来不错，而 a * 和 b * 对结果没有作用，如图 3. 10 所示。

图 3.10 LAB 通道：L *、a * 和 b *，阈值超过 160

3.2.6 YCbCr

YCbCr 是我们要分析的最后一个颜色空间。它将图像分为亮度（Y）和两个色度成分（Cb 和 Cr），如图 3. 11 所示。

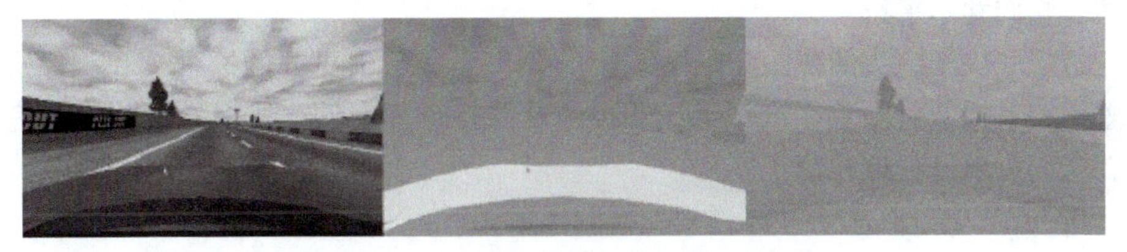

图 3.11 YCbCr 通道：Y、Cb 和 Cr

图 3. 12 是应用阈值后的输出结果。

图 3.12 YCbCr 通道：Y、Cb 和 Cr，阈值超过 160

阈值调整后的结果进一步验证了亮度通道的有效性。

3.2.7 选择通道

经过一些实验可以看出，绿色通道可以用于边缘检测，而来自 HLS 空间的亮度通道可以用于额外的阈值处理，所以本章中将使用这些通道。这些设置应该也同样适用于黄色车道线，当然，不同颜色的车道线可能需要设置不同的阈值。

3.3 透视校正

从最简单的情况开始，假设有一条直行的车道，如图 3. 13 所示。

图 3.13　直线车道（来自 Speed Dreams）

如果从俯视角度观察图 3.13，显然，车道线是平行的，但在图中由于透视的关系，它们并不平行。

透视取决于镜头的焦距（焦距较短的镜头会显示出更强的透视）和摄像头的位置。一旦摄像头安装在汽车上，透视的效果将是固定的，所以摄像头安装完成后，我们可以进行透视修正。

OpenCV 中可以用来计算透视变换的函数如下：

```
getPerspectiveTransform()
```

此函数需要两个参数，都为四个点的数组，以确定透视的梯形。一个数组为源点，一个数组为目标点。也就是说，这个方法同样可以用于计算反变换，只需要交换输入参数。

```
perspective_correction = cv2.getPerspectiveTransform(src, dst)
perspective_correction_inv = cv2.getPerspectiveTransform(dst, src)
```

需要选择车道及车道周围的区域，并留有一定的余量。

图 3.14　车道周围区域组成的梯形

在本节例子中，目标为一个矩形（需要让该矩形尽量竖直）。图 3.14 显示了原始视角的绿色梯形（前面代码中的 src 变量），以及白色矩形（前面代码中的 dst 变量）。需要注意的是，为了清晰起见，它们被画成了重叠的，但作为参数传递的矩形坐标是移位的，就好像它从 X 坐标 0 开始一样。

接下来，应用透视校正，得到鸟瞰图。

```
cv2.warpPerspective(img, perspective_correction, warp_size
flags = cv2.INTER_LANCZOS4)
```

warpPerspective( )方法需要以下四个输入参数：

- 源图像。
- 变换矩阵，从 getPerspectiveTransform( )获得。
- 输出图像的大小。在本节的例子中，宽度和原始图像一样，但高度只是梯形/矩形的高度。
- 用于指定插值的一些标志。INTER_LINEAR 是一个常见的选择，但作者建议进行实验测试，并尝试使用 INTER_LANCZOS4。

图 3.15 为使用 INTER_LINEAR 后的结果。

图 3.15　INTER_LINEAR 进行变换

图 3.16 为使用 INTER_LANCZOS4 后的结果。

图 3.16　INTER_ LANCZOS4 进行变换

图 3.15 和图 3.16 显示的结果非常相似，但仔细观察可以发现，用 INTER_LANCZOS4 重采样进行的插值更加清晰。在车道检测流程的结尾部分可以看到，两种函数对应的最终结果差别是很大的。

很明显，在以上两幅图像中得到的线条都是垂直的。

关于如何利用现在获得的图像，将在下一节中阐述。

3.4　边缘检测

在前面的实验中，绿色通道的表现良好，下一步将使用绿色通道进行边缘检测。请注意，读者运行软件进行实验时，需要采集自己所在国家的道路图片和视频，还需要采集不同光线条件下的道路图片和视频。并且可能根据车道线的颜色，需要选择不同的颜色通道，甚至可能来自另一个颜色空间，利用 cvtColor( )可以将图像转换到不同的颜色空间，例如：

```
img_hls = cv2.cvtColor(img_bgr, cv2.COLOR_BGR2HLS).astype(np.float)
```

本节仍使用绿色通道。

OpenCV 中有多种进行边缘检测的方法，由于 Scharr 函数的优异性能，本节中将使用 Scharr 函数。Scharr 计算的是导数，所以它可以检测出图像中不同颜色的差异，本节关注 X 轴，并且希望输出结果为 64 位浮点数，因此，调用方法如下：

```
edge_x = cv2.Scharr(channel, cv2.CV_64F, 1, 0)
```

由于 Scharr 计算的是导数，其数值可以是正数，也可以是负数。本节对它的符号不感兴趣，因此，对它取绝对值。

```
edge_x = np.absolute(edge_x)
```

另一个问题是，这些值没有被限定在期望的单通道图像的 0 ~ 255 范围内，并且这些值为浮点值，而本节需要的为 8 位整数。利用下面的代码来解决这些问题。

```
edge_x = np.uint8(255 * edge_x / np.max(edge_x))
```

图 3.17 为运行代码后的结果。

图 3.17 利用 Scharr，按比例和绝对值进行边缘检测

接下来可以进一步应用阈值处理，将图像转换为黑白，以更好地隔离车道线像素。需要选择像素的强度，将阈值设置为 20 ~ 120，即只选择强度值至少为 20，而不超过 120 的像素。

```
binary = np.zeros_like(img_edge)
binary[img_edge >= 20] = 255
```

zeros_like( )方法创建了一个零数组，其形状与图像相同，第二行将所有强度在 20 ~ 120 的像素设置为 255。

图 3.18 为运行代码后的结果。

图 3.18 应用阈值为 20 后的结果

现在车道线非常明晰，但图像仍存在一些噪声，可以通过提高阈值以减少噪声。

```
binary[img_edge > = 50] =255
```

图 3.19 为提高阈值后的输出结果。

图 3.19 应用阈值为 50 后的结果

如图 3.19 所示，图片中的噪声得到了降低，但却失去了如图 3.18 所示的车道线线条。

下一节将介绍一种方法，它可以保留完整的车道线线条，同时对图片进行去噪。

3.4.1 插值阈值

在实际操作中，不必在检测出整条线且噪声较大和只检测出部分线且噪声较小之间进行选择（如图 3.18 和图 3.19 所示）。除此之外，还可以在图片底部应用较高的阈值（图片底部分辨率较高，图像清晰，但噪声较大），在顶部应用较低的阈值（图片顶部对比度较小，检测效果较弱，但噪声较小，原因在于像素被透视校正拉伸，造成图像模糊）。因此，本节可以对阈值进行插值。

```
threshold_up =15
threshold_down =60
threshold_delta =threshold_down - threshold_up

for y in range(height):
binary_line =binary[y,:]
edge_line =channel_edge[y,:]
threshold_line =threshold_up +threshold_delta * y/height
binary_line[edge_line > = threshold_line] =255
```

图 3.20 为应用插值阈值后的输出结果。

图 3.20　应用插值阈值后的结果，阈值为 15 ~ 60

现在我们获得了底部噪声较小、顶部信号较弱的图片。人类可以直观地识别车道，但对计算机来说，它们只是图像中的像素，所以仍有工作要做，但本节已经把图像简化了很多。

3.4.2　组合阈值

正如本章前面提到的，我们还想在另一个通道上使用阈值，不进行边缘检测。本节选取了 HLS 的亮度通道。

图 3.21 为应用阈值为 140 以上的输出结果。

图 3.21　阈值高于 140 的亮度通道

图 3.21 表现了良好的效果。接下来将它与边缘检测结合。

图 3.22　两个阈值的结果

如图 3.22 所示，输出结果中，噪声大了一些，但鲁棒性更好。

接下来，本节引入一张具有转弯的车道图片，如图 3.23 所示。

图 3.23　有转弯的车道(来自 Speed Dreams)

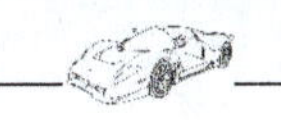

图 3.24 为该车道经过阈值处理后的结果。

图 3.24　经过阈值处理后的有转弯的车道

图 3.24 依然表现出了良好的效果，但由于转弯，车道不再有垂直线。事实上，从俯视角度看车道线，这些线基本为平行的。

3.5　利用直方图确定车道线

如何理解车道在哪里呢？在视觉上，对于人类来说，答案很简单：车道是一条长线。但对于计算机来说呢？

如果想确定直线，一种方法是计算某一列上白色的像素。但如果用这种方法确定图像中的弯道，这可能是行不通的。但是，可以看出，在弯道图像的底部车道线线条会更垂直一些，如图 3.25 所示。

图 3.25　带转弯的车道经阈值处理后底部的部分

接下来，按列计算像素。

```
partial_img = img[img. shape[0] //2:, :] # Select the bottompart
hist = np. sum(partial_img, axis = 0) # axis 0: columns direction
```

为了将直方图保存为一个文件中的图形，可以使用 Matplotlib。

```
import matplotlib.pyplot as plt

plt. plot(hist)
plt. savefig(filename)
plt. clf()
```

最终得到结果如图 3.26 所示。

直方图中的 X 坐标代表像素，由于图像的分辨率为 1 024 × 600，所以直方图显示了 1 024 个数据点，峰值集中在车道线所在的像素。

如图 3.26 所示，可以看出，直行车道中，直方图可以非常清楚地识别出两条车道线。在转弯的情况下，直方图识别的就不太清楚了（因为车道转弯，白色的像素会被分散一些），但它仍然是可用的。还可以看到，在有虚线的情况下，直方图中的峰值也不那么明显，但峰值仍然存在。利用直方图的检测方法看起来很可靠。

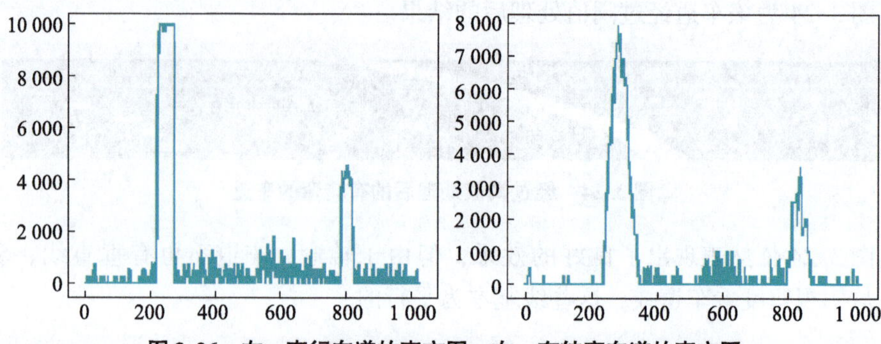

图 3.26　左：直行车道的直方图，右：有转弯车道的直方图

现在，需要采用某种方法以检测这两个峰值，可以使用 NumPy 中的 argmax( )，以返回数组中最大元素的索引，即峰值之一。然而，本节需要两个峰值。为此，可以将数组分成两部分，并在每一部分上选择一个峰值。

```
size = len(histogram)
max_index_left = np.argmax(histogram[0: size//2])
max_index_right = np.argmax(histogram[size//2:]) + size//2
```

现在获得了代表 X 坐标峰值的索引。该峰值可以看作车道线的置信度，因为更多的像素意味着更大的置信度。

3.6 滑动窗口算法

通过前面的处理，作者取得了一些进展，但是图像仍然存在噪声，这意味着有一些像素会降低车道识别的精确度。此外，作者仅获得了车道的起点。

作者的解决方案为重点关注图像中车道线的周围区域，毕竟，整个图像并不是完全准确的。可以从车道线的底部开始，逐渐“跟随”车道线。如图 3.27 所示，即我们期望达到的效果。

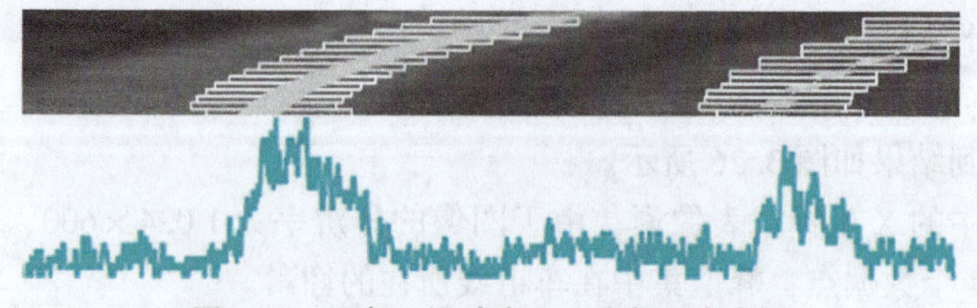

图 3.27　顶部：滑动窗口，底部：直方图

在图 3.27 的上半部分，每个矩形代表一个感兴趣的窗口，每个车道底部的第一个窗口以直方图的各自峰值为中心。接下来，需要“跟随”车道线。每个窗口的宽度可以根据期望的边距进行调整，而高度取决于期望的窗口数量。当然，这两

个量是可以改变的，以在更好的检测效果（减少不需要的点，因此也减少了噪声）与检测更困难的弯道的可能性之间达到平衡。弯道半径越小，越难以检测，因为这需要更快地重新定位窗口。

由于此算法需要相当多的代码，为了清楚起见，本节以左车道线为例，但同样的计算也需要在右车道线上进行，在此不再赘述。

3.6.1 初始化

本节仅针对经过阈值处理后的像素，为此，使用 NumPy 中的 non_zero( ) 函数。

```
non_zero = binary_warped. nonzero()
non_zero_y = np. array(non_zero[0])
non_zero_x = np. array(non_zero[1])
```

变量 non_zero 包含白色像素的坐标，变量 non_zero_x 包含其 X 坐标，变量 non_zero_y 则包含其 Y 坐标。

此外还需要设置 margin，即允许的向车道线移动的范围（例如，滑动窗口宽度的一半），以及 min_pixels，即检测到的最少像素数，高于此阈值才会接受新的滑动窗口的位置。低于此阈值，将不再更新。

```
margin = 80
min_pixels = 50
```

3.6.2 滑动窗口坐标

变量 left_x 包含左边车道线的位置，需要利用由直方图获得的数值进行初始化。

接下来，需要循环经过所有的窗口，变量 idx_window 代表窗口的索引，X 的范围从上一个位置加上边距开始计算。Y 的范围由正在分析的窗口索引确定。

```
win_x_left_min = left_x - margin
win_x_left_max = left_x + margin
win_y_top = img_height - idx_window * window_height
win_y_bottom = win_y_top + window_height
```

现在，需要选择分析窗口中的白色像素（来自 non_zero_x 和 non_zero_y）。

NumPy 数组可以使用重载运算符进行滤波。因此，要计算所有高于 win_y_bottom 的 Y 坐标，可以使用以下表达式：

```
non_zero_y > = win_y_bottom
```

由此获得的结果为一个数组，其中，所选像素为 True，其他像素为 False。

但是，本节需要的是 win_ y_top 和 win_ y_bottom 之间的像素，可以使用以下方法：

```
(non_zero_y > = win_y_bottom) & (non_zero_y < win_y_top)
```

除此之外，还需要获得介于 win_x_left_min 和 win_x_left_max 之间的 X 坐标。由于只需要计算这些点的个数，因此可以添加一个 non_zero( ) 函数的调用。

```
non_zero_left = ((non_zero_y > = win_y_bottom) &
(non_zero_y < win_y_top) &
(non_zero_x > = win_x_left_min) &
(non_zero_x < win_x_left_max)). nonzero()[0]
```

由于本节需要的数组在另一个单一元素的数组中，需要选择第一个元素。

还需要设置一个保留这些值的变量，以便接下来在车道线上方画线。

```
left_lane_indexes. append(non_zero_left)
```

现在，当获得了足够多的点情况下，只需要利用这些位置的平均值以更新左边车道的位置。

```
if len(non_zero_left) > min_pixels:
left_x = np. int(np. mean(non_zero_x[non_zero_left]))
```

3.6.3 多项式拟合

在上一节中可能选择了数千个点，所以需要对这些点合理地处理并获得一条线。为此，可以使用 polyfit( ) 函数，此函数可以利用指定次数的多项式近似拟合一系列的点，在本例中，选取二次多项式即可满足需求。

```
x_coords = non_zero_x[left_lane_indexes]
y_coords = non_zero_y[left_lane_indexes]
left_fit = np. polynomial. polynomial. polyfit(y_coords, x_coords, 2)
```

Tips

注意

请注意，polyfit( ) 接受参数的顺序是 (X, Y)，而本节以 (Y, X) 的顺序提供参数。通常在多项式中，X 是已知的，Y 是基于 X 计算的（例如，Y = X^2 + 3 * X + 5）。然而，在本例中，Y 是已知的，需要计算 X，所以以相反的顺序输入到函数 polyfit( ) 中。

至此，车道线检测基本要完成了。

Y 坐标在一定范围内。

```
ploty = np.array([float(x) for x in range(binary_warped. shape[0])])
```

然后，需要根据 Y 计算 X，使用二次多项式的拟合公式（将 X 和 Y 反转）：

x = Ay^2 + By + C

以下为代码：

```
Left_fitx = left_fit[2] * ploty * * 2 + left_fit[1] * ploty + left_fit[0]
```

据此，得到如图 3.28 所示的输出结果。

图 3.28　在扭曲的图像上绘制车道

可以调用带有逆透视变换的 PerspectiveTransform( ) 函数，以将像素移动到图像中的位置，如图 3.29 所示。

图 3.29　检测获得的车道

现在可以在正确的条件下检测到某一帧上的车道线，但并不是所有的帧都能达到这个效果。在下一节中将介绍如何利用视频流随时间的变化对数据进行滤波，以提高车道检测的精度。

3.7 增强视频

从计算负荷的角度，实时分析视频流可能是一个挑战，但它提供了一种提高精度的可能性，即可以根据历史帧的信息，对结果进行滤波。

接下来将介绍适用于处理视频流的精度更高的车道检测技术。

局部直方图

假设在之前的几帧中已正确检测了车道，那么当前帧中的车道也应该处于类似的位置。当然，这一假设受到车速和摄像头帧率的影响：汽车速度越快，车道位置变化就越大；相反，摄像头帧率越高，车道在两帧之间的移动就越少。在真实环境中，这两个因素均为已知量，所以如果需要的话，可以将它们考虑在内。

因此，从实用的角度看，这意味着可以限制直方图中需要分析的部分，以避免错误的检测，只分析前几帧的平均值周围的直方图像素。

3.8 滚动平均

检测车道线获得的主要结果为每个车道线拟合多项式的三个参数。根据上一节可知，它们在各帧间不会有太大变化，所以可以考虑对历史帧取平均值，以降低噪声。

指数加权移动平均（滚动平均）方法常用于计算数值流中最后一部分数值的近似平均值。

令 beta 大于 0 且接近 1（通常接近 1），移动平均值计算公式如下：

```
moving_average = beta * prev_average + (1 - beta) * new_value
```

帧数作为一个对计算平均值具有最大影响的指标，可由以下公式得出：

```
1 /(1 - beta)
```

因此，beta = 0.9 时将对 10 帧取平均，beta = 0.95 时则对 20 帧取平均。

至此，本章内容结束。读者可在 github 中查看完整代码，可以利用真实生活中录制的道路视频，尝试识别车道线。

在实验前，别忘了对摄像头进行校准。

3.9 总结

在本章中，构建了一个完整的检测车道的流程。首先，分析了不同的颜色空间，如 RGB、HLS 和 HSV，并分析了哪个颜色通道对检测车道最有帮助；之后，利用 getPerspectiveTransform( )进行透视校正，获得俯视图，使得道路上的平行车道线在俯视图中依然平行。

进一步，利用 Scharr( )进行边缘检测，相比于颜色阈值的方法，此方法提高了车道线检测的鲁棒性，并对两种方法进行结合。随后，使用直方图检测车道线开始的位置，并利用滑动窗口方法“跟踪”图像中的车道线。

之后，采用 polyfit( )对检测到的车道线像素进行二阶多项式拟合，并使用该函数返回的多项式系数生成曲线；对其进行逆透视变换后，生成车道线。最后，本章讨论了可以应用于视频流中以提高精度的两种技术，即部分直方图和滚动平均方法。

使用本章介绍的方法，读者可以建立用于检测车道的架构。

在下一章中将介绍深度学习和神经网络等强大的工具，以完成更复杂的计算机视觉任务。

3.10 问题

阅读本章后，读者应该能够回答以下问题：

1. 读者能列举出 RGB 以外的颜色空间吗？
2. 为什么要采用透视校正？
3. 如何检测车道的起始位置？
4. 可以采用哪种技术“跟踪”图像中的车道线？
5. 如果得到了车道线中的许多点，如何将它们转换成一条线？
6. 可以利用哪个函数进行边缘检测？
7. 如何计算车道的最后 N 个位置的平均值？

自动驾驶汽车视觉
和行为实践

第二部分

利用深度学习和神经网络改进自动驾驶汽车的工作方式

本部分将进入深度学习的世界，用相对简短的代码就能实现较好的效果，希望能给读者带来惊喜。

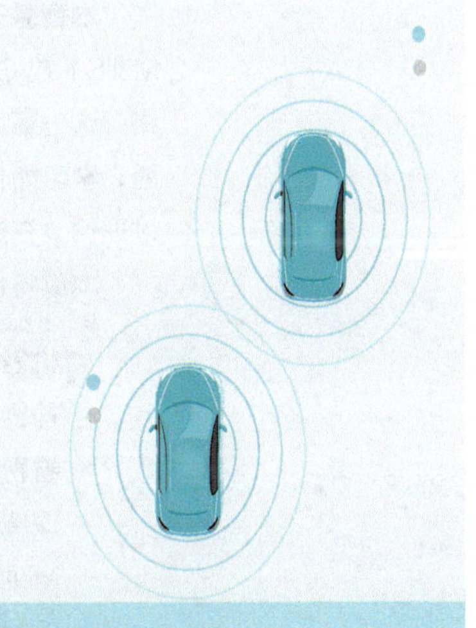

本部分包含以下内容：

- 第 4 章 基于神经网络的深度学习
- 第 5 章 深度学习工作流
- 第 6 章 改进神经网络
- 第 7 章 检测行人和交通信号灯
- 第 8 章 行为克隆
- 第 9 章 语义分割

第 4 章

基于神经网络的深度学习

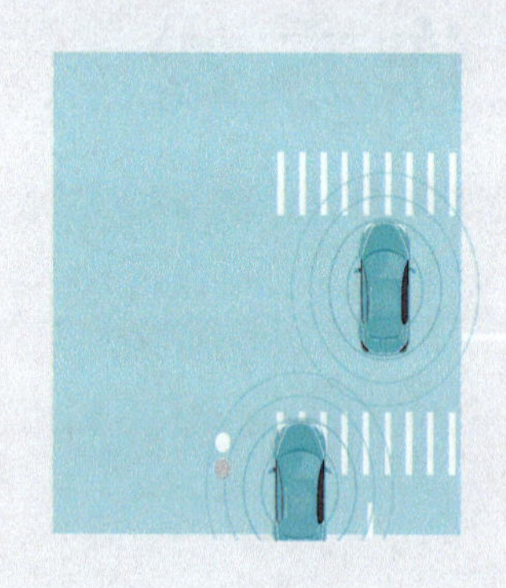

本章基于 Keras（一个深度学习框架）介绍神经网络。如果读者已经使用过 MNIST 或 CIFAR-10 数据集，可以选择跳过它。但是，如果从未训练过神经网络，这一章可能会给读者带来一些惊喜。本章非常实用，让读者很快了解一些东西，学习如何高精度地识别手写数字（由一个数字组成），本章将尽可能多地跳过理论。在这里所做事情背后的理论以及更多内容将在下一章中进行讨论。

本章将包括以下主题：

- 机器学习。
- 神经网络及其参数。
- 卷积神经网络。
- 深度学习框架 Keras。
- MNIST 数据集。
- 如何建立和训练一个神经网络。
- CIFAR-10 数据集。

4.1 技术需求

为了便于本章教学开展以及使用本章的代码，读者需要安装以下软件及模块：

- Python 3.7。
- NumPy。
- Matplotlib。
- TensorFlow。
- Keras。
- OpenCV-Python。
- GPU（推荐）。

读者可以在以下网址找到本章的代码：

https://github.com/PacktPublishing/Hands-On-Vision-and-Behavior-for-Self-Driving-Cars/tree/master/Chapter4。

4.2 理解机器学习和神经网络

根据维基百科的定义，机器学习是“根据经验能够自我改进的计算机算法的研究”。这在实践中意味着，算法本身只是中等重要的，而关键的是提供给这个算法的数据，这样它就可以学习，即需要训练算法。换句话说，只要为当前的任务提供适当的数据，就可以在许多不同的情况下使用相同的算法。

例如，在本章中将开发一个能够识别 0～9 的手写数字的神经网络；很可能，完全相同的神经网络可以用来识别 10 个字母，并且只需要稍加修改，它就可以识别所有字母，甚至不同的物体。事实上，本章基本只用它来识别 10 个字母，因为它的功能是识别 10 个对象，无论是数字还是字母。

这与普通编程完全不同，在普通编程中，不同的任务通常需要不同的代码；为了改进结果，本章需要改进代码，并且可能根本不需要数据（真实数据）来使算法可用。

然而，这并不意味着只要有好的数据输入，神经网络的结果就总是好的，而复杂的任务需要更先进的神经网络才能获取好的结果。

需要明确的是，虽然算法（即神经网络模型）不如传统编程中的代码重要，但如果想要获得非常好的结果，它仍然很重要。事实上，如果架构错误，神经网络可能根本无法学习。

神经网络是可以用来开发机器学习模型的工具之一，但这是本章将重点关注的。深度学习的准确度通常相当高，你可能会发现，低准确度机器学习技术的应用会受到数据量和处理成本的严重限制。

深度学习可以被视为机器学习的一个子集，其中计算由多个计算层执行，这是名称中的深度的由来。从实用的角度来看，深度学习是通过神经网络实现的。

这就引出了一个问题：究竟什么是神经网络？

4.2.1 神经网络

神经网络在某种程度上受到人类大脑的启发：人类大脑中的神经元是一个与其他神经元相连的"计算节点"。在执行计算时，大脑的每个神经元"感知"与其相连的神经元的兴奋状态，并使用这些外部状态来计算自己的状态。神经网络中的神经元（感知机）基本上也是如此，它们或多或少有相似之处。需要明确的是，感知机不是神经元的模拟，而只是受神经元启发。

图 4.1 是一个微型神经网络及其神经元。

第一层是输入层（例如图像的像素作为输入），输出层产生结果（例如分类的结果）。隐藏层是进行计算的地方。通常，神经网络有更多的隐藏层，而不仅仅是一个。每个输入也可以称为特征，对于 RGB 图像，其特征通常是一个像素的单个通道。

在前馈神经网络中，一层的神经元仅与前一层和后一层的神经元相连，如图 4.2所示。

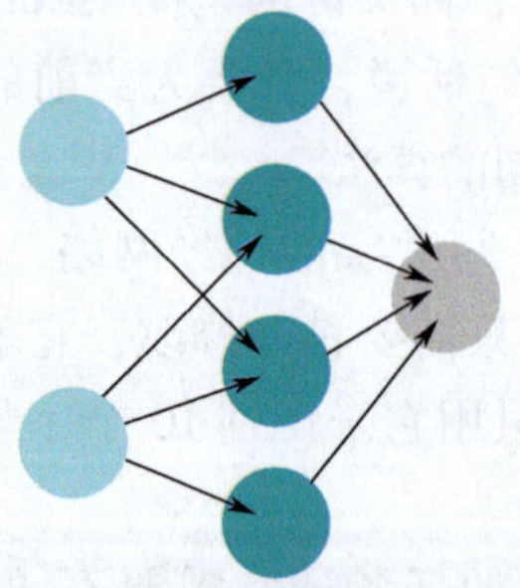

图 4.1 一个微型神经网络及其神经元

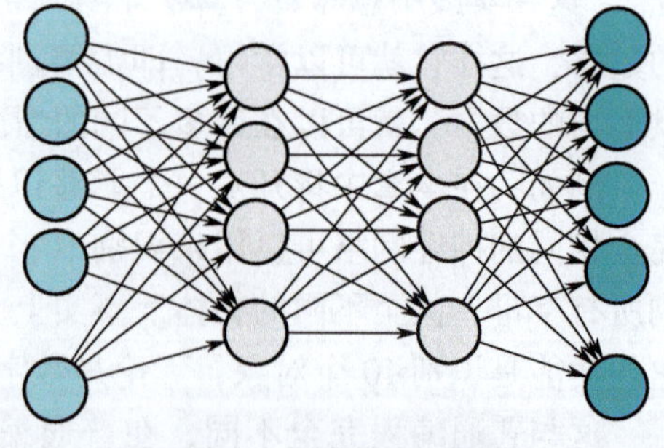

图 4.2 前馈神经网络

神经元究竟是什么？

4.2.2 神经元

神经元是一个计算节点，在给定输入的情况下产生输出。至于这些输入和输出是什么，这要看情况而定。稍后将讲解这一点。

图 4.3 是一个神经网络中典型神经元的表示。

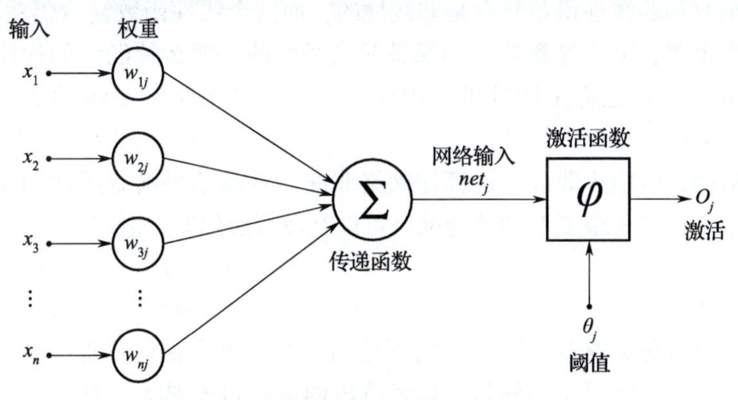

图 4.3　神经网络中单个神经元的示意图

神经元执行的计算可分为以下两部分：

- 传递函数计算每个输入乘以其权重(只是一个数字)的总和。这意味着神经元的状态取决于其输入神经元的状态，但不同的神经元提供不同的贡献。这只是一个线性操作，传递函数表达式如下：

$$u = \sum_{i=1}^{n} w_i x_i$$

- 激活函数作用于传递函数的结果，它应该是非线性操作，通常具有一个阈值。一个函数常用作激活函数，因为它的作用效果，将其称为整流线性单元(Rectified Linear Unit，ReLU)，激活函数如图 4.4 所示。

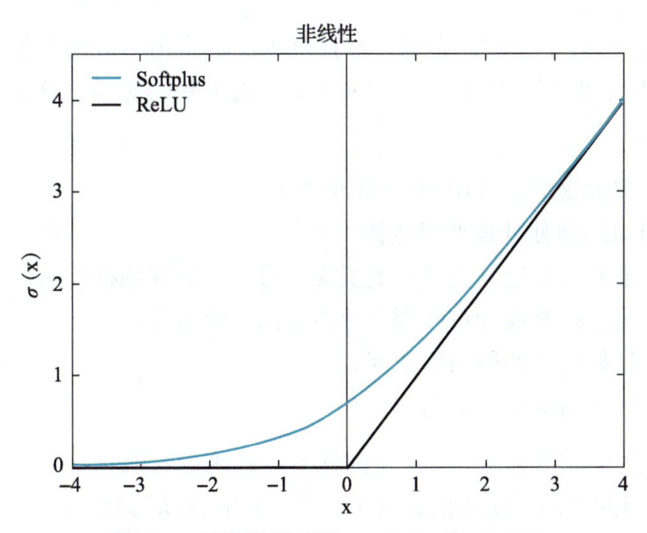

图 4.4　两种激活函数：Softplus 和 ReLU

激活函数通常还会有偏差，该值用于调整激活函数。

线性函数和非线性函数复合是非线性的，而两个线性函数复合仍然是线性的。这一点非常重要，因为这意味着如果激活是线性的，那么神经元的输出将是线性的，不同层的组合也将是线性的。因此，整个神经网络将是线性的，其等同于单层。

在激活操作中引入非线性运算使网络非线性计算结果随着层数的增加而变得越来越复杂。这就是最复杂的神经网络可以有数百层的原因之一。

4.2.3 参数

偏差和权重称为参数，因为它们不是固定的，而是在训练阶段，需要根据当前任务进行更改。需要明确的是，训练阶段的全部目的是为任务找到这些参数可能的最佳值。这具有深远的意义，因为相同的神经网络，采用不同的参数，可以解决不同乃至非常不同的问题。当然，诀窍在于找到这些参数的最佳值(或一个近似最佳值)。如果想知道一个典型的神经网络可以有多少个参数，答案是数百万。幸运的是，这个称为训练的过程可以自动进行。

对神经网络工作原理的另一种理解是将其视为一个庞大的方程系统，训练阶段是试图找到它的近似解。

4.2.4 深度学习的成功

读者可能已经注意到，深度学习在过去几年里出现了爆炸性的增长，但神经网络真的不是什么新鲜事。事实上，神经网络可以追溯到 1965 年，有些理论甚至比那还要早 20 年。

许多年前，深度学习被认为是一件稀奇古怪的事情，因为它们对计算的要求太高，不切实际。然而，几十年后，深度学习成为新的黑马，这要归功于一些关键技术的进步：

- 计算机速度更快，可用的 RAM 也更多。
- GPU 可以用来使计算变得更快。
- 互联网上有许多容易获得的数据集，可以用来训练神经网络。
- 现在有大量的教程和在线课程致力于深度学习教学。
- 有几个很好的神经网络开源库。
- 架构已经变得更好、更高效。

站在上述技术发展的风口，神经网络变得越来越有吸引力。许多方面似乎都在等待深度学习的应用，比如语音助手，当然还有自动驾驶汽车。

有一种特殊类型的神经网络特别擅长理解图像的内容，下一节将特别关注它：卷积神经网络。

4.3 了解卷积神经网络

如果看一个经典的神经网络，读者会发现第一层是由输入组成的，输入全都排成一列。这不仅仅是一种图形表示，对于经典神经网络来说，输入就是输入，它应该独立于其他输入。就像人们可以试图根据面积大小、邮政编码和楼层数来预测公寓的价格，这可能没什么问题，但对于图像来说，这似乎并不是最优的，因为每个像素有相邻的像素，而且保持这种相邻信息很重要。

卷积神经网络（Convolutional Neural Networks，CNN）解决了这个问题，事实证明，它们不仅可以有效地处理图像，还可以成功地用于自然语言处理。

CNN 是一种至少有一个卷积层的神经网络，它的灵感来自动物的视觉皮层，在那里，单个神经元只负责对一小部分区域的视觉刺激做出反应。下面将介绍卷积到底是什么。

4.3.1 卷积

卷积基于核的概念，卷积核是应用于某些像素以获得单个新像素的矩阵。卷积核可用于边缘检测或将过滤器应用于图像，通常可以选择在图像处理程序中定义卷积核。图 4.5 是原样复制图像的 3×3 恒同核，将其应用于一张小图像。

$$\begin{matrix} 31 & 32 & 33 \\ 41 & 42 & 43 \\ 51 & 52 & 53 \end{matrix} \quad + \quad \begin{bmatrix} 0 & 0 & 0 \\ 0 & 1 & 0 \\ 0 & 0 & 0 \end{bmatrix} \quad ==>42$$

图 4.5　图像的一部分，3×3 恒同核以及结果

想象一下，在卷积核的每个元素后面放置一个像素，然后将它们相乘，最后将结果相加，得到新像素的值，很明显，除了中央像素外，每个像素都会得到一个零，而中央像素是不变的。该卷积核保留了中间像素的值，并丢弃所有其他像素。如果将此卷积核滑动到整个图片上，结果就是原始图像，如图 4.6 所示。

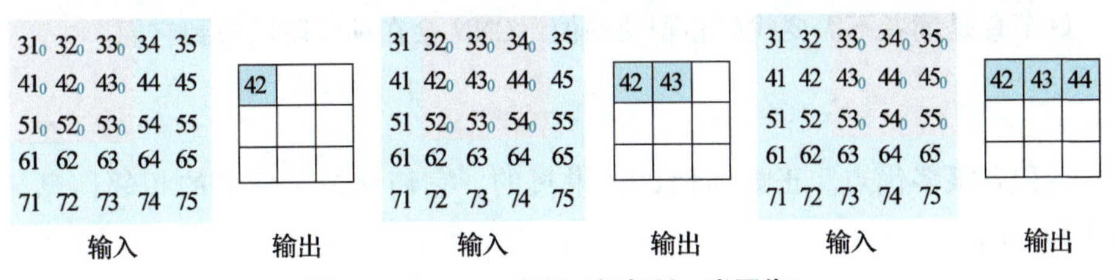

图 4.6　Identity 卷积（仅复制一张图像）

由图 4.6 可以看到，当卷积核在图像上滑动时，像素被复制而没有改变。图中还可以看到分辨率降低了，因为使用了有效的填充。

图 4.7 为另一个例子。

$$\begin{matrix} 2 & 2 & 2 \\ 2 & 3 & 2 \\ 2 & 2 & 2 \end{matrix} \quad + \quad \begin{bmatrix} 0 & -1 & 0 \\ -1 & 5 & -1 \\ 0 & -1 & 0 \end{bmatrix} \quad ==>7$$

图 4.7　图像的一部分，一个 3×3 卷积核以及结果

其他卷积核可能比恒同核更有趣。如图 4.8 所示，卷积核（左侧）可以检测边缘，检测结果如右侧所示。

$$\begin{bmatrix} -1 & -1 & -1 \\ -1 & 8 & -1 \\ -1 & -1 & -1 \end{bmatrix}$$

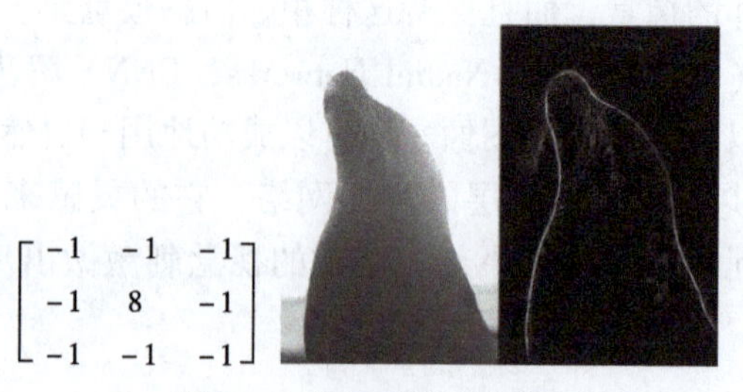

图 4.8　卷积核检测边缘

如果读者对卷积核感兴趣，可以继续尝试使用 OpenCV 进行探索。

```
img = cv2. imread ( "test. jpg" )
kernel = np. array (([ - 1, -1, -1], [-1, 8, -1], [-1, -1, -1]))
dst = cv2. filter2D (img, -1, kernel )
cv2. imshow ( " Kernel ", cv2. hconcat( [img, dst]))
cv2. waitKey ( 0 )
```

卷积核不仅仅可以是 3×3，它们可以更大。

如果从图像的第一个像素开始，它上面或左边没有像素，接下来会发生什么？如果将卷积核的左上角放置在图像的左上角像素上，则图像的每一侧将丢失一个像素，可以将其视为卷积核从中心产生一个像素。这并不总是一个问题，因为在设计神经网络时，图像可能在每一层之后变得越来越小。

另一种方法是使用填充，例如假设图像周围有黑色像素。

好消息是读者不需要找到卷积核的值，CNN 会在训练阶段找到它们。

4.3.2　为什么卷积这么棒

卷积有很多优点。正如前面已经说过的，它们保留了像素的相邻信息，如图 4.9所示。

31	32	33
41	42	43
51	52	53

31	32	33	41	42	43	51	52	53

图 4.9　卷积层（黄色）相对于全连接层（绿色）

可以从图 4.9 中看到，卷积知道图像的拓扑结构，例如，具有数字 43 的像素紧邻具有数字 42 的像素，位于具有数字 33 的像素的下方，并且位于具有数字 53 的像素的上方。图 4.9 中的全连接层没有该信息，并且可能会让人认为具有 43 的像素和具有 51 的像素彼此接近。不仅如此，全连接层甚至不知道图像的分辨率是 3×3、9×1 还是 1×9。直观地了解像素的拓扑结构是卷积的一个优势。

卷积另外一个重要的优点是，它们在计算上是高效的。

卷积的一个重要特征是，它们非常擅长识别图案，如对角线或圆。它们只能在小范围内完成，但是可以组合多个卷积来检测不同尺度下的图案，它们在这方面做得出奇的好。它们还能够检测图像不同部分的图案。

上述特性使得卷积非常适合处理图像，因此它们被频繁地用于目标检测也就不足为奇了。

现在的理论已经够多了。下面开始编写第一个神经网络吧。

4.4 Keras 和 TensorFlow 入门

有许多专门用于深度学习的库，本节将使用 Keras，这是一个使用多个后端的 Python 库。本节还将使用 TensorFlow 作为后端。虽然代码特定用于 Keras，但这些原则可以适用于其他任何库。

相关配置需求

在开始之前，读者需要使用 pip 安装 TensorFlow 和 Keras：

```
pip install tensorflow
pip install keras
```

本节使用的是集成了 GPU 支持的 TensorFlow 2.2，但如果读者使用的是 TensorFlow 1.15 或更早版本，则需要安装单独的软件包才能使用 GPU。

```
pip install tensorflow-gpu
```

建议使用 TensorFlow 和 Keras 的最新版本。

读者可能想要使用 GPU，以加快训练速度。不幸的是，让 TensorFlow 使用 GPU 并不简单。例如，它对 CUDA 版本非常挑剔：如果它显示为 CUDA 10.1，则它不会在 CUDA 10.0 或 CUDA 10.2 上工作。

要查看 TensorFlow 的版本，可以使用以下代码：

```
import tensorflow as tf
print("TensorFlow:", tf.version)
print("TensorFlow Git:", tf.version.GIT_VERSION)
```

输出结果如下：

```
TensorFlow：2.1.0
TensorFlow Git：v2.1.0-rc2-17-ge5bf8de410
```

要检查 GPU 是否支持 CUDA，可以使用以下代码：

```
print("CUDA ON" if tf.test.is_built_with_cuda() else "CUDA OFF")
print("GPU ON" if tf.test.is_gpu_available() else "GPU OFF")
```

如果一切正常，应该看到 CUDA ON，这意味着 TensorFlow 版本支持 CUDA，显示 GPU ON，这意味着 TensorFlow 能够使用 GPU。如果 GPU 不是 NVIDIA，可能需要更多的配置工作，可以使用 ROCm 配置 TensorFlow 在 AMD 显卡上运行。

现在已经正确安装了所有软件，是时候在第一个神经网络上使用它了。第一个任务是使用一个名为 MNIST 的数据集来识别手写数字。

4.5 检测 MNIST 手写数字

设计神经网络时，通常会从想要解决的问题开始，以及从读者所知道的在类似任务中表现良好的算法入手。读者需要一个数据集，最好是读者能得到的最大的数据集。这方面并没有规定，但训练神经网络的最低限度可能是 3 000 张左右的图像，现在世界级的 CNN 是用数百万张图片来训练的。

检测手写数字是 CNN 的一项经典任务。为此有一个数据集——MNIST 数据集（版权归 Yann LeCun 和 Corinna Cortes 所有），它可以方便地在 Keras 中使用。在 MNIST 数据集中检测手写数字是一件容易的事情。

加载数据代码如下：

```
from keras.datasets import mnist
(x_train, y_train), (x_test, y_test) = mnist.load_data()
x_train = np.reshape(x_train, np.append(x_train.shape, (1)))
x_test = np.reshape(x_test, np.append(x_test.shape, (1)))
```

reshape 只是将形状从（60 000，28，28）重组为（60 000，28，28，1），因为 Keras 需要四个维度。

4.5.1 刚刚加载了什么

函数 load_data()返回以下四项：

- x_train：用于训练的图像。
- y_train：用于训练的标签（即每个手写数字代表的正确数字）。

- x_test：用于测试的图像。
- y_test：用于测试的标签（即每个手写数字代表的正确数字）。

4.5.2　训练样本和标签

打印训练样本（x）和标签（y）的尺寸如下：

```
print ('X Train', x_train.shape, '-X Test', x_test.shape)
print ('Y Train', y_train.shape, '-Y Test', y_test.shape)
```

输出结果如下：

```
X Train (60000, 28, 28, 1) -X Test (10000, 28, 28, 1)
Y Train (60000,) -Y Test (10000,)
```

变量 x 表示 CNN 的输入，这意味着 x 包含被分为两组的所有图像，一组用于训练，另一组用于测试：

- x_train：包含 60 000 张用于训练的图像，每张图像具有 28 ×28 像素且为灰度图（单通道）。
- x_test：包含 10 000 张用于测试的图像，每张图像具有 28 ×28 像素且为灰度图（单通道）。

训练图像和测试图像具有相同的分辨率和相同的通道数。

变量 y 表示 CNN 的预期输出，也称为标签。对于许多数据集，有人手动标记所有图像以说明它们是什么。如果数据集是人造的，则标签可能是自动加上的。

- y_train：由属于 10 个类别的 60 000 个数字组成，范围为 0 ~9。
- y_test：由属于 10 个类别的 60 000 个数字组成，范围为 0 ~9。

对于每张图像，都有一个标签。一般来说，一个神经网络可以有多个输出，每个输出都是一个数字。在使用 MNIST 数据集的分类任务中，输出是单个整数。在本例中特别幸运，因为输出值是数字（例如，0 表示数字 0，1 表示数字 1）。通常，需要将数字转换为标签（例如，0 转换为猫、1 转换为狗和 2 转换为鸭）。

准确地说，CNN 将不会输出 0 ~9 的一个整数结果，而是 10 个浮点数，最大输出对应标签（例如，如果位置 3 的输出是最大值，那么输出结果将是 3）。在下一章中将对此进行更多讨论。

为了更好地理解 MNIST 数据集，图 4. 10 说明了训练数据集中的 5 个样本和测试数据集中的 5 个样本。

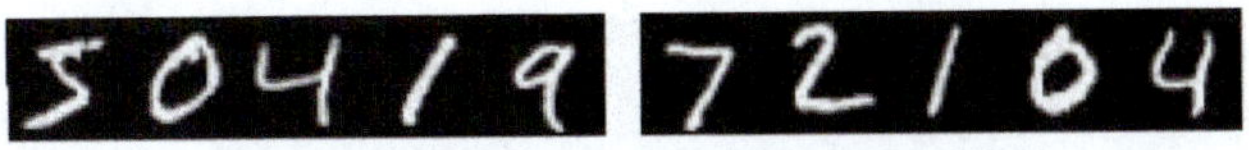

图 4. 10　MNIST 训练和测试数据样本

这些图像的对应标签如下所示：

- 5，0，4，1，9 对应于训练样本（y_train）。
- 7，2，1，0，4 对应于测试样本（y_test）。

调整样本的大小，以便使图片像素值不是在 0 ~ 255 范围内，而是在 0 ~ 1 范围内，因为这有助于神经网络获得更好的结果。

```
x_train = x_train.astype('float32')
x_test = x_test.astype('float32')
x_train /= 255
x test /= 255
```

4.5.3 独热编码

标签不能直接使用，需要使用独热编码将其转换为矢量。顾名思义，得到一个向量，其中只有一个元素是有效的（例如，它的值是 1），而所有其他元素都是无效的（例如，它们的值是 0）。有效元素表示标签在包含所有可能位置的矢量中的位置。举个例子应该更容易理解。

对于 MINST，有 10 个标签：0、1、2、3、4、5、6、7、8 和 9。因此，独热编码将使用 10 位。以下是前三个标签的编码：

- 0 = = >1 0 0 0 0 0 0 0 0 0
- 1 = = >0 1 0 0 0 0 0 0 0 0
- 2 = = >0 0 1 0 0 0 0 0 0 0

如果有三个标签，狗、猫和鱼，对应的独热编码如下所示：

- 狗 = = >1 0 0
- 猫 = = >0 1 0
- 鱼 = = >0 0 1

Keras 为此提供了一个方便的函数 to_categorical()，用于接受要转换的标签列表和标签总数如下：

```
print("One hot encoding:", keras.utils.to_categorical([0,1,2],10))
```

如果标签不是数字，则可以使用 index()访问指定标签的索引，并使用它调用 to_categorical()：

```
labels = ['Dog','Cat','Fish']
print("One hot encoding 'Cat':", keras.utils.to_categorical
(labels.index('Cat'),10))
```

4.5.4　训练数据集和测试数据集

x 变量包含图像，但是为什么同时有 x_train 和 x_test 呢？在下一章将详细解释所有内容，现在只说明 Keras 需要两个数据集：一个用于训练神经网络，另一个用于调整超参数和评估神经网络的性能。

这有点像老师先给学生讲解，然后提问学生，分析学生的答案，以便更好地解释学生不理解的东西。

4.6　确定神经网络模型

现在要编写神经网络，可以称之为神经网络模型，并对其进行训练。读者知道应该使用卷积，但不知道更多。下面从一个古老但非常有影响力的 CNN 那里获得灵感：LeNet。

4.6.1　LeNet

LeNet 是最早的 CNN 之一，可以追溯到 1998 年，按照今天的标准，它是相当轻量和简单的。但对于这项任务来说，这已经足够了。图 4.11 是其架构。

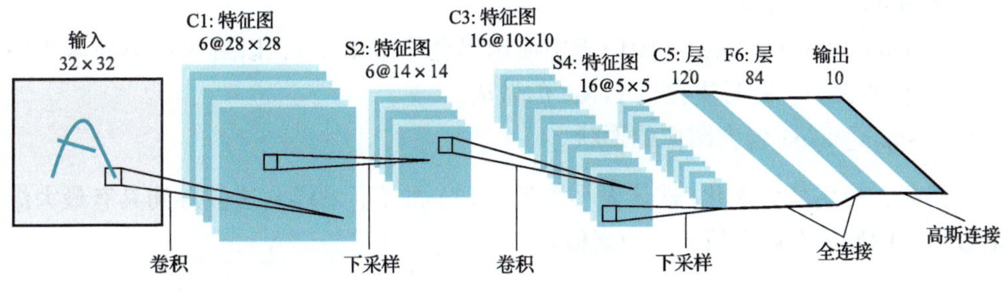

图 4.11　LeNet 架构

LeNet 接受尺寸为 32×32 像素的图像，它具有以下七层：

- 第一层由 6 个 5×5 卷积组成，得到 28×28 像素的图像。
- 第二层对图像进行下采样(例如，计算 4 个像素的平均值)，得到 14×14 像素的图像。
- 第三层由 16 个 5×5 卷积组成，得到 10×10 像素的图像。
- 第四层对图像进行下采样(例如，计算 4 个像素的平均值)，得到 5×5 像素的图像。
- 第五层是一个由 120 个神经元组成的全连接层(即前一层的所有神经元都连接到这一层的所有神经元)。
- 第六层是由 84 个神经元组成的全连接层。

- 第七层也就是最后一层是输出，一个由 10 个神经元组成的高斯连接层，因为需要将图像分为 10 类，即 10 个数字。

这里并不是要精确地复现 LeNet，并且，本节的输入图像稍微小了一点，但这里会保留它作为参考。

4.6.2 代码

第一步是确定要创建的神经网络类型，在 Keras 中通常是顺序的，如下所示：

```
model = Sequential ()
```

可以添加第一个卷积层，如下所示：

```
model. add (Conv2D (filters =6, kernel_size = (5, 5),
    activation = 'relu', padding = 'same',
    input_shape = x_train. shape [ 1 :] ) )
```

卷积层接受以下参数：

- 6 个过滤器，所以我们会得到 6 个卷积核，也就是 6 个卷积。
- 卷积核尺寸为 5×5。
- ReLU 激活函数。
- same 填充（例如，在图像周围使用黑色像素填充），以避免过早地减小图像的大小，并且更接近 LeNet 的做法。
- input_shape 包含图像的形状。

然后，使用最大池化(默认大小等于 2×2)添加下采样，这会得到具有最大激活效果（例如具有最大值）的像素值：

```
model. add (MaxPooling2D () )
```

然后可以添加下一个卷积层和下一个最大池化层：

```
model. add (Conv2D (filters =16, kerne l_size = (5, 5),
activation = 'relu') )
model. add (MaxPooling2D () )
```

然后添加全连接层：

```
model. add (Flatten() )
model. add (Dense (units =120, act ivation = 'relu') )
model. add (Dense (units =84, activation = 'relu') )
model. add (Dense (units = num_classes, activation = 'softmax') )
```

Flatten( )被用于将卷积层的 2D 输出压缩为全连接层所需要的一行输出（1D）。

需要明确的是，对于本节的例子，卷积过滤器的输入是灰度图，输出是另一个灰度图。

为方便起见，最后一次激活函数 softmax 将预测值转换为概率，概率最高的输出将表示该图像所属的标签。

只需要几行代码就可以建立一个 CNN，它可以识别手写数字。读者在没有机器学习的情况下也能做到。

4.6.3　框架

虽然前面的模型定义非常简单，但还需要将其可视化并查看维度是否如预期一样，该操作很有用。Keras 对此有一个非常有用的函数——summary()，如下所示：

```
model.summary()
```

函数运算结果如下：

```
_________________________________________________________________
Layer (type)                      Output Shape              Param#
=================================================================
conv2d_1 (Conv2D)                 (None, 28, 28, 6)         156
_________________________________________________________________
max_pooling2d_1 (MaxPooling2      (None, 14, 14, 6)         0
_________________________________________________________________
conv2d_2 (Conv2D)                 (None, 10, 10, 16)        2416
_________________________________________________________________
max_pooling2d_2 (MaxPooling2      (None, 5, 5, 16)          0
_________________________________________________________________
flatten_1 (Flatten)               (None, 400)               0
_________________________________________________________________
dense_1 (Dense)                   (None, 120)               48120
_________________________________________________________________
dense_2 (Dense)                   (None, 84)                10164
_________________________________________________________________
dense_3 (Dense)                   (None, 10)                850
=================================================================
Total params: 61, 706
Trainable params: 61, 706
Non-trainable params: 0
```

首先，可以看到卷积层的输出尺寸与 LeNet 相同，均为 28×28 像素和 10×10 像素。这并不一定重要，它仅仅意味着网络的规模与预期的一样。

其次可以看到卷积层的顺序是正确的。有趣的是每行的第三个值，即参数的数量。这些参数是神经网络需要计算出来的变量，用于实际学习一些东西。它们是庞大的方程组的变量。

对于全连接层，参数的数量是通过将前一层的神经元数量与当前层的神经元数量相乘得到的。如果读者还记得前面一个神经元的图例（图 4.3），与它连接的每个神经元都有一个权重，所以直觉上，它们都是一个可训练的参数。此外，还有一个用于激活函数阈值的参数（偏差）。因此，在最后一层中，有以下内容：

- 84 输入 = = >84 权重 +1 偏差 = = >85 参数。
- 10 输出。
- 85 ×10 = = >850 参数。

至于卷积层，参数的数量为卷积核的面积加上 1（激活函数的偏差）。在第一层中，有以下内容：

- 5 ×5 核 = = >25 +1 偏差 = = >26 参数。
- 6 个过滤器。
- 26 ×6 = = >156 参数。

如上所示，神经网络有 61 706 个参数。虽然这看起来似乎很多，但对于神经网络来说，拥有数百万个参数的网络并不少见。它们对训练有何影响？近似地，拥有更多的参数可以让网络了解更多的东西，但同时也会减慢网络速度，增加模型的大小和使用的内存量。不要纠结于参数的数量，因为并非所有参数都是平等的，但要密切关注它们，以防某些层使用了太多参数。可以看到，全连接层倾向于使用许多参数，在本节的例子中，它们包含超过 95% 的参数。

4.6.4 训练神经网络

现在有了神经网络，还需要训练它。在下一章中将更多地讨论训练。顾名思义，训练是神经网络研究训练数据集并实际学习它的阶段。至于它学得如何，那要看情况。

为了快速解释这些概念，下面将神经网络与试图为考试学习一本书的学生进行并不十分恰当的比较：

- 书是学生需要学习的培训资料集。
- 学生每读一次整本书就被称为一个周期。学生可能要读这本书不止一次，同样对于神经网络来说，训练不止一个周期是很常见的。
- 优化器就像某人根据练习本(即验证数据集，不过，在示例中将使用测试数据集进行验证)对学生提问来查看学生的学习情况。它们的一个显著的区别

是神经网络不从验证数据集中学习。在下一章将解释为什么这样做很好。

- 为了跟踪他们的进度并缩短学习时间，学生可以在阅读一定数量的页数后要求优化器提问，该页数即为批次大小。

首先要做的是配置模型，使用 compile( ) 如下：

```
model.compile(loss=categorical_crossentropy, optimizer=Adam(),
    metrics=['accuracy'])
```

Keras 有多种损失函数可供使用。损失用于衡量模型的结果离理想输出有多远。对于分类任务，可以使用分类交叉熵(categorical_crossentropy)作为损失函数，优化器是用于训练神经网络的算法。如果把神经网络想象成一个巨大的方程组，那么优化器的作用就是找出如何改变参数的方法来改善结果。下面将使用 Adam，这通常是一个很好的选择，度量是在训练期间的计算值，但是优化器并不使用它们，它们只是提供给读者作为参考。

现在可以运行训练，这可能需要几分钟的时间，程序将打印正在取得的进展如下：

```
history=model.fit(x_train, y_train, batch_size=16,
     epochs=5, validation_data=(x_test, y_test), shuffle=True)
```

需要提供以下几个参数：

- x_train：训练图像。
- y_train：训练标签。
- batch_size：默认值是 32，通常可以尝试 2 的幂，范围为 16 ~ 256，批次大小同时影响速度和准确性。
- epochs：CNN 遍历数据集的次数。
- validation_data：正如前面已经说过的，使用测试数据集进行验证。
- shuffle：在每个周期之前对训练数据进行打乱。

训练的结果保存在历史信息中，其中包含了很多有用的信息：

```
print("Min Loss:", min(history.history['loss']))
print("Min Val. Loss:", min(history.history['val_loss']))
print("Max Accuracy:", max(history. history['accuracy']))
print("Max Val. Accuracy:", max(history. history['val_
accuracy']))
```

这里谈论的是最小值和最大值，因为这些值是在每个周期测量的，不一定总是朝着改进的方向前进。

下面看看得到了什么：

- 最小损失用于衡量神经网络在训练数据集中离理想输出有多近，或者神经网络对训练数据集学习得有多好。通常，希望此值尽可能小。
- 最小的验证损失是指神经网络在验证数据集中离理想输出的距离有多近，或者神经网络在训练后对验证数据集的处理效果有多好。这可能是最重要的值，并且这是本节试图最小化的值，所以希望该值尽可能小。
- 最大准确率是 CNN 针对训练数据集所能给出的正确答案(预测)的最大百分比。对于前面的学生例子，它表示学生对这本书的记忆有多好。熟记这本书本身并不坏，这实际上是可取的，但目标不是背诵这本书，而是从中学习。虽然这里希望这个值尽可能高，但它可能会产生误导。
- 最大验证准确率是 CNN 针对验证数据集所能给出的正确答案(预测)的最大百分比。对于前面的学生例子，它表示学生真正学到了书中内容的程度，这样他们就可以回答书中可能没有的问题。这将表明神经网络在真实生活中的表现有多好。

CNN 的结果为：

```
Min Loss: 0.054635716760404344
Min Validation Loss: 0.05480437679834067
Max Accuracy: 0.9842833
Max Validation Accuracy: 0.9835000038146973
```

在其他计算机上，它可能会略有不同，事实上，每次运行它时，它都应该稍有不同。可以看到损失接近于 0，这很好。最大准确率和最大验证准确率都接近 98.5%，总体来说是非常好的。

还可以绘制这些参数随时间的演变图如下：

```
pit.plot (history_object.history['loss'])
pit.plot (history_object.history['val_loss'])
pit.plot (history_object.history['accuracy'])
pit.plot (history_object.history['val_accuracy'])
pit.title ('model mean squared error loss')
pit.ylabel ('mean squared error loss')
pit.xlabel ('epoch')
pit.legend (['T loss','V loss','T acc','V acc'], loc = 'upper
left')
pit.show ()
```

绘制结果如图 4.12 所示。图中 T_loss 表示训练损失；V_loss 表示验证损失；T_acc 表示训练准确率；V_acc 表示验证准确率。

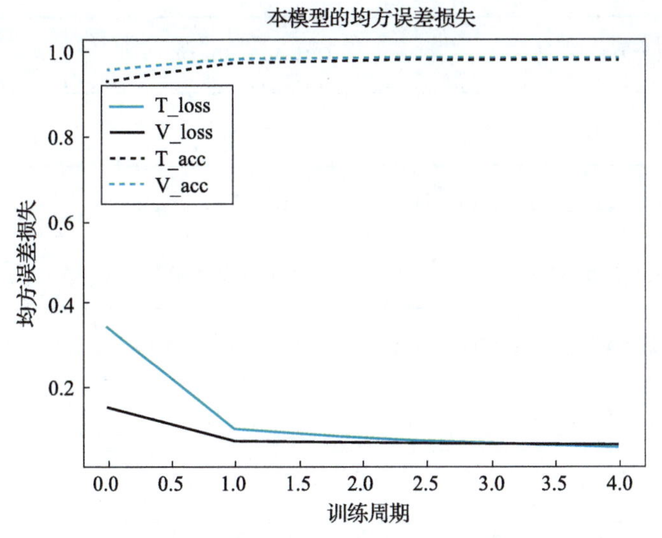

图 4.12　MNIST 数据集上的损失和准确率随时间变化的曲线图

经过第一个周期后，MNIST 数据集的精度和损失都很好，而且精度还在不断提高。到目前一切都很好，也许读者认为这很容易，但 MNIST 数据集是一个简单的数据集。下一节试试 CIFAR-10 数据集。

4.6.5　CIFAR-10 数据集

要使用 CIFAR-10 数据集，只需要请求 Keras 使用不同的数据集：

```
(x_train, y_train), (x_test, y_test) = cif ar10. load_data ( )
```

CIFAR-10 数据集是一个更难的数据集。它包含像素尺寸为 32 × 32 的 RGB 图像，包含 10 种对象类型：

```
X Train (50000, 32, 32, 3) - X Test (10000, 32, 32, 3)
Y Train (50000, 1) - Y Test (10000, 1)
```

它看起来和 MNIST 数据集很相似，在 github 上的代码中，要使用 CIFAR-10 数据集，只需要将 use_mnist 变量更改为 False：

```
use_mnist = False
```

除了删除 reshape( ) 调用之外，不需要在代码中更改任何其他内容，因为 CIFAR-10 数据集使用 RGB 图，因此它已经有了三个维度：宽度、高度和通道。Keras 将使模型适应不同的维度和通道，而神经网络只需要学习一个新的数据集。

下面看看新的模型：

```
Layer (type)                    Output Shape              Param#
================================================================
conv2d_1 (Conv2D)               (None, 32, 32, 6)         456
________________________________________________________________
max_pooling2d_1(MaxPooling2     (None, 16, 16, 6)         0
________________________________________________________________
conv2d_2 (Conv2D)               (None, 12, 12, 16)        2416
________________________________________________________________
max_pooling2d_2(MaxPooling2     (None, 6, 6, 16)          0
________________________________________________________________
flatten_1 (Flatten)             (None, 576)               0
________________________________________________________________
dense_1 (Dense)                 (None, 120)               69240
________________________________________________________________
dense_2 (Dense)                 (None, 84)                10164
________________________________________________________________
dense_3 (Dense)                 (None, 10)                850
================================================================
Total params: 83, 126
Trainable params: 83, 126
Non-trainable params: 0
```

此模型稍微大一点，因为图像稍微大一点，并且是 RGB 格式的。下面看看它的性能：

```
Min Loss: 1.2048443819999695
Min Validation Loss: 1.2831668125152589
Max Accuracy: 0.57608
Max Validation Accuracy: 0.5572999715805054
```

网络模型性能不是很好：损失很高，验证精度只有 55% 左右。

下一张图非常重要，后面会出现很多次，所以请花点时间熟悉一下。图 4.13 显示了模型的损失(使用均方误差)和精度在每个周期内随时间的演变。在 X 轴上，可以看到周期的序号，总共有四条线：

- T_loss：训练损失。
- V_loss：验证损失。
- T_acc：训练准确率。
- V_acc：验证准确率。

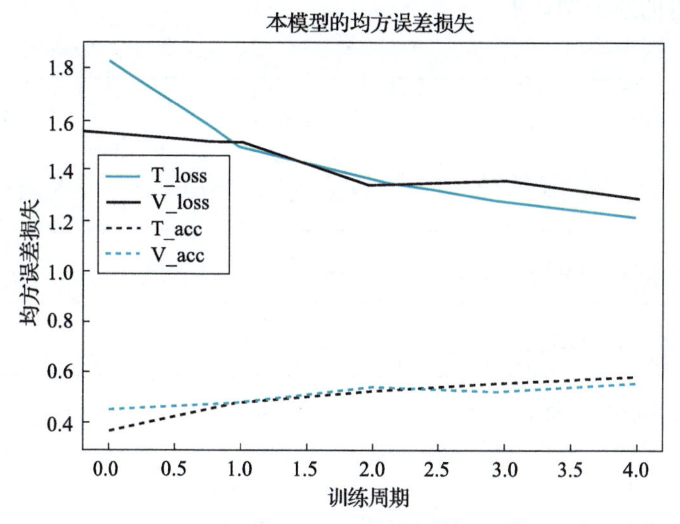

图 4.13　CIFAR-10 数据集上的损失和准确率随时间变化的曲线图

图中可以看到损失在下降，但还没有降到最低，所以这意味着更多的周期可能会改善结果。准确度很低，而且一直很低，可能是因为此模型没有足够的参数。

以下是 12 个周期后的结果：

```
Min Loss: 1.011266466407776
Min Validation Loss: 1.3062725918769837
Max Accuracy: 0.6473
Max Validation Accuracy: 0.5583999752998352
```

好消息是：训练损失减少了，训练准确度提高了。坏消息是：验证损失和验证准确性没有改善。在实践中，网络正在通过“背诵”学习训练数据集，但它不能泛化，因此它在验证数据集上的表现不是很好。

下面尝试显著增加网络的大小：

```
model.add(Conv2D(filters=64, kernel_size=(3,3),
activation='relu', input_shape=x_train.shape[1:]))
model.add(AveragePooling2D())
model.add(Conv2D(filters=256, kernel_size=(3,3),
activation='relu'))
model.add(AveragePooling2D())
model.add(Flatten())
model.add(Dense(units=512, activation='relu'))
model.add(Dense(units=256, activation='relu'))
model.add(Dense(units=num_classes, activation='softmax'))
```

由此获得的新模型如下：

```
_________________________________________________________________
Layer (type)                 Output Shape              Param#
=================================================================
conv2d_1 (Conv2D)            (None,30,30,64)           1792
_________________________________________________________________
average_pooling2d_1 (Average (None,15,15,64)           0
_________________________________________________________________
conv2d_2 (Conv2D)            (None,13,13,256)          147712
_________________________________________________________________
average_pooling2d_2 (Average (None,6,6,256)            0
_________________________________________________________________
flatten_1 (Flatten)          (None,9216)               0
_________________________________________________________________
dense_1 (Dense)              (None,512)                4719104
_________________________________________________________________
dense_2 (Dense)              (None,256)                131328
_________________________________________________________________
dense_3 (Dense)              (None,10)                 2570
=================================================================
Total params:5,002,506
Trainable params:5,002,506
Non-trainable params:0
```

模型从 83 000 个参数跳到了 5 000 000 个参数。第一层全连接层正在变大。下面看看能不能取得一些改进：

```
Min Loss:0.23179266978245228
Min Validation Loss:1.0802633233070373
Max Accuracy:0.92804
Max Validation Accuracy:0.65829998254776
```

所有的值都改善了，但是，虽然训练准确率在 90% 以上，但验证准确率只有 65%，如图 4.14 所示。图中，T_loss 表示训练损失；V_loss 表示验证损失；T_acc 表示训练准确率；V_acc 表示验证准确率。

图中可以看到，随着训练周期的推移，训练损失会下降，而验证损失会上升。这种情况被称为过拟合，意味着网络不善于泛化。这也意味着白白使用了太多的周期。

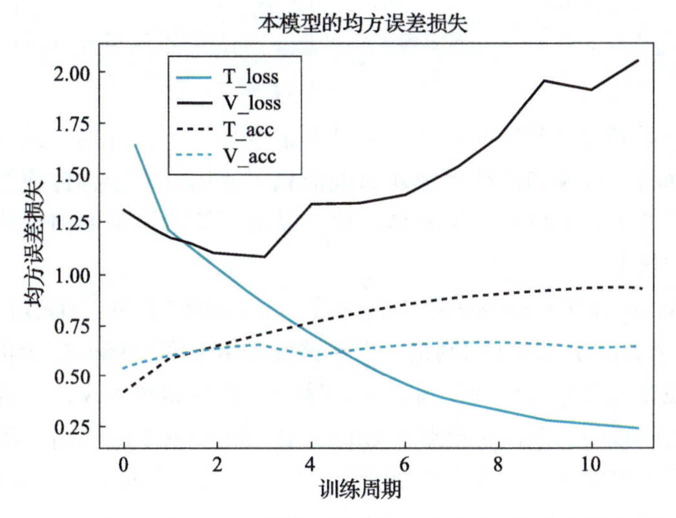

图 4.14　增加网络大小后的模型损失和准确率随时间变化的曲线图

不仅如此，如果最后保存模型，将不会保存最好的模型。如果读者想知道是否有办法保存最好的模型（例如，验证损失最低），那么答案是肯定的，Keras 可以通过以下方法做到：

```
checkpoint = Modelcheckpoint ('cif ar - 10 . h5 ', monitor = 'val_loss',
mode ='min', verbose =1, save_best_only = True)
```

在这里告诉 Keras 要做以下事情：

- 保存模型并命名为 cifar－10h5。
- 监控验证损失。
- 根据最小损失选择模型（例如，仅当验证损失减少时保存）。
- 只保存最好的模型。

可以将 checkpoint 对象传递给模型 model. fit( )：

```
history_obj ect =model. fit (x_train, y_train, batch_size = batch_
size, epochs = epochs, validation_data = (x_test, y_test),
shuf f le = True, callbacks = [checkpoint])
```

上述方法很有帮助，但模型还不够好。所以需要从根本上进行改进。

在下一章中将学到很多东西，希望能取得更好的结果。另外，在第 6 章改进神经网络中，将应用这些知识来改进结果。现在，如果读者愿意，可以花一些时间尝试调整和改进网络：可以更改其大小，添加过滤器和层，并查看其性能。

4.7 总结

这是一个紧凑的篇章！本章总体上讨论了机器学习，特别是深度学习。本章讨论了神经网络，以及如何利用像素邻近信息，使用卷积来构建更快、更准确的神经网络。此外了解了权重、偏差和参数，以及训练阶段是如何优化所有的参数来学习当前的任务。

在验证 Keras 和 TensorFlow 安装成功后，本章介绍了 MNIST 数据集，并借助 Keras 构建一个类似于 LeNet 的网络，以在该数据集上实现 98% 以上的准确率，这意味着读者现在可以轻松识别手写数字。然后，验证结果发现，尽管增加了周期的数量和网络的规模，但同一模型在 CIFAR-10 数据集中的表现并不好。

在下一章中将深入研究本章介绍的许多概念，最终目标将在第 6 章中完成。

4.8 问题

阅读本章后，读者应该能够回答以下问题：

1. 什么是感知机？
2. 读者能说出一个在许多任务中表现良好的优化器吗？
3. 什么是卷积？
4. 什么是 CNN？
5. 什么是全连接层？
6. Flatten( )层是做什么的？
7. 在 Keras 中使用了哪个后端？
8. 第一批 CNN 中的一个叫什么？

4.9 扩展阅读

- LeNet: http://yann.lecun.com/exdb/publis/pdf/lecun-01a.pdf。
- MNIST: http://yann.lecun.com/exdb/mnist/。

第 5 章

深度学习工作流

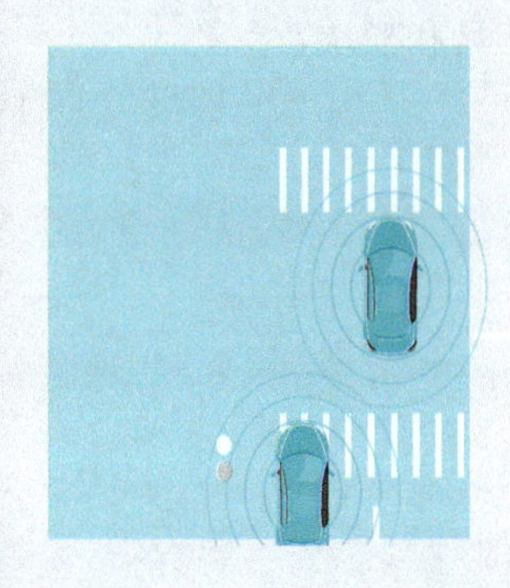

本章将介绍训练神经网络及其应用的具体步骤，并讨论深度学习相关理论，以进一步解释第 4 章中所做的工作，但本章主要关注自动驾驶相关的深度学习理论。 此外，本章还介绍了关于如何在著名的 CIFAR-10 小图像数据集中实现更高精度的方法，本章阐释的理论，加上第 4 章与第 6 章的内容，将为读者完成自动驾驶领域常见任务提供充分的指导。

本章将包括以下主题：

- 获取或生成数据集。
- 训练、验证和测试数据集。
- 分类器。
- 数据增强。
- 定义模型。
- 如何调整卷积层（Convolutional Layers）、最大池化层（MaxPooling Layers）和全连接层（Dense Layers）。
- 训练和随机性的作用。
- 欠拟合和过拟合。
- 激活的可视化。
- 运行推理。
- 重训练。

5.1 技术需求

为了能够使用本章所讲解的代码，读者需要安装以下工具和模块：

- Python 3.7。
- NumPy 模块。
- Matplotlib 模块。
- TensorFlow 模块。
- Keras 模块。
- OpenCV-Python 模块。

可以在以下链接中找到本章的代码：

https://github.com/PacktPublishing/Hands-On-Vision-and-Behavior-for-Self-Driving-Cars/tree/master/。

5.2 获取数据集

利用神经网络执行任务的第一步通常为获取数据集，即需要输入神经网络的数据。在本书执行的任务中，数据集通常由图像或视频组成，当然，它可以是任何数据，例如图像和其他数据的混合。

数据集表示提供给神经网络的输入，但需要注意的是，数据集也包含神经网络需要的输出，即标签。定义 x 为神经网络的输入，y 为神经网络的输出。该数据集由输入/特征（例如 MNIST 数据集中的图像），以及输出/标签（例如与每幅图像相关的数字）组成。

这里有不同的数据集类型，本章将从最简单的一种——Keras 中的数据集开始，然后再进行下一个。

5.2.1 Keras 模块中的数据集

通常，一个数据集包含大量的数据。在几万张图片上训练一个神经网络是很正常的，但最好的神经网络却是用几百万张图片训练的。那么，如何使用数据集呢？

与第 4 章类似，最简单且有效的方法是使用 Keras 中包含的数据集，并调用 load_data() 函数，如下所示：

```
from keras.datasets import mnist
(x_train, y_train), (x_test, y_test) =mnist. load_data ()
```

Keras 提供了以下数据集：

- MNIST——数字的分类。
- CIFAR-10——小型图像的分类。
- CIFAR-100——小型图像的分类。
- IMDB 电影评论的情感分类。
- 路透社新闻网分类。
- 时尚 MNIST 数据集。
- 波士顿住房价格。

这些数据集对于学习如何构建一般的神经网络是很有用的。在下一节中将研究一些对自动驾驶更有用的数据集。

5.2.2 现有数据集

幸运的是，现在有一些可用的公开数据集，但在使用前需要仔细检查许可证，确认其许可用途，或者最终获得一个更宽松的许可。

以下为自动驾驶相关的数据集：

- BDD100K，一个大规模多样化驾驶视频数据集，参考 https://bdd-data.berkeley.edu/。
- 博世小型交通信号灯数据集，参考 https://hci.iwr.uni-heidelberg.de/content/bosch-small-traffic-lights-dataset。
- CULane，用于交通车道检测学术研究的大规模数据集。
- KITTI 视觉基准数据集，参考 http://www.cvlibs.net/datasets/kitti/。
- Mapillary 交通标志数据集。

此外，还有其他更通用的有趣的数据集，特别是 ImageNet，参考 http://www.image-net.org/，这是一个根据 WordNet 层次结构组织的图像数据集。这个数据集包含了数以百万计的指向互联网中图像的 URL，对开发神经网络非常有影响力。稍后将详细讨论这个问题。

公开的数据集很好，但是使用的时候需要注意，因为图像分类不正确的情况并不少见，虽然这对神经网络不一定是个大问题，但这里还是希望能够得到一个尽可能准确的数据集。

如果无法找到满意的公开数据集，可以自己制作数据集，接下来本章将介绍如何快速准确地为自动驾驶任务建立良好的数据集。

5.2.3 合成数据集

如果可能的话，可以从能够获得准确图像的程序中生成一个数据集。本书在第 3 章车道检测中使用了这种技术，从 Carla 中检测行人，从开源视频游戏 SpeedDream 中检测图像。除此以外，还可以利用 3D 引擎或 3D 建模软件编写自己的生成器。

上述都是生成大规模数据集的相对简单、快速并且成本很低的方法。事实上，有时是非常有效的，因为在很多情况下，可以自动注释图像，节省大量时间。然而，合成图像往往没有真实图像那么复杂，可能导致训练出的神经网络在真实场景中表现得不尽如人意。第 8 章中将使用这种技术。

最好的模拟器之一为 Carla，这是一个用于自动驾驶研究的开源模拟器，可以在以下网址中找到：

- https://carla.org/。
- https://github.com/carla-simulator/carla。

读者可以利用 Carla 生成任务所需要的图像，当这还不够时，需要手动生成数据集。

5.2.4 自定义数据集

有时可能没有合适的数据集，需要自己收集图像，并且可能需要对成千上万的图像进行分类。如果图像是从视频中提取的，可能只需对视频进行分类，然后从中提取数百或数千张图像。但有时可能需要自己去翻阅数以万计的图像，或者使用专业公司的服务为图像打上标签。

有时可以得到图像，但分类可能比较困难。如果获得了汽车的视频录像，需要对图像进行标记，在汽车所在的位置添加方框。本节利用神经网络完成这项工作，但仍需要手动确认标记结果，并对图像进行重新分类，尽管如此，依然可以节省大量的工作时间。

接下来将深入了解这些数据集。

5.3 理解三种数据集

实际上，不仅需要一个数据集，最好是三个，这些都是训练、验证和测试所需要的。在定义这三种数据集前，需要提前声明的是，关于验证和测试的含义会有一些混淆，在只有两个数据集的情况下，如本例中，验证数据集和测试数据集是一致的。在第 4 章中也使用了同样的方法，采用测试数据集进行验证。

接下来定义这三种数据集，并阐述在理想情况下如何对 MNIST 数据集进行测试。

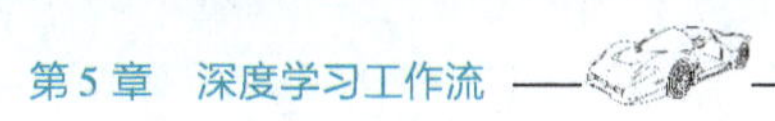

- 训练数据集：用于训练神经网络的数据集，通常是三种数据集中数据量最大的一个。
- 验证数据集：通常是训练数据集的保留部分，不用于训练，只用于评估模型的性能和调整其超参数（例如，网络的拓扑结构或优化器的学习速度）。
- 测试数据集：理想情况下，并不需要这个数据集。通常训练及调整参数完成后，此数据集用于评估模型的性能。

注意不能使用训练数据集评估模型的性能，因为训练数据集是优化器用来训练网络的，所以训练数据集反映的是最好的情况。更重要的是，通常不需要神经网络在训练数据集中表现良好，而是需要在任何输入的数据集中表现良好。因此，需要网络能够泛化。借用第 4 章中的比喻，训练数据集的高分意味着学生把书（训练数据集）背得滚瓜烂熟，但本书希望的是学生已经理解了书中的内容，并能把这些知识应用到真实世界的情况中（验证数据集）。

如果验证数据集代表真实世界，为什么需要测试数据集呢？事实上，在人们调整网络时，仍然会做出偏向于验证数据集的选择（例如根据模型在验证数据集中的性能选择某一个模型而不是另一个）。因此，验证数据集中的性能可能仍然高于真实世界中的性能。

测试数据集解决了这个问题，因为在训练及调整参数完成后才会应用它。这也解释了为什么在理想情况下，我们希望在使用一次测试数据集后就扔掉它。这可能是不切实际的，但并不总是这样，因为使用测试数据集有时候可能会很容易地生成一些需求的数据。

那么，怎么在 MNIST 任务中使用这三种数据集呢？在第 4 章中采用 MNIST 数据集中的 60 000 个样本进行训练，10 000 个样本进行测试。

理想情况下，读者可以使用以下方法：

- 训练数据集可以使用用于训练的全部 60 000 个样本。
- 验证数据集可以使用用于测试的 10 000 个样本（正如第 4 章所做）。
- 测试数据集可以按需生成，当场写入数字。

介绍完三种数据集后，读者可以将自己的完整数据集分为三部分。如前所述，理想情况下，测试集即时生成，但如果无法做到，可以选择使用总数据集的 15%～20% 进行测试。

分割数据集

在剩余数据集中，可以使用 15%～20% 作为验证。

如果数据集有很多样本，可以使用一个较小的百分比进行验证和测试。

如果数据集中样本量较小，在对模型性能感到满意之后（例如模型在验证和测试数据集上都表现良好），可以将测试数据集加入到训练数据集中以获得更多的样本。在这种情况下，将没有必要评估模型在测试数据集的性能，因为测试数据集已经成为训练数据集的一部分，读者需要相信验证数据集的结果。

即使分割后的每种数据集的样本量相同，也不能得到完全相同的分割结果。接下来以一个实际的例子为例。

现在需要判别猫和狗，有一个 10 000 张图片的数据集，采用 8 000 张进行训练，2 000 张用于验证，测试通过实时记录家里一只狗和一只猫的视频进行，每次测试时，会生成一个新的视频。

这个方案看起来很完美，有什么可能出错呢？

首先，需要保证每种数据集中有基本相同数量的猫和狗。若非如此，训练出的网络会偏向于其中之一。直观地讲，如果在训练过程中，网络看到 90% 的图像输出是狗，那么总是给出是一只狗的预测就具有 90% 的准确率。

根据以往获得的知识，读者可能认为将样本的顺序随机化是一种最佳做法，数据集随机分割后，获得的模型在训练、验证和测试数据集中均表现良好。一切看起来都很好。然后采用几个朋友的宠物进行测试，但没有任何效果。发生了什么？

一种可能性是，分割的数据集在测量泛化方面并不理想。即使 10 000 张图片，它们可能来自 100 个宠物(包括自己的)，并且每只狗和猫都出现了 100 次，位置略有不同(例如，它们来自一个视频)。如果将样本打乱，所有的狗和猫都会出现在所有的数据集中，因此验证和测试会相对容易，因为网络已经知道这些宠物。

相反，如果只保留 20 只宠物用于验证，并不把这些宠物的照片包括在训练或验证数据集中，那么模型估计将更加真实，可以建立一个泛化能力更强的神经网络。

现在有了三种数据集，可以利用它们执行需求的任务，通常是图像分类。

5.4 理解分类器

深度学习可以用于许多不同任务中，就图像和 CNN 而言，一个非常常见的任务是分类。给定一个图像，神经网络需要使用训练时提供的标签之一对其进行分类，这种网络类型被定义为分类器。

为此，神经网络将为每个标签提供一个输出（例如，在 10 位数的 MNIST 数据集上，我们有 10 个标签，因此有 10 个输出），并且只有一个输出应该是 1，而其他的输出都应该是 0。

神经网络将如何满足这种需求呢？显然，它并不会。神经网络产生的浮点输出是内部乘法和累加的结果，极少会得到类似的整数输出。然而，这里可以将所有输出中的最大值视为 1，而其他所有的值都可以视为 0。

通常在神经网络的末端应用一个 softmax 层，它将输出转换为概率，也就是说，softmax 层之后的输出将是 1 或 0。因此可以很容易地得到神经网络对于预测的置信度。Keras 在模型中提供了一种方法以获取概率，即 predict() 函数，以及一个方法来获取标签，即 predict_classes() 函数。如果需要的话，可以使用 to_categorical() 函数将标签很容易地转换为独热编码格式。

如果需要将独热编码转换成标签，可以使用 NumPy 的 argmax() 函数。

现在明确了任务是对图像进行分类，但需要确保数据集与实际执行任务时的数据相似。

5.4.1　生成真实数据集

当收集数据集时，无论是使用自己生成的图像或其他合适的数据集，需要注意的是，这些图像需要反映在真实生活中可能发生的情况。例如，应该尝试获得有问题的图像，如下所示，因为模型有可能在实际执行任务时遇到这些问题。

- 光线不好（曝光过度或曝光不足）。
- 强烈的阴影。
- 物体被障碍物遮挡。
- 物体部分离开画面。
- 物体发生旋转。

如果无法获取这些类型的图像，可以借助数据增强方法，将在下一节中具体阐述。

5.4.2　数据增强

数据增强是增加数据集中的样本，并从已有图像中提取新图像的过程，例如，降低亮度或旋转。

Keras 提供了一种方便的方法来增强数据集，即 ImageDataGenerator() 函数，它可以随机地应用于指定的图片变换。但这种方法没有特别好的效果，且在参数上缺乏一致性。因此，下面将分析一些最有用的图像变换方法。为了清楚起见，本节将构建一个只包含一个参数的生成器以验证效果，但读者很可能希望同时使用多参数，这一点将在后面实现。

ImageDataGenerator() 构造函数可以接受许多参数，例如：

- brightness_range：更改图像的亮度，接受一个包含两个参数的列表，即最小亮度和最大亮度，例如 [0.1，1.5]。
- rotation_range：旋转图像，接受一个表示旋转范围的参数（以°为单位），例如 60°。

- width_shift_range：设定图像的水平移动，可以接受不同形式的参数。建议使用可接受值的列表，例如［-50，-25，25，50］。
- height_shift_range：设定图像的垂直移动，可以接受不同形式的参数。建议使用可接受值的列表，例如［-50，-25，25，50］。
- shear_range：设定剪切强度，接受一个以°为单位的参数，例如60°。
- zoom_range：放大或缩小图像，并接受两个参数的列表，即最小缩放和最大缩放，如［0.5，2］。
- horizontal_flip：水平翻转图像，参数为布尔量。
- vertical_flip：垂直翻转图像，参数为布尔量。

其中，水平翻转通常相当有效。

图5.1显示了采用调整亮度、旋转、宽度偏移和高度偏移对图像进行增强的结果。

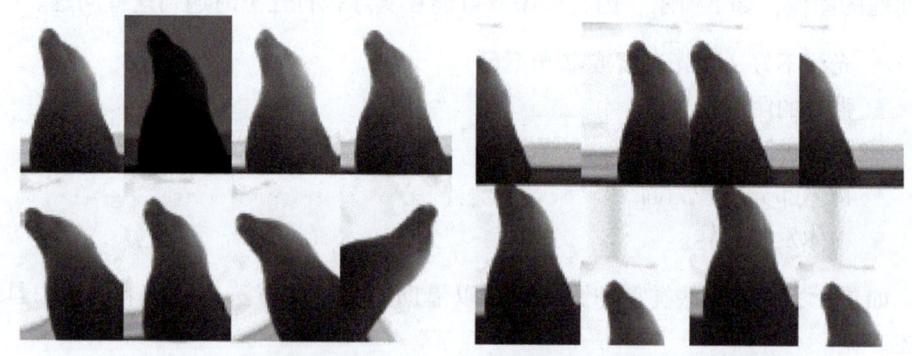

图5.1 ImageDataGenerator()进行图像增强的结果。从顶部开始：brightness_range=［0.1，1.5］，rotation_range=60，width_shift_range=［-50，-25，25，50］，height_shift_range =［-75，-35，35，75］

图5.2是使用剪切、缩放、水平翻转和垂直翻转对图像进行增强生成的。

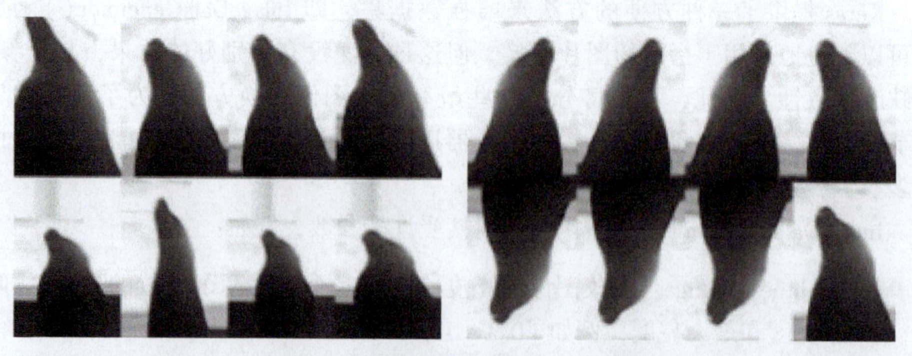

图5.2 ImageDataGenerator()进行图像增强的结果。从顶部开始：shear_range=60，zoom_range=［0.5，2］，horizontal_flip=True，vertical_flip=True

上述操作通常组合进行，如下所示：

```
datagen = ImageDataGenerator(brightness_range = [0.1, 1.5],
rotation_range = 60, width_shift_range = [ -50, -25, 25, 50],
horizontal_flip = True)
```

图5.3为最终的输出结果。

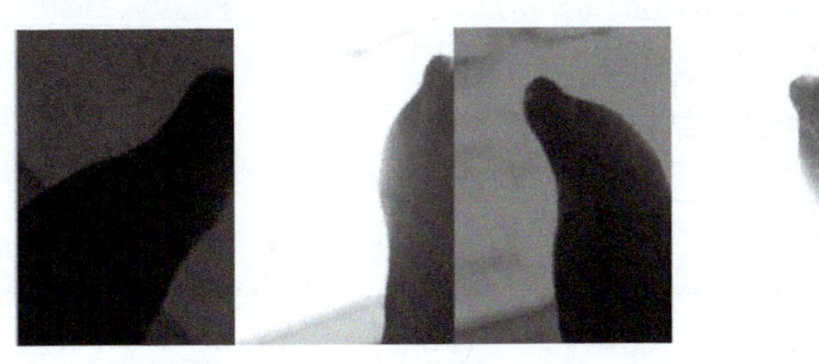

图5.3 ImageDataGenerator()进行图像增强组合的结果。采用的参数：brightness_range = [0.1, 1.5], rotation_ range = 60, width_shift_range = [-50, -25, 25, 50], horizontal_flip = True

直观地说，该网络应该对图像的变化有更大的容忍度，并且它的泛化能力更强。

需要注意的是，Keras的数据增强更像是一种数据替换，因为它替换了原始图像，这意味着原始的、没有变化的图像不会被发送到神经网络。除非，随机组合变换后，图像没有发生变化。

数据增强的作用在于样本在每个周期中都会改变。因此，更明确地说，Keras中的数据增强并不增加每个周期的样本数量，但样本将根据指定的图像变换在每个周期中发生变化。

接下来将介绍如何建立模型。

5.5 模型

现在已经有了一个图像数据集，而且明确了需要执行的任务（例如，分类），现在是时候建立模型了。假设任务在卷积神经网络上工作，只需要使用卷积块、最大池化层和全连接层。但应该如何确定它们的大小？应该使用多少层？

由于MINST数据集比较简单，在这里使用CIFAR-10数据集进行测试，不改变其他的参数，而只是对这些层进行一些操作。

本节还将训练5个周期，以加快训练速度。这并不是为了得到最好的神经网络，而是为了测试一些参数对输出结果的影响。

现在获得了包含卷积层、最大池化层和全连接层的初始网络，如下所示：

```
model = Sequential()
model.add(Conv2D(8, (3, 3), input_shape = x_train.shape[1:],
activation = 'relu'))
model.add(MaxPooling2D())
model.add(Flatten())
model.add(Dense(units = 256, activation = "relu"))
model.add(Dense(num_classes))
model.add(Activation('softmax'))
```

以下是上述网络的总结：

```
_________________________________________________________________
Layer (type)                  Output Shape              Param #
=================================================================
conv2d_1 (Conv2D)             (None, 30, 30, 8)         224
_________________________________________________________________
max_pooling2d_1 (MaxPooling2  (None, 15, 15, 8)         0
_________________________________________________________________
flatten_1 (Flatten)           (None, 1800)              0
_________________________________________________________________
dense_1 (Dense)               (None, 256)               461056
_________________________________________________________________
dense_2 (Dense)               (None, 10)                2570
activation_1 (Activation)     (None, 10)                0
=================================================================
Total params: 463, 850
Trainable params: 463, 850
Non - trainable params: 0
```

从上述总结可以看到，这是一个非常简单的网络，它已经有约 463 000 个参数。层的数量是误导性的，不是只有网络包含很多层这种情况才会使网络变得缓慢。

以下为网络的性能参数：

```
Training time: 90.96391367912292
Min Loss: 0.8851623952198029
Min Validation Loss: 1.142119802236557
Max Accuracy: 0.68706
Max Validation Accuracy: 0.6068999767303467
```

下一步将对它进行调整。

5.5.1 调整卷积层

本节在卷积层中使用 32 个通道如下：

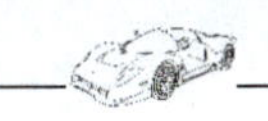

```
Total params: 1,846,922

Training time: 124.37444043159485
Min Loss: 0.6110964662361145
Min Validation Loss: 1.0291267457723619
Max Accuracy: 0.78486
Max Validation Accuracy: 0.6568999886512756
```

综上可以看出效果还不错。训练准确率得到了提高，尽管网络的大小是之前的4倍左右，但速度却只减缓了不到50%。

接下来尝试采用4个卷积层，如下所示：

```
model.add(Conv2D(8, (3, 3), input_shape=x_train.shape[1:],
activation='relu'))
model.add(Conv2D(8, (3, 3), input_shape=x_train.shape[1:],
activation='relu', padding="same"))
model.add(Conv2D(8, (3, 3), input_shape=x_train.shape[1:],
activation='relu', padding="same"))
model.add(Conv2D(8, (3, 3), input_shape=x_train.shape[1:],
activation='relu', padding="same"))
```

之后，需要检查网络的大小，依然使用 model.summary()函数。

```
Total params: 465,602
```

它只比最初的模型略微增大了一些，原因在于大部分的参数是由于全连接层而引入的，而堆积相同大小的卷积层并不会改变全连接层所需要的参数。以下为训练结果：

```
Training time: 117.05060386657715
Min Loss: 0.6014562886440754
Min Validation Loss: 1.0268916247844697
Max Accuracy: 0.7864
Max Validation Accuracy: 0.6520000100135803
```

它与之前的网络非常相似，速度稍快，精度与之前的网络基本相同。该网络现在可以学习更复杂的功能，因为它具有很多层。然而，它的全连接层和上一个例子相比小得多，所以它的准确性降低了一些。

之前在填充时使用 same 模式，本次使用 valid 模式进行填充，每次卷积层输出的值都会减小，如下所示：

```
model.add(Conv2D(8, (3, 3), input_shape=x_train.shape[1:],
activation='relu'))
```

```
model.add(Conv2D(8, (3, 3), input_shape=x_train.shape[1:],
activation='relu', padding="valid"))
model.add(Conv2D(8, (3, 3), input_shape=x_train.shape[1:],
activation='relu', padding="valid"))
model.add(Conv2D(8, (3, 3), input_shape=x_train.shape[1:],
activation='relu', padding="valid"))
```

参数数量相比于之前的465 602，得到了明显降低，如下所示：

```
Total params: 299,714
```

现在使用不到300 000 的参数，如下所示：

```
Training time: 109.74382138252258
Min Loss: 0.8018992121839523
Min Validation Loss: 1.0897881112098693
Max Accuracy: 0.71658
Max Validation Accuracy: 0.6320000290870667
```

非常有趣的是，此次训练准确率下降了7%，因为该网络对这个任务来说太小了。然而，验证的准确率只下降了2%。

现在使用通过same模式进行填充的初始模型，这样卷积之后可以获得一个稍大的图像。

```
model.add(Conv2D(8, (3, 3), input_shape=x_train.shape[1:],
padding="same", activation='relu'))

Total params: 527, 338
```

现在获得了更多的参数，以下为网络的性能：

```
Training time: 91.4407947063446
Min Loss: 0.7653912879371643
Min Validation Loss: 1.0724352446556091
Max Accuracy: 0.73126
Max Validation Accuracy: 0.6324999928474426
```

与参考模型相比，训练准确率得到了提高，但所需时间几乎没有变化，达到了预期的效果。

现在把内核的大小增加到7×7，如下所示：

```
model.add(Conv2D(8, (7, 7), input_shape=x_train.shape[1:],
padding="same", activation='relu'))
Total params: 528, 298
```

参数数量的增加可以忽略不计，因为现在内核更大了。

但它的表现如何呢？训练结果如下所示：

```
Training time: 94.85121083259583
Min Loss: 0.7786661441159248
Min Validation Loss: 1.156547416305542
Max Accuracy: 0.72674
Max Validation Accuracy: 0.6090999841690063
```

显然，此次模型表现得不太好，速度稍慢，验证准确率也稍差。很难知道原因，也许是因为输入的图像太小了。

在卷积层之后添加最大池化层是一个典型的方案，接下来将介绍如何调整最大池化层。

5.5.2　调整最大池化层

回到之前的模型，直接去除最大池化层。

```
Total params: 1,846,250
```

因为卷积层的分辨率不再降低，去除最大池化层之后，全连接层的大小变为现在的4倍。

```
Training time: 121.01851439476013
Min Loss: 0.8000291277170182
Min Validation Loss: 1.2463579467773438
Max Accuracy: 0.71736
Max Validation Accuracy: 0.5710999965667725
```

这不是很有效。与原始网络相比，它的速度较慢，训练准确率有所提高，但验证的准确率下降。与包含四个卷积层的网络相比，它的速度相同，但验证准确率却差很多。

也就是说，最大池化层在减少计算量的同时提高了泛化能力，因而被广泛使用。

现在增加最大池化层的数量。

```
model.add(Conv2D(8, (3, 3), input_shape=x_train.shape[1:],
activation='relu'))
model.add(Conv2D(8, (3, 3), input_shape=x_train.shape[1:],
activation='relu', padding="same"))
model.add(MaxPooling2D())
model.add(Conv2D(8, (3, 3), input_shape=x_train.shape[1:],
activation='relu', padding="same"))
model.add(Conv2D(8, (3, 3), input_shape=x_train.shape[1:],
activation='relu', padding="same"))
model.add(MaxPooling2D())
```

现在网络的大小要小得多，第二卷积层只有之前的1/4。

```
Total params: 105,154
```

调整后，网络的性能参数如下：

```
Training time: 105.30972981452942
Min Loss: 0.8419396163749695
Min Validation Loss: 0.9395202528476715
Max Accuracy: 0.7032
Max Validation Accuracy: 0.6686999797821045
```

虽然训练准确率不高，但验证准确率为目前的最高值，而且只采用了约100 000个参数。

调整了网络的卷积部分后，接下来将介绍如何调整全连接层。

5.5.3 调整全连接层

回到初始模型，将全连接层增加4倍，即增加到1 024个神经元。

```
Total params: 1,854,698
```

如前面所料，参数数量几乎增加了4倍。但是性能如何呢？

```
Training time: 122.05767631530762
Min Loss: 0.6533840216350555
Min Validation Loss: 1.093649614238739
Max Accuracy: 0.7722
Max Validation Accuracy: 0.630299985408783
```

它的训练准确率并不差，但与最优模型相比，验证准确率较低。

下面使用以下三个全连接层：

```
model.add(Dense(units =512, activation = "relu"))
model.add(Dense(units =256, activation = "relu"))
model.add(Dense(units =128, activation = "relu"))
```

现在得到以下参数：

```
Total params: 1,087,850
```

现在，参数的数量减少了，训练结果如下：

```
Training time: 111.73353481292725
Min Loss: 0.7527586654126645
Min Validation Loss: 1.1094331634044647
Max Accuracy: 0.7332
Max Validation Accuracy: 0.6115000247955322
```

结果可能有些不尽人意。也许不应该过度依赖增加全连接层的数量来提升训练效果。

接下来开始下一个步骤：训练网络。

训练网络

现在准备更深入地讨论训练阶段。这里不尝试描述其背后的数学概念，而是只用十分通用且简化的术语探讨用于训练神经网络的算法。

首先，需要一些定义：

- **损失函数**（Loss Function）或**代价函数**（Cost Function）：用于计算神经网络的预测与标签差距的函数，它可以是**均方误差**（Mean Squared Error，MSE）或更复杂的函数。
- **导数**（Derivative）：函数的导数是一个新的函数，它能够衡量函数在特定点上的变化程度和方向。例如，想象读者处在一辆汽车里，若速度是原函数，则它的导数就是加速度。如果速度恒定，则导数(加速度)为零；如果速度增加，导数(加速度)将为正；如果速度减小，导数(加速度)将为负。
- **局部最小值**（Local Minimum）：神经网络的任务是最小化损失函数。鉴于庞大的参数数量，神经网络的功能可能会非常复杂，因此可能无法达到全局最小值，但神经网络仍然能够达到较好的局部最小值。
- **收敛**（Convergence）：如果神经网络不断接近一个局部最小值，那么它正在收敛。

基于上述定义，现在读者能够了解神经网络训练的实际工作方式。

5.5.4　如何训练神经网络

训练神经网络的算法由两部分组成，为简单起见，假设算法对每个样本都执行。当然，训练的全过程是周期性重复的。下面看看它是如何工作的：

- **前向传播**（Forward Pass）：归根结底，神经网络是一个包含大量参数（权重和偏差）和运算的函数。当提供输入时，神经网络能够计算相应的输出。在前向传播的过程中，神经网络将计算预测和损失。
- **反向传播**（Backward Pass）：优化器（如 Adam 优化器、随机梯度下降优化器等）从后向前（从最末层到第一层）更新所有参数，尝试最小化损失函数。学习率（0 ~ 1.0 的数字，通常取 0.01 或更小）能够决定权重被调整的程度。

较大的学习率能够加速神经网络的训练进程，但可能会跳过局部最小值。相反，较小的学习率则能够使训练过程收敛，但时间花费过多。为尽可能提高神经网络的训练速度，优化器正在被广泛研究。优化器能够动态调节学习率以兼顾训练速度和准确率。

以 Adam 优化器为例，它能够动态地调节每个参数的学习率，如图 5.4 所示。

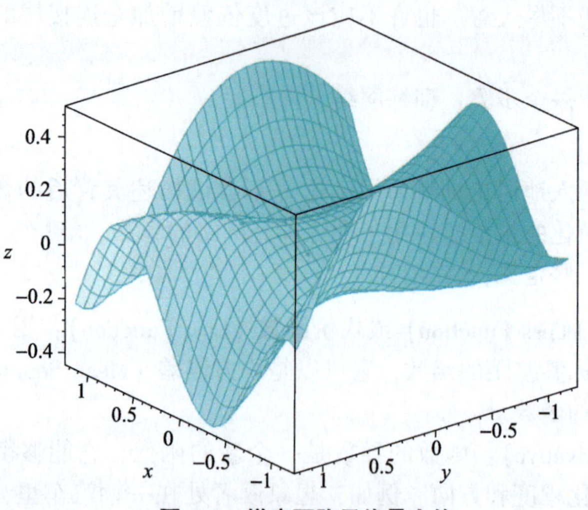

图 5.4　梯度下降寻找最小值

虽然编写训练神经网络的算法是非常复杂的，但在某种程度上，此概念类似于学习打台球，某人重复相同的击球过程直到球落袋：选择想要击中的点（标签），移动球杆击球（前向传播），最终评估球离目标袋口的距离；然后重新尝试调整力量、方向以及所有其他因素（权重）。还有一种方法能够做到这一点：随机初始化。接下来便尝试一下。

5.5.5　随机初始化

读者可能想知道首次运行神经网络时参数的值是多少。将神经网络的权重初始化为零的效果不佳，而初始化为小随机数则非常有效。Keras 中有多种算法供选择，此外读者也可以改变标准差。

将权重初始化为小随机数的一个有趣结果是：神经网络从大量的随机数据开始训练。读者可能会注意到，在同一数据集上训练同一模型会产生不同的结果。下面尝试之前基本的 CIFAR-10 CNN 神经网络。

第一次尝试产生了以下结果：

```
Min Loss：0.8791077242803573
Min Validation Loss：1.1203862301826477
Max Accuracy：0.69174
Max Validation Accuracy：0.5996000170707703
```

第二次尝试产生了以下结果：

```
Min Loss：0.8642362675189972
Min Validation Loss：1.1310886552810668
Max Accuracy：0.69624
Max Validation Accuracy：0.6100000143051147
```

可以尝试使用以下代码来减少随机性：

```
from numpy.random import seed
seed(1)
import tensorflow as tf
tf.random.set_seed(1)
```

但是，如果读者在 GPU 上训练，那么仍可能存在许多随机变量。在调整网络模型时应该考虑到这一点，否则读者可能会因为变量随机性而无法完成网络的精细调整。

下一阶段将了解过拟合与欠拟合。

5.5.6　过拟合与欠拟合

在训练神经网络时，常常会遇到**欠拟合**（Underfitting）与**过拟合**（Overfitting）两种情况。具体如下：

- 欠拟合是指模型太简单，无法正确学习数据集。此时需要添加参数、卷积核和神经元来增加模型的容量。
- 过拟合是指模型足够大，能够学习训练数据集，但泛化能力差（例如，模型“记住”了训练数据集，但在提供其他数据集时效果不佳）。

图 5. 5 为欠拟合情况下准确率、损失值随时间的变化图。图中，T_loss 为训练损失；V_loss 为验证损失；T_acc 为训练准确率；V_acc 为验证准确率。

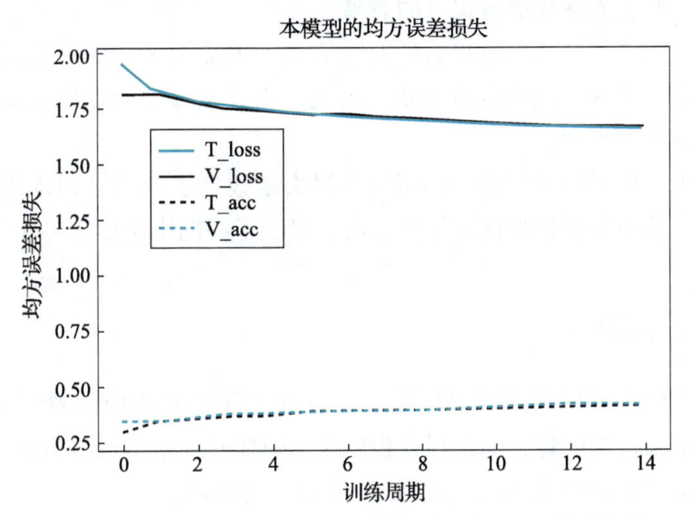

图 5. 5　欠拟合：模型太小（7 590 个参数），学习程度不够

图 5. 5 展示了欠拟合的极端情况，其准确率非常低。现参考图 5. 6。

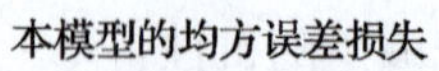

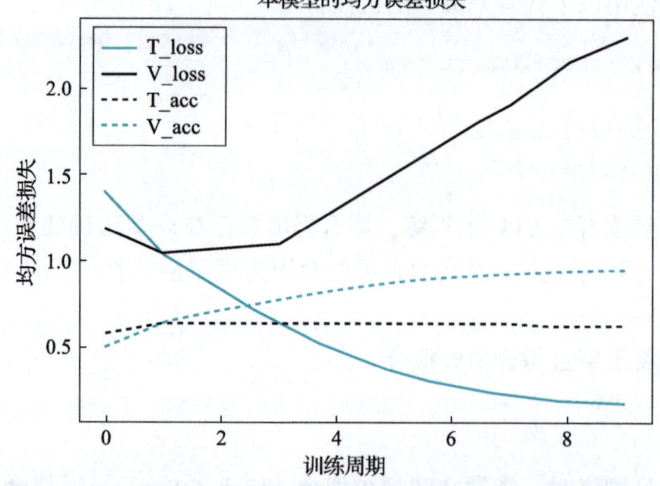

图 5.6　过拟合：模型非常大（29 766 666 个参数），不能较好地泛化

图 5.6 展示了神经网络过拟合的极端情况。读者可能会注意到，虽然训练损失随周期不断减少，但验证损失在第一个周期时达到最小值后持续增加。验证损失的最小值点是停止训练的理想位置。在第 6 章中，早终止（Early Stopping）可以做到这一点。

虽然读者可能曾听说过拟合是一个严重的问题，但实际上它也可以是一个很好的策略——首先尝试获得一个能够过拟合训练数据集的模型，然后应用减少过拟合并提高泛化能力的有关技术。但是，只有当能够以非常高的准确率过拟合训练数据集时，此类方法才能有很好的效果。

在第 6 章中将了解减少过拟合的有效方法，但需要考虑的一点是，较小的模型不易过拟合，通常训练速度也更快。因此，当尝试过拟合训练数据集时，尽量不要使用极其大的模型。

在本节中，读者已经知晓了如何利用损失函数来了解网络训练进行到了什么程度。在下一节中将探讨如何可视化激活，以便了解网络正在学习什么。

5.6　可视化激活

现在读者已经可以训练神经网络了。但神经网络究竟能够看到和理解什么？这是一个很难回答的问题，但是当卷积层输出图像时，本节可以试着阐释这一点。现在，尝试呈现 MINST 测试数据集前 10 张图像的激活：

1）首先，需要构建一个派生自之前模型的新模型，该模型从输入中读取并获得需要的卷积层的输出，其名称能够从本章的总结中获取。下面将可视化第一个卷积层——conv2d_1：

```
    conv_layer = next(x. output for x in model. layers
ifx. output. name. startswith(conv_name))
    act_model = models. Model(inputs = model. input, outputs = [conv_layer])
    activations = act_model. predict(x_test[0: num_predictions, :, :, :])
```

2）现在，对于每个测试图像，可以取所有激活并将它们连接在一起以获得图像，如下所示：

```
col_act = []
for pred_idx, act in enumerate(activations):
        row_act = []
        for idx in range(act. shape[2]):
            row_act. append(act[:, :, idx])
        col_act. append(cv2. hconcat(row_act))
```

3）然后可以呈现该图像，如下所示：

```
plt.matshow(cv2. vconcat(col_act), cmap ='viridis')
plt. show()
```

图5.7是第一个卷积层conv2d_1的激活图像，它有6个通道，分辨率为28×28。

图5.7看起来很有趣，但若试图了解激活以及通道学习识别的内容，往往会涉及一些猜测。图中最后一个通道似乎专注于水平线，而第三和第四个通道则不太明显，这可能意味着网络没有得到适当的训练或者网络过大。但它看起来效果很好。

现在，查看第二层conv2d_2，它有16个通道，分辨率为10×10，如图5.8所示。

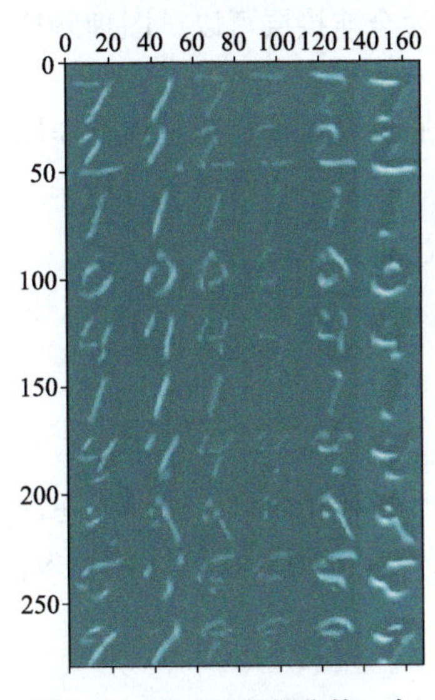

图5.7 MNIST数据集第一个卷积层的激活图

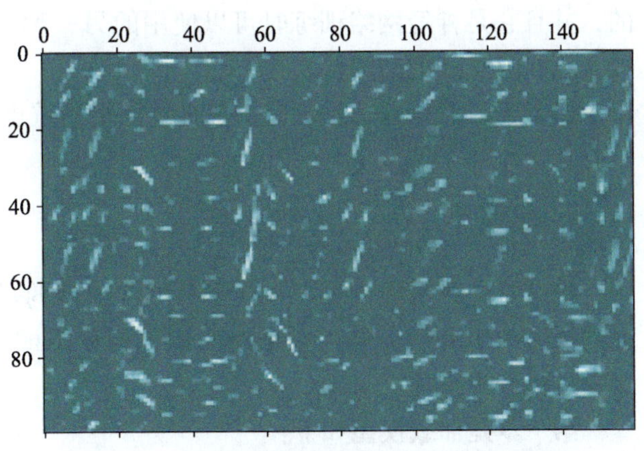

图5.8 MNIST数据集第二个卷积层的激活图

现在，图像变得更加复杂了——输出要小得多，并且具有更多的通道。似乎有些通道正在检测水平线，有些通道正在检测对角线或垂直线。那么第一个最大池化层 max_pooling2d_1 又如何呢？它的分辨率比原始通道低，为 10×10，但由于它选择了最大激活，因此其输出内容是可以理解的。参考图 5.9。

事实上，图 5.9 显示的激活效果看起来很好。最后，查看第二个最大池化层 max_pooling2d_2，它的分辨率只有 5×5，如图 5.10 所示。

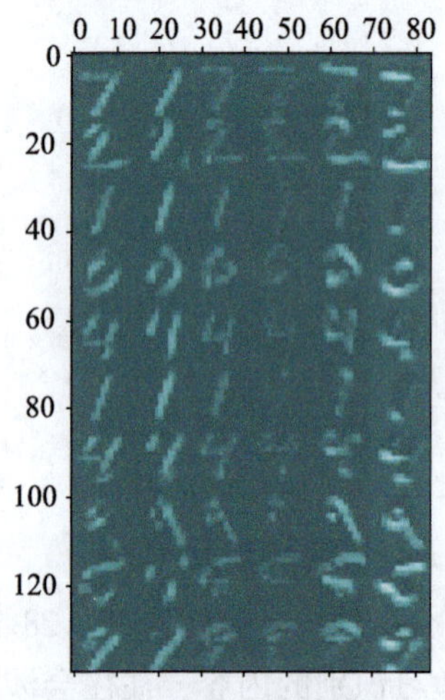

图 5.9　MNIST 数据集第一个最大池化层的激活图

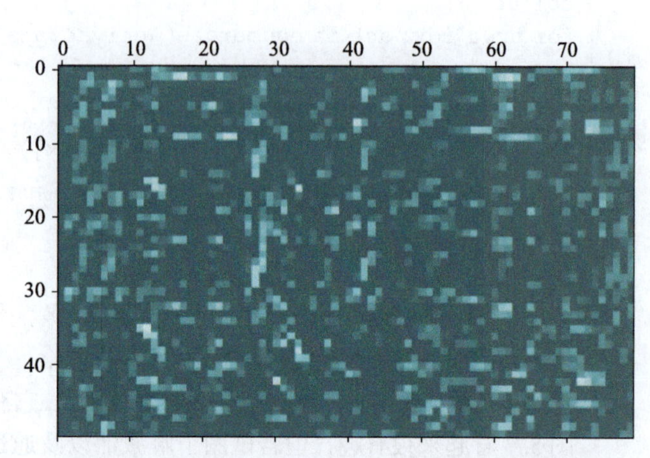

图 5.10　MNIST 数据集第二个最大池化层的激活图

现在，图 5.10 看起来很混乱，但仍有一些通道正在识别水平线，有些通道正在识别垂直线。此时是全连接层发挥作用的时候，因为全连接层可以试图理解这些难以理解但并非完全随机的激活。

可视化激活对于了解神经网络正在学习什么以及通道如何被使用是极有作用的，并且它是神经网络训练时可以使用的另一种工具（尤其是在网络学习效果不佳，正在寻找问题的时候）。

接下来讨论推理，推理是训练神经网络的重点。

5.7　推理

推理是向网络提供输入并获得分类或预测的过程。当神经网络经过训练并在生产活动中部署后，使用它来对图像进行分类或决定汽车在道路上的驾驶行为，这个过程称为推理。

第一步是加载模型如下：

```
model = load_model(os.path.join(dir_save, model_name))
```

接着只需要调用 predict( ) 函数，这是 Keras 中的推理方法。下面用 MNIST 数据集的第一个测试样本来试试：

```
x_pred = model. predict(x_test[0: 1, :, :, :])
print("Expected:", np. argmax(y_test))
print("First prediction probabilities:", x_pred)
print("First prediction:", np. argmax(x_pred))
```

下面是作者的 MNIST 网络的结果：

```
Expected: 7
First prediction probabilities: [[6.3424804e - 14 6.1755254e - 06
2.5011676e - 08 2.2640785e - 07 9.0170204e - 08 7.4626680e - 11 5.6195684e -
13 9.9999273e - 01 1.9735349e - 09 7.3219508e - 07]]
First prediction: 7
```

predict( ) 函数的结果是一个概率数组，这对于评估网络的置信度非常方便。在这种情况下，除了数字 7 之外，所有数字的预测概率都十分接近于 0，因此 7 是网络的预测，预测的置信度超过了 99.999%。可惜的是，在真实生活中很少能够看到有网络能运行得如此出色。

在推理之后，有时人们希望定期对新样本进行重训练以改进网络。接下来看看重训练的相关内容。

5.8 重训练

有时候，一旦得到一个表现良好的神经网络，读者的工作就完成了。但是，有时读者可能希望在新样本上重训练网络，以获得更高的精度（因为数据集变得更大）或在训练数据集即将过时前获得更新的结果。

在某些情况下，读者甚至可能希望持续地重训练，例如每周重训练并在生产活动中自动部署新模型。

在这种情况下，必须有一个程序来检验新模型在验证数据集和测试数据集中的性能。建议保留所有模型的备份，并尝试找到能够监控生产活动中模型性能的方法，以便于快速识别异常情况。就自动驾驶汽车而言，模型最好在投入生产活动之前经过严格的自动化和人工的测试，而其他无安全隐患的行业可能不会如此严格。

至此结束本章的讨论。

5.9 总结

本章的内容十分紧凑，希望读者能够对神经网络是什么以及如何训练神经网络有更好的了解。

首先，本章讨论了很多关于数据集的内容，包括如何获得正确的数据集进行训练、验证和测试。本章阐述了分类器是什么，并实现了数据增强。接着讨论了模型，以及如何调整卷积层、最大池化层和全连接层。本章看到了训练是如何完成的，什么是反向传播，讨论了随机性对权重初始化的作用。本章看到了欠拟合与过拟合网络的相关图像。为了解 CNN 的效果，将激活可视化。最后，本章讨论了推理和重训练。

现在，读者应拥有足够的知识来选择或创建数据集并从零开始训练神经网络，并且能够理解模型或数据集的更改是否对网络精度提高有益。

在第 6 章中将看到如何在实践中应用上述所有知识，从而显著提高神经网络的精度。

5.10 问题

阅读本章后，读者应该能够回答以下问题：

1. 测试数据集可以被重用吗？
2. 什么是数据增强？
3. Keras 中的数据增强是否将图像添加到数据集中？
4. 通常来说神经网络中的哪一层具有最多的参数？
5. 如何通过观察损失图像来判断神经网络是否过拟合？
6. 神经网络过拟合一定是不好的吗？

第 6 章

改进神经网络

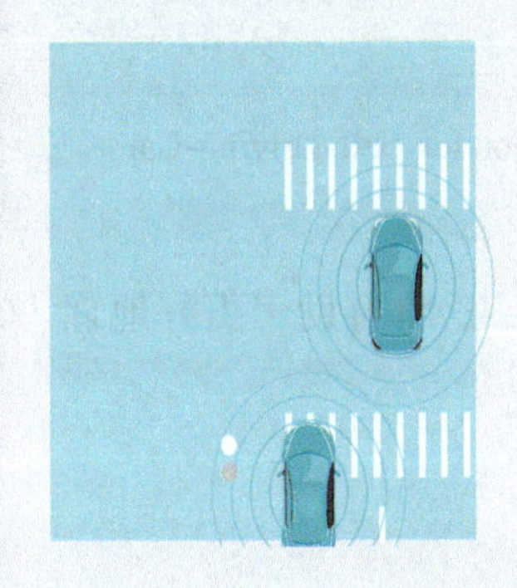

在第 4 章中设计了一个网络，该网络能够在训练数据集中达到近 93%的准确率，但其在验证数据集中的准确率不足 66%。

在本章中将继续研究该神经网络，旨在显著提高验证准确率。本章的目标是至少达到 80%的验证准确率。本章将应用第 5 章中的一些知识，此外也将学习一些新技术，例如批归一化。

本章将涵盖以下主题：

- 减少参数数量。
- 增加网络大小和层数。
- 了解批归一化。
- 通过早停法改善验证。
- 通过数据增强增加数据集大小。
- 通过随机失活提高验证准确率。
- 通过区域随机失活提高验证准确率。

6.1 技术需求

本章的完整源代码能够在以下网址找到：

https://github.com/PacktPublishing/Hands-On-Vision-and-Behavior-for-Self-Driving-Cars/tree/master/Chapter6。

本章要求提前安装以下软件，并且具备以下基础知识，这将有助于更好地理解本章内容：

- Python 3.7。
- NumPy 模块。
- matplotlib 模块。
- TensorFlow 模块。
- Keras 模块。
- OpenCV-Python 模块。
- 推荐的 GPU。

6.2 更大的模型

训练神经网络是一门艺术。读者需要直觉、运气、耐心，以及所有相关的知识和外部帮助。读者还需要金钱和时间——购买运行速度更快的 GPU，使用集群来测试更多配置，或者付费获得更好的数据集。

改进神经网络往往没有固定的套路。通常分以下两步进行（如第 5 章所述）：

- 过拟合训练数据集。
- 提高泛化性能。

从第 4 章结束的地方开始，前面的基础模型在 CIFAR-10 数据集上达到了 66% 的验证准确率，接着将对模型进行大量改进：首先要使它更快，然后要使它更准确。

6.2.1 出发点

以下是在第 4 章中建立的模型，该模型过拟合了数据集，这是因为它具有较高的训练准确率和较低的验证准确率：

```
model.add(Conv2D(filters=64, kernel_size=(3, 3), activation='relu',
  input_shape=x_train.shape[1:]))
model.add(AveragePooling2D())
model.add(Conv2D(filters=256, kernel_size=(3, 3), activation='relu'))
model.add(AveragePooling2D())
model.add(Flatten())
model.add(Dense(units=512, activation='relu'))
model.add(Dense(units=256, activation='relu'))
model.add(Dense(units=num_classes, activation='softmax'))
```

这是一个浅而大的模型，这从它以下的参数数量可以得知：

```
Total params: 5,002,506
```

之前对它进行了 12 个周期的训练，结果如下：

```
Training time: 645.9990749359131
Min Loss: 0.12497963292273692
Min Validation Loss: 0.9336215916395187
Max Accuracy: 0.95826
Max Validation Accuracy: 0.6966000199317932
```

事实上，训练准确率已经足够优秀了（此次运行的训练准确率比在第 5 章中运行时要高，其原因主要是变量的随机性），但验证准确率很低。该模型是过拟合的。因此，本节可以合理把它作为模型改进的出发点。微调该模型，尝试让它变得更好或更快。

此外还应该关注 5 个周期，因为本节可能会在较少的周期上做一些测试，以加快整个过程，如下所示：

```
52s 1ms/step - loss: 0.5393 - accuracy: 0.8093 - val_loss: 0.9496 - val_
accuracy: 0.6949
```

当使用较少的周期时，读者可能认为神经网络能够理解曲线的演变规律，实际上这是在牺牲训练准确率来换取较高的训练速度。此举并不一定有益。

本节的模型非常大，所以接下来准备减小它的大小并稍微加快训练速度。

6.2.2　提高速度

我们的模型不仅是一般大，事实上，它非常大。第二个卷积层中有 256 个过滤器，加上全连接层的 512 个神经元，它们使用了大量参数。本节能够对其进行优化：可以将原本有 256 个过滤器的卷积层分成两个包含 128 个过滤器的层，这将省去近乎一半的参数，因为全连接层现在仅有之前半数的连接。

本节可以尝试之。在第 4 章中了解到，为了在卷积后不丢失分辨率，可以在两个卷积层（忽略全连接层）上使用 same 模式进行填充，如下所示：

```
model.add(Conv2D(filters=64, kernel_size=(3, 3), activation='relu',
 input_shape=x_train.shape[1:]))
model.add(AveragePooling2D())
model.add(Conv2D(filters=128, kernel_size=(3, 3), activation='relu',
padding="same"))
model.add(Conv2D(filters=128, kernel_size=(3, 3), activation='relu',
padding="same"))
model.add(AveragePooling2D())
```

此处，能够看到参数的数量现在更少了，如下所示：

```
Total params: 3,568,906
```

下面查看完整的模型结果：

```
Training time: 567.7167596817017
Min Loss: 0.1018450417491654
Min Validation Loss: 0.8735350118398666
Max Accuracy: 0.96568
Max Validation Accuracy: 0.7249000072479248
```

由上述结果可以看到，神经网络的训练过程更快了，训练准确率略有提高，且验证准确率也有所改善。

在第一层重复同样的操作，但这次不增加分辨率以免增加参数，这是因为两个卷积层之间的增益较低，操作如下所示：

```
model.add(Conv2D(filters=32, kernel_size=(3, 3), activation='relu',
input_shape=x_train.shape[1:]))
model.add(Conv2D(filters=32, kernel_size=(3, 3), activation='relu',
input_shape=x_train.shape[1:], padding="same"))
model.add(AveragePooling2D())
model.add(Conv2D(filters=128, kernel_size=(3, 3), activation='relu',
padding="same"))
model.add(Conv2D(filters=128, kernel_size=(3, 3), activation='relu',
padding="same"))
model.add(AveragePooling2D())
```

当尝试上述操作时，会得到以下结果：

```
Training time: 584.955037355423
Min Loss: 0.10728564778155182
Min Validation Loss: 0.7890052844524383
Max Accuracy: 0.965
Max Validation Accuracy: 0.739300012588501
```

结果与之前类似，但验证准确率略有提高。

接下来将增加神经网络的层数。

6.2.3　增加深度

事实上，先前的模型可以作为一个很好的出发点。

本节将增加神经网络的层数，以增加非线性激活的数量，使模型能够学习更复杂的功能，以下是优化后的模型(省略了全连接层)：

```
model.add(Conv2D(filters=32, kernel_size=(3,3), activation='relu',
input_shape=x_train.shape[1:], padding="same"))
model.add(Conv2D(filters=32, kernel_size=(3,3), activation='relu',
input_shape=x_train.shape[1:], padding="same"))
model.add(AveragePooling2D())

model.add(Conv2D(filters=128, kernel_size=(3,3), activation='relu',
padding="same"))
model.add(Conv2D(filters=128, kernel_size=(3,3), activation='relu',
padding="same"))
model.add(AveragePooling2D())

model.add(Conv2D(filters=256, kernel_size=(3,3), activation='relu',
padding="same"))
model.add(Conv2D(filters=256, kernel_size=(3,3), activation='relu',
padding="same"))
model.add(AveragePooling2D())
```

以下是模型结果：

```
Training time: 741.1498856544495
Min Loss: 0.22022022939510644
Min Validation Loss: 0.7586277635633946
Max Accuracy: 0.92434
Max Validation Accuracy: 0.7630000114440918
```

现在神经网络训练速度明显变慢，且训练准确率下降（可能是因为需要更多的周期)，但验证准确率有所提高。

现在尝试按以下做法来减少全连接层（省略卷积层）：

```
model.add(Flatten())
model.add(Dense(units=256, activation='relu'))
model.add(Dense(units=128, activation='relu'))
model.add(Dense(units=num_classes, activation='softmax'))
```

现在，此模型有更少的参数，如下所示：

```
Total params: 2,162,986
```

但是发生了一件非常糟糕的事情，模型结果如下所示：

```
Training time: 670.0584089756012
Min Loss: 2.3028031995391847
Min Validation Loss: 2.302628245162964
Max Accuracy: 0.09902
Max Validation Accuracy: 0.10000000149011612
```

上述结果表明，验证准确率下降到了 10%。或者说，神经网络正产生随机结果，即网络没有在学习。

读者可能会认为这次改动损坏了神经网络。而事实上并非如此，再次运行它即可。本节利用随机性的优势，成功使神经网络按预期学习，如下所示：

```
Training time: 686.5172057151794
Min Loss: 0.24410496438018978
Min Validation Loss: 0.7960220139861107
Max Accuracy: 0.91434
Max Validation Accuracy: 0.7454000115394592
```

然而，这并非是一个很好的迹象。可能是由于层数的增加而导致神经网络更难训练，因为原始输入在传播到上层的过程中可能出现问题。

模型损失和准确率的图像如图 6.1 所示。图中，T_loss 表示训练损失；V_loss 表示验证损失；T_acc 表示训练准确率；V_acc 表示验证准确率。

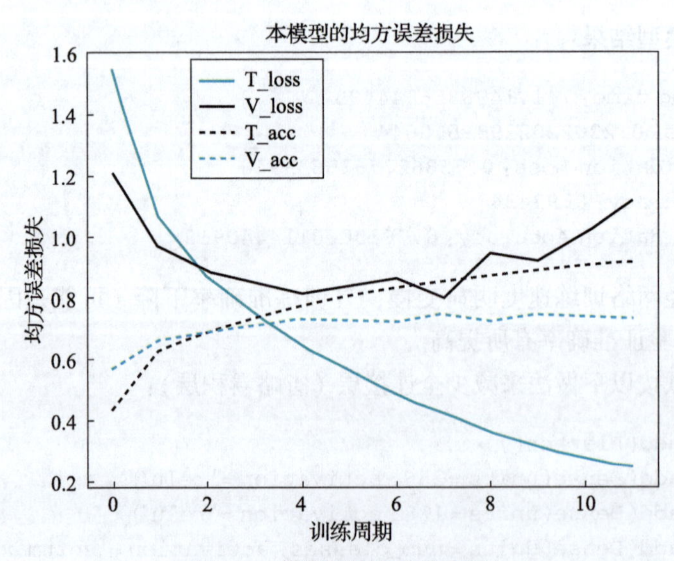

图 6.1　模型损失和准确率图

从图中可以看到，虽然训练损失（蓝线）不断减少，但数个周期后的验证损失（橙线）开始增加。如第 5 章所述，这意味着模型过拟合。此时的模型不一定是最好的模型，接下来将继续改进它。

在下一节中将简化该模型。

6.3 更高效的神经网络

在作者的计算机上训练之前的模型需要 686s，并达到了 74.5% 的验证准确率和 91.4% 的训练准确率。理想情况下，为了提高效率，本节希望在减少训练时间的同时将训练准确率保持在同等水平。

第一个卷积层如图 6.2 所示。

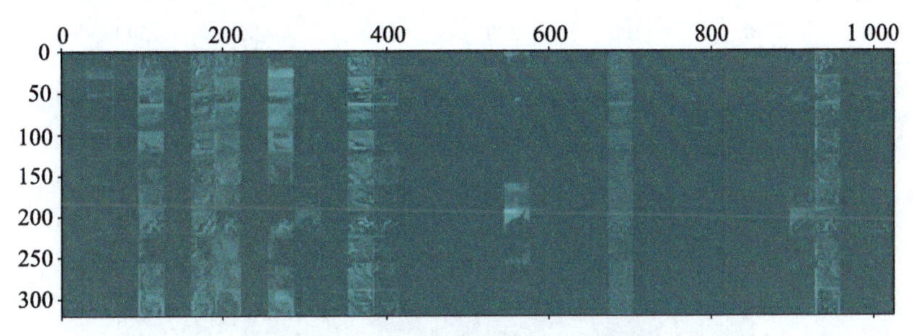

图 6.2　第一个卷积层，32 个通道

读者已经在第 5 章中看过了这些激活图，读者知道黑色的通道不会实现大的激活，因此它们对结果的贡献不大。事实上，看起来有近一半的通道没有被使用。下面尝试将每个卷积层中的通道数减半：

```
model.add(Conv2D(filters=16, kernel_size=(3, 3), activation='relu',
input_shape=x_train.shape[1:], padding="same"))
model.add(Conv2D(filters=16, kernel_size=(3, 3), activation='relu',
input_shape=x_train.shape[1:], padding="same"))
model.add(AveragePooling2D())

model.add(Conv2D(filters=32, kernel_size=(3, 3), activation='relu',
padding="same"))
model.add(Conv2D(filters=32, kernel_size=(3, 3), activation='relu',
padding="same"))
model.add(AveragePooling2D())

model.add(Conv2D(filters=64, kernel_size=(3, 3), activation='relu',
padding="same"))
model.add(Conv2D(filters=64, kernel_size=(3, 3), activation='relu',
padding="same"))
```

以下是得到的参数数量：

```
Total params: 829,146
```

正如预期的那样，现在参数的数量减少了很多，训练速度也快了很多，模型结果如下所示：

```
Training time: 422.8525400161743
Min Loss: 0.27083665314182637
Min Validation Loss: 0.8076118688702584
Max Accuracy: 0.90398
Max Validation Accuracy: 0.7415000200271606
```

图 6.3 为通道数减半后的第一个卷积层，此处，训练准确率略有降低。

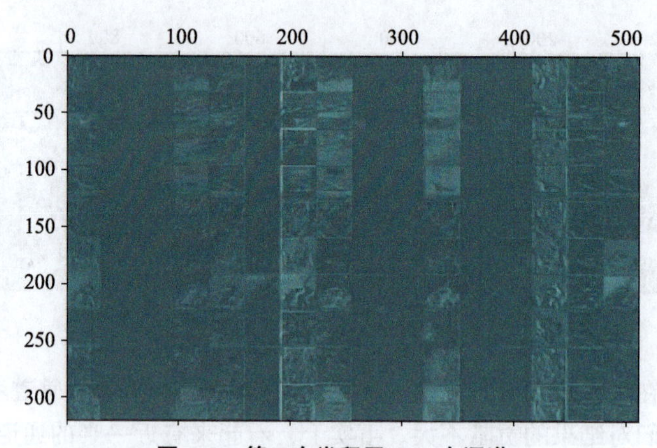

图 6.3　第一个卷积层，16 个通道

现在第一个卷积层的通道利用率有所提高。让我们查看第二个卷积层，如图 6.4 所示。

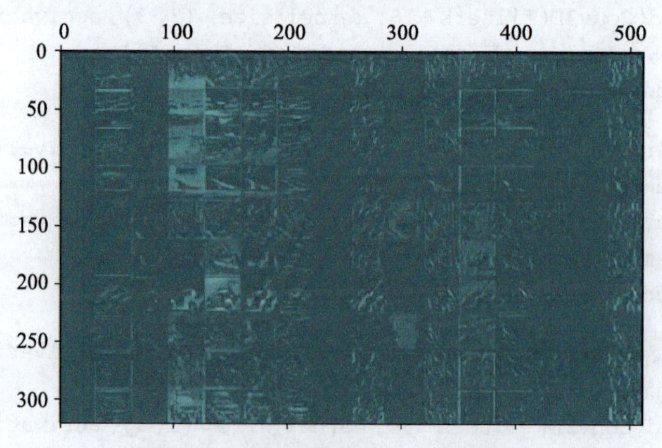

图 6.4　第二个卷积层，16 个通道

第二个卷积层的通道利用率也更高了。第四个卷积层如图 6.5 所示。

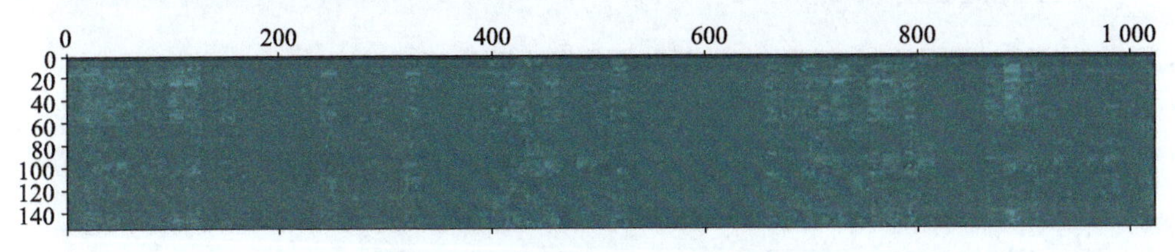

图 6.5　第四个卷积层，64 个通道

从图 6.5 中看，第四个卷积层有较多通道没有被使用。将第三个卷积层和第四个卷积层的通道数减半，参数数量如下：

```
Total params: 759,962
```

接着得到以下模型结果：

```
Training time: 376.09818053245544
Min Loss: 0.30105597005218265
Min Validation Loss: 0.8148738072395325
Max Accuracy: 0.89274
Max Validation Accuracy: 0.7391999959945679
```

由上述结果看出，训练准确率有所下降，但验证准确率仍较好。通道数减半的第四个卷积层如图 6.6 所示。

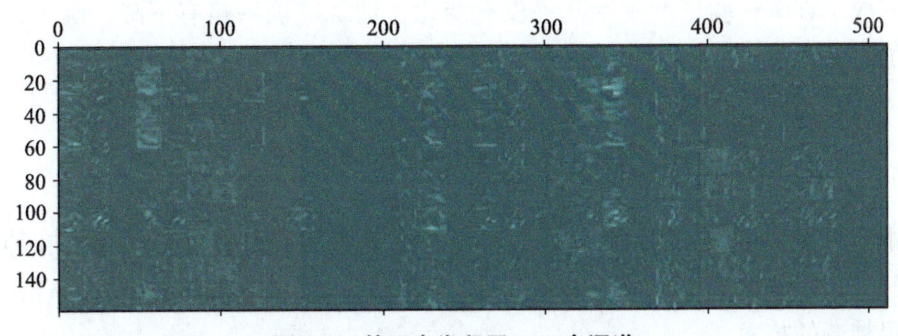

图 6.6　第四个卷积层，32 个通道

第六个卷积层如图 6.7 所示。

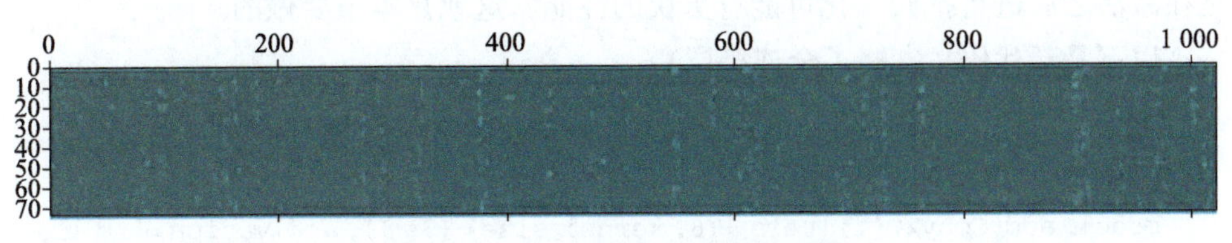

图 6.7　第六个卷积层，128 个通道

从图 6.7 中看，第六个卷积层仍有较多通道没有被使用。故再将最后两个卷积层的通道数减半，参数数量如下：

```
Total params: 368,666
```

现在神经网络的参数量显著减少，模型结果如下：

```
Training time: 326.9148383140564
Min Loss: 0.296858479853943
Min Validation Loss: 0.7925313812971115
Max Accuracy: 0.89276
Max Validation Accuracy: 0.7425000071525574
```

上述结果看起来还不错。现在的通道数减半的第六个卷积层如图 6.8 所示。

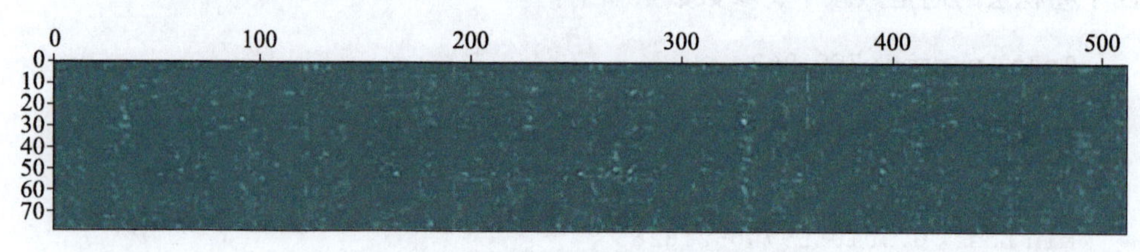

图 6.8　第六个卷积层，64 个通道

从图 6.8 中可以看到，现在许多通道都被激活了，这表明神经网络拥有更高的资源利用率。

将此模型与上一节中构建的模型对比，可以看到：此模型在不到一半的时间内就完成了训练，验证准确率几乎没有变化，训练准确率略有下降。综上，此模型更加有效。

6.4　通过批归一化构建更智能的神经网络

本节对提供给神经网络的输入进行归一化，将其范围限制在 0 ~ 1。在神经网络中间进行归一化操作也可能有益，这称为**批归一化**（Batch Normalization），它是一种很神奇的技术。

一般来说，读者应该在想要归一化的输出之后、激活之前进行批归一化。但是在激活之后进行批归一化可能有更快的性能，这就是本节要做的。

以下是新代码（省略了全连接层）：

```
model.add(Conv2D(filters=16, kernel_size=(3, 3), activation='relu', input_shape=x_train.shape[1:], padding="same"))
model.add(Conv2D(filters=16, kernel_size=(3, 3), activation='relu', input_shape=x_train.shape[1:], padding="same"))
model.add(BatchNormalization())
model.add(AveragePooling2D())
```

```
    model.add(Conv2D(filters=32, kernel_size=(3, 3), activation='relu',
padding="same"))
    model.add(Conv2D(filters=32, kernel_size=(3, 3), activation='relu',
padding="same"))
    model.add(BatchNormalization())
    model.add(AveragePooling2D())

    model.add(Conv2D(filters=64, kernel_size=(3, 3), activation='relu',
padding="same"))
    model.add(Conv2D(filters=64, kernel_size=(3, 3), activation='relu',
padding="same"))
    model.add(BatchNormalization())
    model.add(AveragePooling2D())
```

参数的数量增加了一些，如下所示：

```
Total params: 369,114
```

以下是模型结果：

```
Training time: 518.0608556270599
Min Loss: 0.1616916553277429
Min Validation Loss: 0.7272815862298012
Max Accuracy: 0.94308
Max Validation Accuracy: 0.7675999999046326
```

即使现在的训练速度慢得多，总体结果还是不错的。下面可以继续进行更多的批归一化，看看该情况能否得到改善，模型结果如下：

```
Training time: 698.9837136268616
Min Loss: 0.13732857785719446
Min Validation Loss: 0.6836542286396027
Max Accuracy: 0.95206
Max Validation Accuracy: 0.7918999791145325
```

由上述结果可以看到，训练准确率和验证准确率均有所提高。实际上，现在已经非常接近 80% 的验证准确率的初始目标。但仍想更进一步，看看接下来还能做些什么。

到目前为止只使用了 ReLU 激活，即便 ReLU 使用得非常多，但激活函数也并非唯一。Keras 支持多种激活，有许多不同的激活都值得尝试，但此处仍将坚持使用 ReLU 激活。

第二个卷积层进行批归一化后的结果如图 6.9 所示。

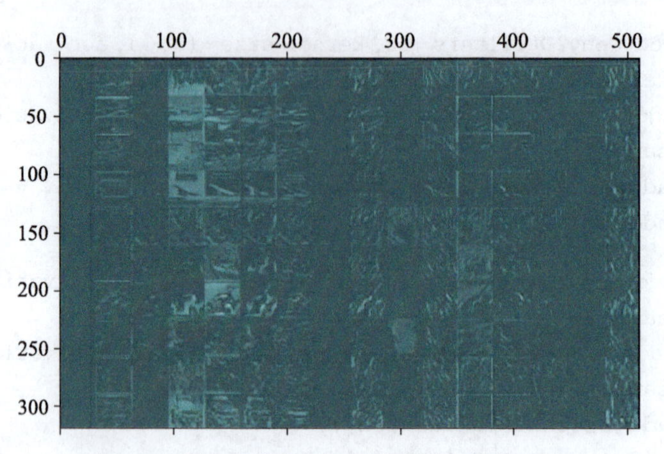

图 6.9　第二个卷积层，16 个通道，批归一化

现在，第二个卷积层的所有通道都在学习。

图 6.10 是第四个卷积层批归一化的结果。

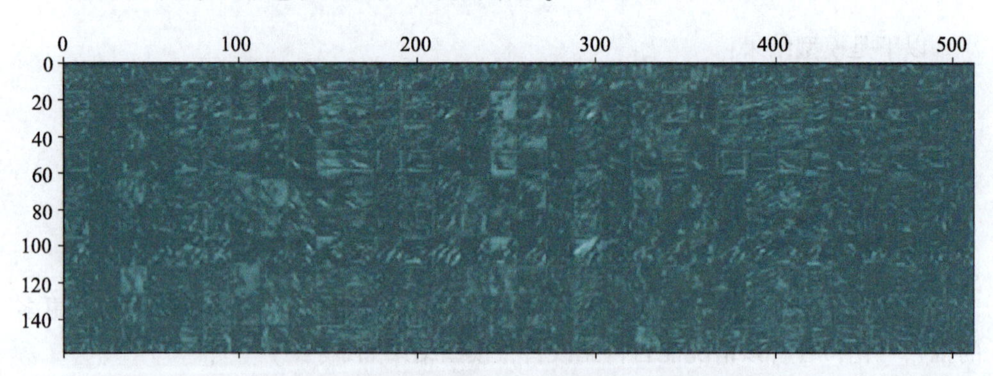

图 6.10　第四个卷积层，32 个通道，批归一化

图 6.11 是第六个卷积层批归一化的结果。

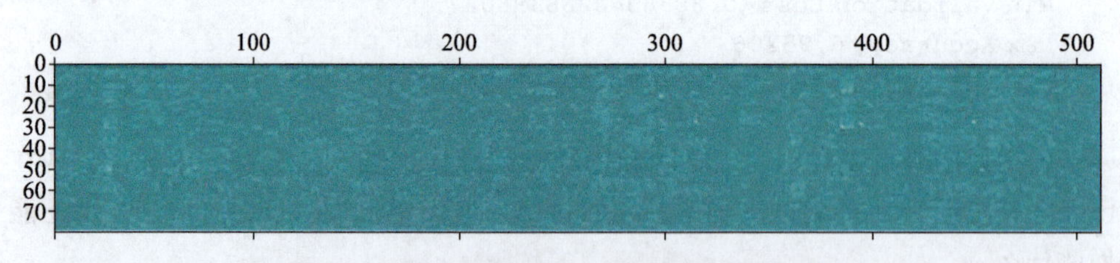

图 6.11　第六个卷积层，64 个通道，批归一化

由图 6.11 可以看到，各卷积层激活的结果都开始好转了。

接下来尝试通过可视化来描述批归一化对第一个卷积层激活的影响，第一个卷积层进行批归一化前后对比如图 6.12 所示。

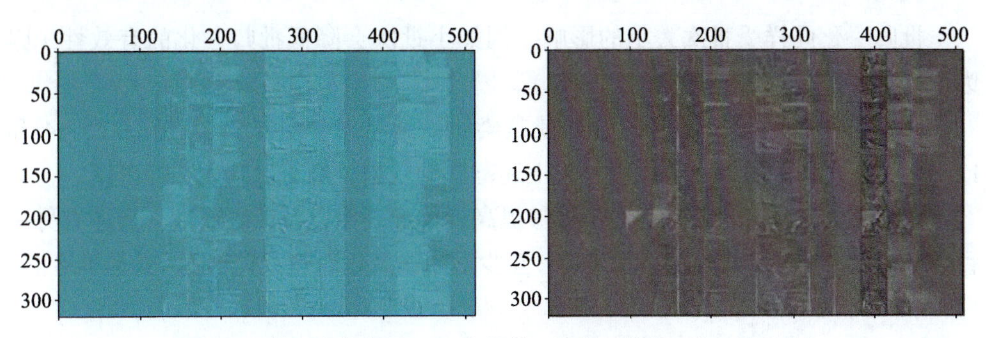

图 6.12　第一个卷积层，16 个通道，批归一化前（左）后（右）

从图 6.12 可以看到，现在各通道的图像强度更加均匀，不再有未激活和激活过强的通道。但是，激活不够强的通道仍然没有真正的信息。

第二个卷积层进行批归一化前后对比如图 6.13 所示。

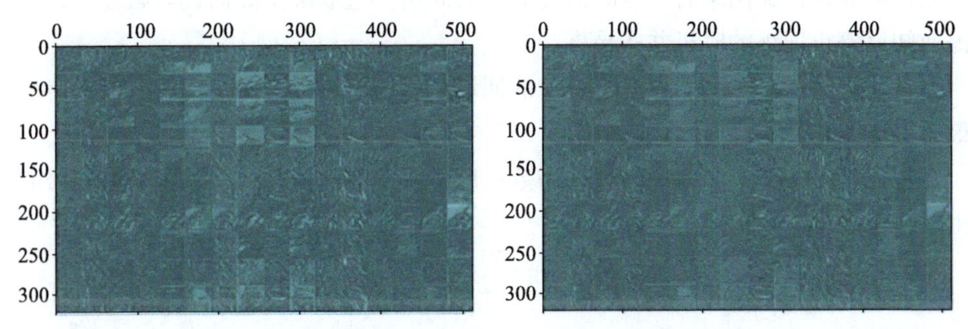

图 6.13　第二个卷积层，16 个通道，批归一化前（左）后（右）

图 6.13 中，批归一化前后的差异不太明显，但仍然能看到通道之间的差异减小了，很明显，它们已被归一化。直观地说，这有利于较弱信号的层间传播，并且具有一定的正则化效果，导致更高的验证准确率。

至此本节已经讨论了批归一化，接下来将进一步讨论批次是什么以及批次的大小将带来什么影响。

选择正确的批次大小

在训练期间，数据集拥有大量样本，通常从数千到数百万不等。如前所述，优化器将计算损失函数并更新超参数以尝试减少损失。一方面，优化器可以在每个样本后执行此操作，但此时结果可能是杂乱的，连续的变化会减慢训练速度。另一方面，优化器也可以在每个周期只更新一次超参数（例如，使用梯度的平均值），但这往往会导致较差的泛化性能。通常，在一定范围的批次比上述两个极端情况效果更好，然而该范围却因不同的神经网络而异。

较大的批次可以略微改善在 GPU 上的训练时间，但如果模型很大，读者可能会发现 GPU 的内存限制了批次大小。

批归一化同样受批次大小的影响，例如小批次会降低批归一化的有效性（因为没有足够的数据进行适当的归一化）。

考虑到这些因素，最好的办法就是尝试。通常可以尝试选择 16、32、64 和 128 的批次大小，如果其最优值处于上述范围的极限，则可以扩大选择范围。

正如前面所见，最佳批次大小能够提高训练准确率以及训练速度，但还有另一种技术可以帮助我们提高验证准确率，至少加速或简化训练，这种技术就是早终止。

6.5 早停法

何时才应该停止训练？这是一个好问题。理想情况下，人们希望在最小验证误差处停止。虽然无法提前预知这一点，但可以检查损失并估计需要的周期数。然而，当训练神经网络时，有时需要更多的周期，这取决于如何调整模型，所以，提前知道停止训练的时机并非易事。

前面已经知道，可以使用 Keras 的回调函数 ModelCheckpoint 以在训练期间的最小验证误差处保存模型。

但还有另一个十分有用的回调函数：EarlyStopping，它会在预定义的条件组发生时停止训练，如下所示：

```
stop = EarlyStopping(min_delta = 0.0005, patience = 7, verbose = 1)
```

配置早停法的重要参数如下所示：

- monitor：该参数决定要监视的参数，默认为验证损失。
- min_delta：如果周期间的验证损失之差低于该值，则认为验证损失没有改变。
- patience：该参数指在停止训练之前所能容忍验证损失无改善的周期数。
- verbose：该参数指示 Keras 提供更多信息。

需要早停法的原因是：随着数据增强和随机失活的引入，读者需要更多的周期，在这种情况下，应该使用早停法来决定何时停止训练，而不是自己猜测停止的时机。

接下来讨论数据增强的相关内容。

6.6 通过数据增强改进数据集

现在是时候使用数据增强了，数据增强能增加数据集的大小。

从现在起，本节不再关心训练数据集的准确率，因为数据增强会使其降低。相反，这里将关注验证准确率，这是本节希望提高的。

本节还希望有更多的周期，这是因为数据集现在更加复杂，故现在将周期设置为 500（尽管不打算达到 500），并将早停法的耐心值设为 7。

读者尝试以下数据增强操作：

```
ImageDataGenerator(rotation_range=15, width_shift_range=[-5, 0, 5],
horizontal_flip=True)
```

应当注意避免过度增强，否则神经网络可能会学习到与验证数据集差异太大的数据集。在这种情况下，验证准确率将仅停留在 10%。

以下是数据增强后的结果：

```
Epoch 00031: val_loss did not improve from 0.48613
Epoch 00031: early stopping
Training time: 1951.4751739501953
Min Loss: 0.3638068118467927
Min Validation Loss: 0.48612626193910835
Max Accuracy: 0.87454
Max Validation Accuracy: 0.8460999727249146
```

早停法在第 31 个周期后中断了训练，最终达到了超过 84% 的验证准确率。正如所预期的那样，现在需要更多的周期。图 6.14 是带有数据增强和早停法的损失和准确率的图像，图中，T_loss 表示训练损失；V_loss 表示验证损失；T_acc 表示训练准确率；V_acc 表示验证准确率。

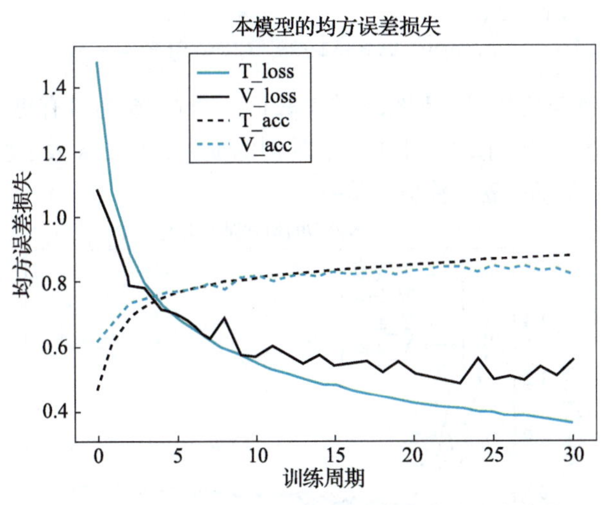

图 6.14　带有数据增强和早停法的损失和准确率图

从图 6.14 可以看到，神经网络的训练准确率不断提高，而验证准确率在某些时候却下降了。这说明神经网络仍有些过拟合。

图 6.15 为带有数据增强和早停法的第一个卷积层。

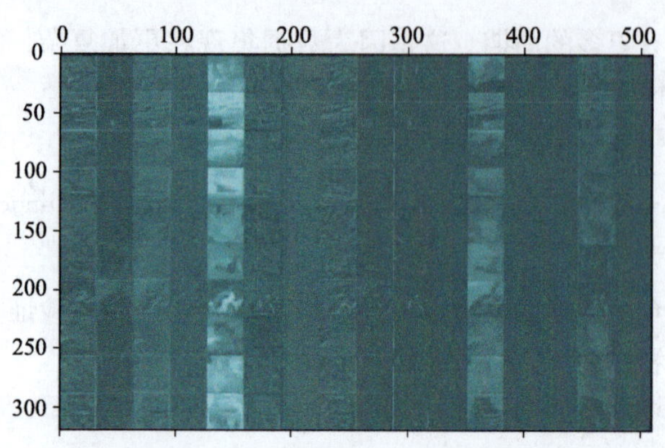

图 6.15　第一个卷积层，16 个通道，带有数据增强和早停法图

图 6.15 中第一个卷积层结果与数据增强前相比稍好，但仍有继续改进的空间。下面可以尝试稍微更多的增强数据：

```
ImageDataGenerator(rotation_range=15, width_shift_range=[-8, -4, 0, 4, 8], horizontal_flip=True, height_shift_range=[-5, 0, 5], zoom_range=[0.9, 1.1])
```

以下是数据增强后的结果：

```
Epoch 00040: early stopping
Training time: 2923.3936190605164Min Loss: 0.5091392234659194
Min Validation Loss: 0.5033097203373909
Max Accuracy: 0.8243
Max Validation Accuracy: 0.8331999778747559
```

该模型的训练速度较慢且训练准确率较低。图 6.16 为带有更多数据增强和早停法的损失和准确率图，图中，T_loss 表示训练损失；V_loss 表示验证损失；T_acc 表示训练准确率；V_acc 表示验证准确率。

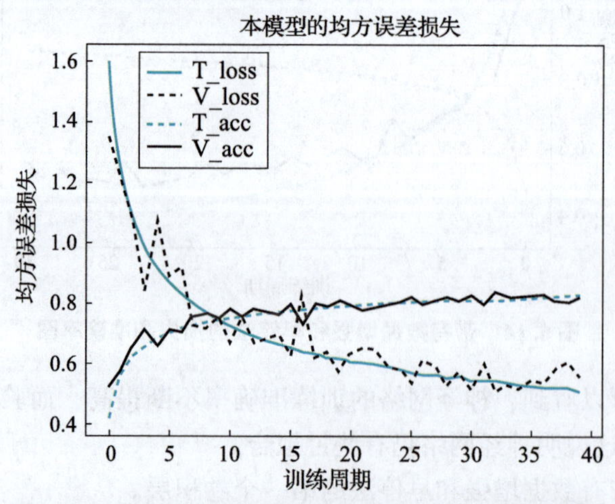

图 6.16　带有更多数据增强和早停法的损失和准确率图

也许尝试不同程度的数据增强需要有更多的耐心（早停法的耐心值应该更大一些）。在此本节将沿用之前的数据增强操作。

在下一节中将分析一种使用随机失活提高验证准确率的简单有效的方法。

6.7 使用随机失活提高验证准确率

过拟合的一个原因是神经网络更依赖某些神经元来得出结果，如果这些神经元是错误的，那么神经网络就是错误的。减少这个问题的方法之一是在训练期间随机关闭一些神经元，而在推理期间它们正常工作。通过这种方式，神经网络能更少地出错且能更好地泛化，这种机制叫作**随机失活**。随机失活会增加训练时间，因为神经网络需要更多的周期才能收敛。采用随机失活可能还需要更大的神经网络，因为一些神经元在训练期间会被随机抑制。当数据集对神经网络来说不大时，随机失活也很有用，因为此时神经网络更可能过拟合。在实际应用中，采用随机失活的目的是减少过拟合，如果神经网络没有过拟合，那么它几乎不会带来什么好处。

全连接层典型的随机失活率为 0.5，但这里可能会调低一点，因为模型并没有明显过拟合。将耐心值增加到 20，因为模型现在需要更多的训练周期，并且验证损失可能会波动更长的时间。

下面试着向全连接层添加随机失活：

```
model.add(Flatten())
model.add(Dense(units=256, activation='relu'))
model.add(Dropout(0.4))
model.add(Dense(units=128, activation='relu'))
model.add(Dropout(0.2))
model.add(Dense(units=num_classes, activation='softmax'))
```

以下是添加随机失活后的结果：

```
Epoch 00097: early stopping
Training time: 6541.777503728867
Min Loss: 0.38114651718586684
Min Validation Loss: 0.44884318161308767
Max Accuracy: 0.87218
Max Validation Accuracy: 0.8585000038146973
```

结果有些不尽人意。模型花了很多时间训练，但是收益很小。推测这是因为全连接层偏小。

接下来将全连接层的大小增加 50%，并增加第一个全连接层的随机失活率，同时减少第二个全连接层的随机失活率，如下所示：

```
model.add(Flatten())
model.add(Dense(units=384, activation='relu'))
model.add(Dropout(0.5))
model.add(Dense(units=192, activation='relu'))
model.add(Dropout(0.1))
model.add(Dense(units=num_classes, activation='softmax'))
```

如下所示，神经网络参数变得更多了：

```
Total params: 542,426
```

如下所示，现在的模型结果稍好：

```
Epoch 00122: early stopping
Training time: 8456.040931940079
Min Loss: 0.3601766444931924
Min Validation Loss: 0.4270844452492893
Max Accuracy: 0.87942
Max Validation Accuracy: 0.864799976348877
```

随着验证准确率的提高，现在即便是很小的提升也越来越难实现了。

图 6.17 为全连接层上具有更多数据增强和随机失活的损失和准确率的图像。图中，T_loss 表示训练损失；V_loss 表示验证损失；T_acc 表示训练准确率；V_acc 表示验证准确率。

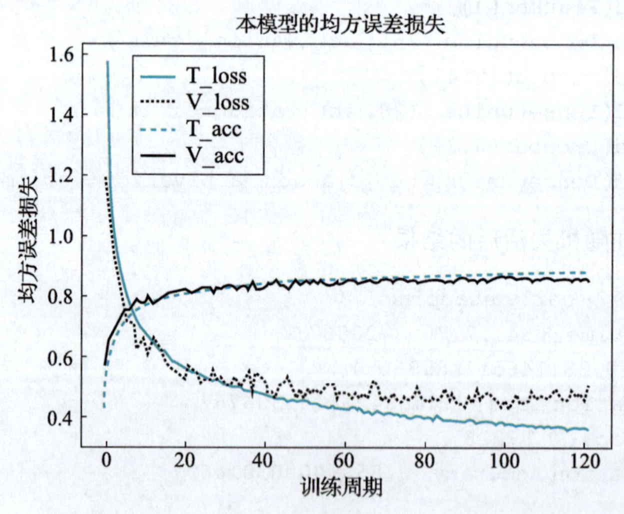

图 6.17　在全连接层上具有更多数据增强和随机失活的损失和准确率图

从图 6.17 可以看到，神经网络有些过拟合，接下来试着进行修复：可以在卷积层中使用随机失活。

试试如下操作：

```
    model.add(Conv2D(filters=16, kernel_size=(3,3), activation='relu',
input_shape=x_train.shape[1:], padding="same"))
    model.add(BatchNormalization())
    model.add(Dropout(0.5))
    model.add(Conv2D(filters=16, kernel_size=(3,3), activation='relu',
input_shape=x_train.shape[1:], padding="same"))
    model.add(BatchNormalization())
    model.add(AveragePooling2D())
    model.add(Dropout(0.5))
```

这导致了不好的结果，如下所示：

```
Epoch 00133: early stopping
Training time: 9261.82032418251
Min Loss: 0.6104169194960594
Min Validation Loss: 0.4887285701841116
Max Accuracy: 0.79362
Max Validation Accuracy: 0.8417999744415283
```

经上述修复后，神经网络没有得到改进。

此处，作者观察到了有趣的现象——验证准确率明显高于训练准确率。这是为什么？

假设数据集的分割是正确的（例如，没有一个太简单的或包含与训练集相似图像的验证集），以下两个因素会造成这种情况：

- 数据增强可能会使训练数据集比验证数据集更复杂。
- 随机失活在训练阶段处于活动状态，而在预测阶段处于停用状态，这意味着训练数据集可能比验证数据集更困难。

在上述示例中，网络没有得到改进的主要原因是随机失活。如果合理的话，没有必要避免这种情况，但在上述情况中，验证准确率下降了，因此需要修复随机失活，亦可以增加网络的大小。

作者发现随机失活更难与卷积层一起使用，因此在这种情况下作者不采用大的随机失活率。以下是一些准则：

- 随机失活之后不进行批归一化，因为归一化会受影响。
- 在最大池化层之后使用随机失活比在之前使用更有效。
- 在卷积层后使用随机失活会丢弃单像素，而使用区域随机失活则会丢弃通道，推荐在神经网络的前几层使用它。

作者又进行了数次实验，然后决定增加卷积层的大小，并减少随机失活率，同时在一些层中使用区域随机失活。最终，作者得到了以下这个神经网络，并将其作为最终版本。

卷积层的代码如下：

```
model = Sequential()
model.add(Conv2D(filters=32, kernel_size=(3, 3), activation='relu', input_shape=x_train.shape[1:], padding="same"))
model.add(BatchNormalization())
model.add(Conv2D(filters=32, kernel_size=(3, 3), activation='relu', input_shape=x_train.shape[1:], padding="same"))
model.add(BatchNormalization())
model.add(AveragePooling2D())
model.add(SpatialDropout2D(0.2))

model.add(Conv2D(filters=48, kernel_size=(3, 3), activation='relu', padding="same"))
model.add(BatchNormalization())
model.add(Conv2D(filters=48, kernel_size=(3, 3), activation='relu', padding="same"))
model.add(BatchNormalization())
model.add(AveragePooling2D())
model.add(SpatialDropout2D(0.2))

model.add(Conv2D(filters=72, kernel_size=(3, 3), activation='relu', padding="same"))
model.add(BatchNormalization())
model.add(Conv2D(filters=72, kernel_size=(3, 3), activation='relu', padding="same"))
model.add(BatchNormalization())
model.add(AveragePooling2D())
model.add(Dropout(0.1))
```

全连接层的代码如下：

```
model.add(Flatten())
model.add(Dense(units=384, activation='relu'))
model.add(Dropout(0.5))
model.add(Dense(units=192, activation='relu'))
model.add(Dropout(0.1))
model.add(Dense(units=num_classes, activation='softmax'))
```

以下是模型的最终结果：

```
Epoch 00168: early stopping
Training time: 13122.931826591492
Min Loss: 0.4703261657243967
Min Validation Loss: 0.3803714614287019
```

```
Max Accuracy: 0.84324
Max Validation Accuracy: 0.8779000043869019
```

由上述结果可以看到，验证准确率有所提高，在全连接层和卷积层上具有更多数据增强和随机失活的损失和准确率图如图 6.18 所示，图中，T_loss 表示训练损失；V_loss 表示验证损失；T_acc 表示训练准确率；V_acc 表示验证准确率。

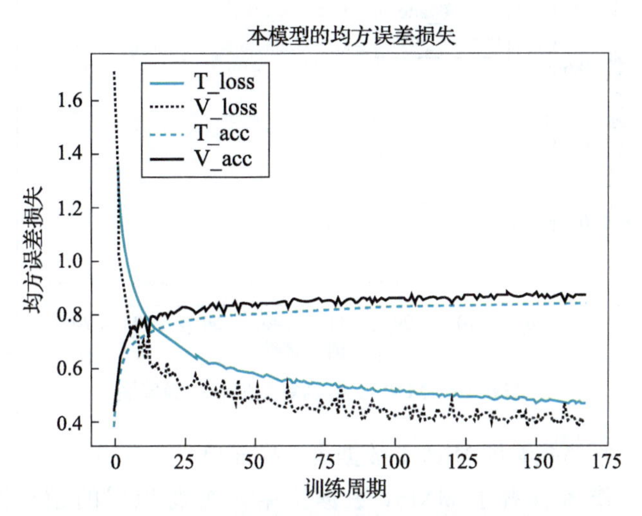

图 6.18　全连接层和卷积层上具有更多数据增强和随机失活的损失和准确率图

现在读者已经知道如何训练神经网络了，读者可以自由发挥、大胆尝试！深度学习的每项任务都不尽相同，可能性是无穷无尽的。

出于有趣的目的，读者再次训练该模型，看看相同的模型在 MNIST 数据集上的表现如何。

6.7.1　将模型应用于 MNIST 数据集

之前的模型在 MNIST 数据集上实现了 98.3% 的验证准确率，读者可能注意到了，验证准确率越接近 100%，改进模型就越困难。

与 MNIST 数据集相比，CIFAR-10 数据集是面向不同任务的，下面看看它的表现如何：

```
Epoch 00077: early stopping
Training time: 7110.028198957443
Min Loss: 0.04797766085289389
Min Validation Loss: 0.02718053938352254
Max Accuracy: 0.98681664
Max Validation Accuracy: 0.9919000267982483
```

图 6.19 是 MNIST 数据集损失和准确率图像，图中，T_loss 表示训练损失；V_loss表示验证损失；T_acc 表示训练准确率；V_acc 表示验证准确率。

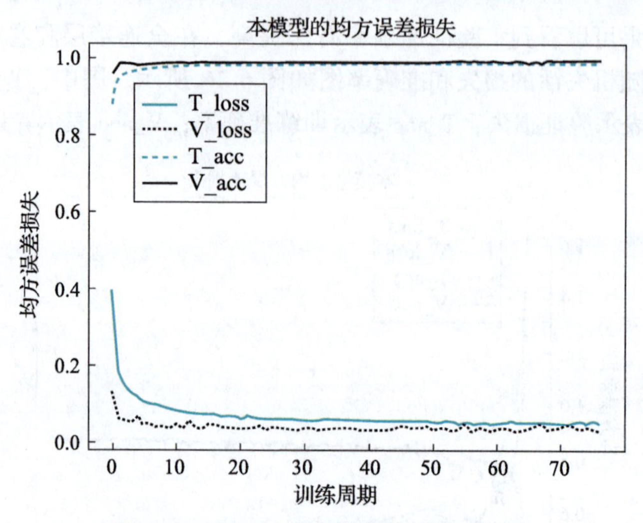

图 6.19　MNIST 数据集损失和准确率图

但愿每项任务都能够像 MNIST 数据集一样简单！

出于好奇，作者查看了 MNIST 数据集第一个卷积层的激活图，如图 6.20 所示。

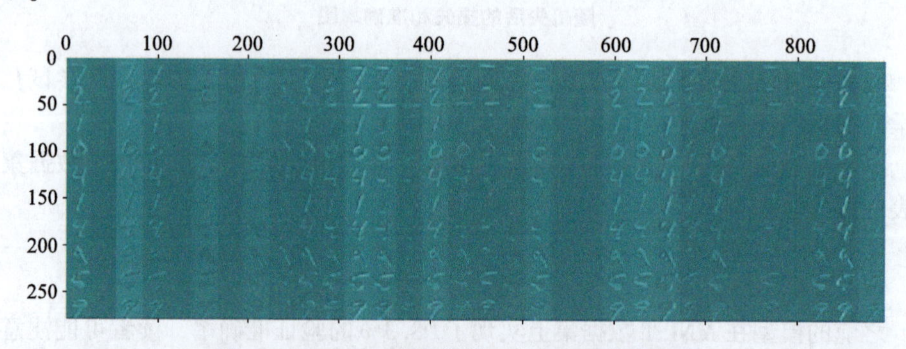

图 6.20　MNIST 数据集第一个卷积层的激活图

如图 6.20 所见，许多通道都已被激活，它们能很容易地检测数字中的重要特征。

现在，是时候尝试 github 中的代码并进行试验了。

6.7.2　现在轮到你了

如果有时间的话，你应该尝试使用公共数据集，甚至创建自己的数据集并从头开始训练神经网络。

如果你没有想法，则可以使用 CIFAR-10 数据集。

请记住，训练神经网络通常不是线性的，你需要猜测什么是有益的，或者可以尝试许多不同的操作。记住要对模型从前到后反复调整，因为随着模型的完善，不同技术和不同层的重要性可能会发生变化。

6.8 总结

本章是一个非常实用的章节，展示了一种训练神经网络的方式。首先从一个大模型开始，实现了 69.7% 的验证准确率。其次减小了模型的大小并添加了一些层来增加非线性激活的数量。接着使用批归一化来均衡所有通道的贡献。随后读者了解了早停法，这有助于读者决定何时停止训练。

在学习了如何自动停止训练后，本章将其与数据增强结合应用，这不仅增加了数据集的大小，还增加了正确训练神经网络所需要的周期数。然后本章介绍了随机失活和区域随机失活，它们是减少过拟合的有效方法，但并不一定易于使用。

最终，本章得到了一个验证准确率高达 87.8% 的神经网络。

在下一章中将训练一个能够在空道路上操控汽车的神经网络。

6.9 问题

阅读本章后，读者应该能够回答以下问题：

1. 为什么要使用更多的层？
2. 与较浅的神经网络相比，层数较多的神经网络训练速度是否会更慢？
3. 怎么知道何时停止模型的训练？
4. 在模型开始过拟合之前，可以使用哪个 Keras 函数来停止训练？
5. 如何归一化通道？
6. 如何有效地使数据集更大、更复杂？
7. 随机失活会让模型鲁棒性更好吗？
8. 如果使用数据增强，读者预期训练变慢还是变快？
9. 如果使用随机失活，读者预期训练变慢还是变快？

第 7 章

检测行人和交通信号灯

祝贺读者对深度学习有了一定的了解，现在开启本章的学习。目前，读者已经掌握了一些构建和优化神经网络的基础知识，是时候进行更深层次的学习了。

如果读者还记得，在第 1 章中，作者已经使用 OpenCV 检测到了行人。在本章中将学习如何使用一个非常强大的神经网络——SSD 来检测行人、车辆和交通信号灯。此外，读者将还会使用迁移学习来训练一个神经网络，检测交通信号灯的颜色。迁移学习是一种强大的技术，可以帮助读者在一个相对较小的数据集上达到一个相对不错的效果。

本章主题如下：

- 检测行人、车辆和交通信号灯。
- 使用 Carla 模拟器收集图像。
- 使用 SSD 进行目标检测。
- 检测交通信号灯的颜色。
- 认识迁移学习。
- 了解 Inception 神经网络背后的思想。
- 识别交通信号灯以及它们的颜色。

7.1 技术需求

为了能够使用本章所讲解的代码，读者需要安装以下工具和模块：

- Carla 模拟器。
- Python 3.7。
- NumPy 模块。
- TensorFlow 模块。
- Keras 模块。
- OpenCV-Python 模块。
- GPU（推荐）。

可以在以下网址找到本章的代码：
https://github.com/PacktPublishing/Hands-On-Vision-and-Behavior-for-Self-Driving-Cars/tree/master/。

7.2 使用 SSD 检测行人、车辆和交通信号灯

自动驾驶车辆在道路上行驶时，需要知道车道的位置，并能够检测出道路上的障碍物（包括行人），还需要检测出交通标志和信号灯。

在本章中，读者将学习如何检测行人、车辆和交通信号灯以及交通信号灯的颜色。下面将使用 Carla 模拟器来生成所需要的图像集。

此任务共分以下两步：

1）使用预训练的神经网络 SSD 来检测车辆、行人和交通信号灯（无颜色信息的信号灯）。

2）使用一种叫作迁移学习的技术从预训练的 Inception v3 网络开始训练一个新的神经网络，同时创建一个小型的数据集，最终检测出交通信号灯的颜色。

所以，先使用 Carla 模拟器来收集图像吧。

7.2.1 使用 Carla 模拟器收集图像

本节需要一些含有行人、车辆和交通信号灯的街道图像。本节可以使用 Carla 模拟器来完成这个操作，同时本节将进一步地讨论如何使用 Carla 模拟器来创建数据集。读者可以在 https://carla.org/找到 Carla 模拟器。

在 Carla Github 网站上可以找到 Linux 和 Windows 操作系统下的二进制文件：https://github.com/carla-simulator/carla/releases。

安装指令可以在 Carla 网站上找到：

https://carla.readthedocs.io/en/latest/start_quickstart/。

如果读者使用的是 Linux 操作系统，Carla 模拟器可以用 CarlaUE4.sh 命令来启动，而在 Windows 系统上，则用 CarlaUE4.exe 命令启动，一般称为 CarlaUE4。读者可以在没有参数的情况下来运行它，也可以手动设置分辨率，如下所示：

```
CarlaUE4 -windowed -ResX=640 -ResY=480
```

在 Carla 模拟器上，可以使用下列按键在街道上进行移动：

- W：前进。
- S：后退。
- A：左移。
- D：右移。

此外，在 Carla 模拟器中，读者可以按下鼠标左键并移动光标来改变视角，还可以沿其他角度进行移动。

读者将会看到 Carla 模拟器中的默认街道，如图 7.1 所示。

虽然以上的操作十分有用，但作者更希望运行 PythonAPI\util 和 PythonAPI\examples. 中的一些示例文件。

下面将使用 Town01 街道。读者可以使用 PythonAPI\util\config.py 文件来进行操作，如下所示：

```
python config.py -m=Town01
```

现在，读者可以看到一个不同的街道场景，如图 7.2 所示。

图 7.1　Carla 模拟器中的默认街道

图 7.2　Town01 的街道

此时创建的城市街道是空的，所以需要添加一些车辆和行人。读者可以使用 pythonapi \ examples \ spawn_npc. py 来执行此操作，如下所示：

```
python spawn_npc. py -w =100 -n =100
```

-w 代表行人的数量，-n 则表示要创建的车辆的数量。现在，读者应该可以看到 Town01 街道的一些变化，如图 7.3 所示。

图 7.3　带有车辆和行人的 Town01 街道

显然，添加车辆和行人后的街道效果变得更好了。

Carla 模拟器的目的是作为一个服务器来运行，并且可以连接多个客户端，这使模拟变得更加有意思了。

当运行 Carla 模拟器时，它会启动一个服务器。读者可以使用服务器来执行一些操作，但作者最想要的却是运行一个客户端，因为客户端具备更多的功能。运行客户端，读者将会看到以下两个 Carla 模拟器的窗口：

1) 使用 pythonAPI \ examples \ manual_control. py 运行客户端，如下所示：

```
python manual_control. py
```

读者将会看到 Town01 街道如图 7.4 所示。

图 7.4　使用 manual_control. py 的 Town01 街道

可以在图 7.4 左侧看到很多数据信息，并可以使用 F1 键来切换它们。同时注意，现在读者有一辆车，可以使用退格键来更改车辆。

2) 可以使用与之前相同的按键来进行移动，因为物理模拟的存在，现在的操作会更加逼真。同时，还可以使用箭头键来进行移动。

可以使用 Tab 键来更改摄像头，使用 C 键来更改天气，效果如图 7.5 所示。

图 7.5　Town01 街道(大雨滂沱的正午，天空晴朗的傍晚)

Carla 模拟器中有多个传感器，RGB 摄像头就是其中的一个传感器，读者可以使用撇号键在它们之间进行切换。请参阅图 7.6。

图 7.6　Town01 街道（左：深度图（原始），右：语义分割图）

图 7.6 展示了以下几个非常有趣的传感器：

- 深度传感器，提供每个像素点到摄像头的距离。
- 语义分割传感器，使用不同颜色对每个物体进行分类。

在撰写本书时，摄像头传感器的完整列表如下：

- RGB 摄像头。
- 深度摄像头（原始）。
- 深度摄像头（灰度）。
- 深度摄像头（对数灰度）。
- 语义分割摄像头（城市景观调色板）。
- 激光雷达（激光射线）。
- 动态视觉传感器（DVS）。
- 带有畸变的 RGB 摄像头。

激光雷达是一种使用激光来检测物体距离的传感器。DVS 也被称为神经形态摄像头，是一种记录局部亮度变化的摄像头，克服了 RGB 摄像头的一些局限。RGB 摄像头畸变只是 RGB 摄像头模拟镜头效果，读者可以根据需要来自定义畸变效果。

图 7.7 为激光雷达视图。

图 7.8 为 DVS 的输出。

图 7.7 激光雷达视图

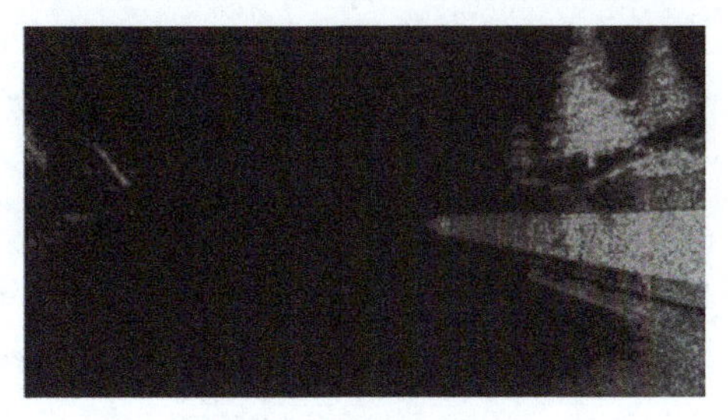

图 7.8 DVS 输出

读者可以使用 RGB 摄像头来收集一些图像，或者直接使用 github 资源库中的图像。

现在读者有了一些图像，是时候使用预先训练好的 SSD 来检测行人、车辆和交通信号灯了。

7.2.2 解读 SSD

在前几章中，作者创建了一个分类器，能根据预定义的选项集检测出图像的内容。在本章后半部分，读者将会看到一个预训练的神经网络以一种非常精确的方式对图像进行分类。

SSD 能够在众多神经网络中脱颖而出，是因为它能够检测出同一张图像中的多个物体。SSD 的细节有些复杂，如果读者有兴趣，可以查看扩展阅读部分来进一步了解。

SSD 不仅可以检测到多个对象，还可以输出对象所在的区域！原理上来说，这是通过检查不同纵横比的 8 732 个位置来完成的。只要有一块较好的 GPU，SSD 的运行速度就足够快，它就可以被用于实时分析视频。

读者可以在 TensorFlow detection model zoo 中找到 SSD。

7.2.3 探索 TensorFlow 检测模型库

TensorFlow 检测模型库是一个预训练神经网络的集合，支持在一些数据集上训练的若干网络架构。下面将针对 SSD 重点讨论。

在 TensorFlow 检测模型库支持的数据集中，本节更加关注于 COCO 数据集。COCO 数据集是微软搭建的通用对象数据集，是一个按类型分类的 250 万张图像的集合。读者可以在扩展阅读部分中找到 COCO 数据集的 90 个标签的相关链接，而本节主要研究以下内容：

- 1：行人。
- 3：小轿车。
- 6：大客车。
- 8：货车。
- 10：交通信号灯。

读者可能还对以下目标感兴趣：

- 2：自行车。
- 4：摩托车。
- 13：停车标志。

在 COCO 数据集上训练的 SSD 有多个可用的版本，这些不同的版本使用不同的神经网络作为后端以达到所需要的速度/精度比值。请参阅图 7.9。

模型名称	速度(ms)	COCO mAP[^1]	输出
ssd_mobilenet_v1_coco	30	21	Boxes
ssd_mobilenet_v1_0.75_depth_coco☆	26	18	Boxes
ssd_mobilenet_v1_quantized_coco☆	29	18	Boxes
ssd_mobilenet_v1_0.75_depth_quantized_coco☆	29	16	Boxes
ssd_mobilenet_v1_ppn_coco☆	26	20	Boxes
ssd_mobilenet_v1_fpn_coco☆	56	32	Boxes
ssd_resnet_50_fpn_coco☆	76	35	Boxes
ssd_mobilenet_v2_coco	31	22	Boxes
ssd_mobilenet_v2_quantized_coco	29	22	Boxes
ssdlite_mobilenet_v2_coco	27	22	Boxes
ssd_inception_v2_coco	42	24	Boxes

图 7.9　TensorFlow 检测模型库中在 COCO 数据集上训练的 SSD

COCOmAP 一栏表示平均精度，所以比值越高越好。mobileNet 是一种在手机和嵌入式设备上表现较好的神经网络，由于它良好的性能，当读者需要实时运行时，它是 SSD 的不二之选。

为了能够检测出道路上的物体，本节将使用一个以 ResNet50 作为主干的 SSD，它是一个由微软亚洲研究院开发，并且具有 50 层结构的神经网络。ResNet 的一个特点是使用了跳跃连接，可以将一个层快捷地连接到另一个层，跳过某些中间层，这有助于解决梯度消失问题。对于深度神经网络，训练期间的梯度可能会变得非常小，此时网络基本上可以停止学习了。

接下来学习如何使用 ssd_resnet_50_fpn_coco 以及选定模型。

7.2.4 下载和加载 SSD

在 TensorFlow 检测模型库页面上，单击 ssd_resnet_50_fpn_coco 会得到一个 URL，Keras 需要从中下载相应的模型，在撰写本书时，该 URL 如下所示：

```
http://download.tensorflow.org/models/object_detection/ssd_resnet50_
v1_fpn_sha-red_box_predictor_640x640_coco14_sync_2018_07_03.tar.gz
```

模型的全称如下：

```
ssd_resnet50_v1_fpn_shared_box_predictor_640x640_coco14_sync_2018_07_03.
```

要加载模型，可以使用以下代码：

```
url='http://download.tensorflow.org/models/object_detection/'
 + model_name+'. tar. gz'
model_dir=tf. keras. utils. get_file(fname=model_name,
untar=True, origin=url)
print("Model path: ", model_dir)
model_dir=pathlib. Path(model_dir) /"saved_model"
model=tf. saved_model. load(str(model_dir))
model=model. signatures['serving_default']
```

如果第一次运行此代码，可能需要相对较长的时间，因为 Keras 将会下载模型并将其保存在硬盘上。

接下来，一起去用模型检测物体吧。

7.2.5 运行 SSD

运行 SSD 只需要几行代码。可以使用 OpenCV 来加载图像（分辨率为 299 × 299），将图像转换成一种类似于 Numpy 数组且 TensorFlow 可以使用的多维数组张量。代码如下所示：

```
img=cv2. imread(file_name)
img=cv2. cvtColor(img, cv2. COLOR_BGR2RGB)
input_tensor=tf. convert_to_tensor(img)
input_tensor=input_tensor[tf. newaxis,...]
# Run inference
output=model(input_tensor
```

请注意，网络的输入是 RGB 图，而不是 BGR 图。在之前的章节中，OpenCV 使用的图片格式是 BGR，所以读者要注意通道的顺序。

运行 SSD 是非常容易的，但输出却相对复杂，它需要一些代码来将其转换为更为有用和更紧凑的形式。输出变量是一个 Python 字典，但它所包含的值是张量，因此需要对它们进行转换。

例如，打印 output['num_detections']，打印输出包含预测物体的数量（例如，在图像中发现的物体），结果如下：

```
tf.Tensor([1.], shape=(1,), dtype=float32)
```

读者可以使用 int()函数来进行转换。

其他所有的张量都是数组，它们可以使用相关的 Numpy()函数来进行转换。代码如下所示：

```
num_detections = int(output.pop('num_detections'))
output = {key: value[0, : num_detections].numpy()
for key, value in output.items()}
output['num_detections'] = num_detections
```

现在仍有以下两件事需要解决：

- 检测类是浮点型，而当它们是标签时，它们的数据类型应该是整数型。
- 框的坐标应以百分比的形式显示。

现在可以用以下代码解决上述问题：

```
output['detection_classes'] =
 output['detection_classes'].astype(np.int64)
output['boxes'] = [
{"y": int(box[0] * img.shape[0]),
"x": int(box[1] * img.shape[1]),
"y2": int(box[2] * img.shape[0]),
"x2": int(box[3] * img.shape[1])}
    for box in output['detection_boxes']]
```

接下来将 SSD 应用于 Town01 街道，如图 7.10 所示。

图 7.10　Town01 街道中的图片

输出如下：

```
{
'detection_scores': array([0.4976843, 0.44799107, 0.36753723,
0.3548107 ], dtype=float32),
'detection_classes': array([ 8, 10, 6, 3], dtype=int64),
'detection_boxes': array([
[0.46678272, 0.2595877, 0.6488052, 0.40986294],
[0.3679817, 0.76321596, 0.45684734, 0.7875406],
[0.46517858, 0.26020002, 0.6488801, 0.41080648],
[0.46678272, 0.2595877, 0.6488052, 0.40986294]],
dtype=float32),
'num_detections': 4,
'boxes': [{'y': 220, 'x': 164, 'y2': 306, 'x2': 260},
{'y': 174, 'x': 484, 'y2': 216, 'x2': 500},
{'y': 220, 'x': 165, 'y2': 306, 'x2': 260},
{'y': 220, 'x': 164, 'y2': 306, 'x2': 260}]
}
```

代码输出含义如下：

- detection_scores：分数越高，意味着对预测的置信度越高。
- detection_classes：预测标签，货车（8），交通信号灯（10），大客车（6）和小轿车（3）。
- detection_boxes：初选框，坐标形式为百分比。
- num_detections：预测物体的数量。
- boxes：带有坐标的框转换为原始图像的分辨率。

请注意，三个预测基本上都在同一区域，而且是按得分来进行排列。接下来需要解决重叠问题。

为了更好地查看已检测到的内容，现在将对图像进行注释。

7.2.6 图像注释

为了注释图像，读者需要执行以下操作：

1）只考虑感兴趣的标签。

2）删除标签的重叠部分。

3）在每个预测位置上绘制矩形。

4）记录标签及其分数。

读者可以通过对标签的比较来删除重叠的标签，如果若干个框中心的位置是相似的，将只会保留分数较高的那个标签。

图像注释结果如图 7.11 所示。

图 7.11　来自 Town01 街道的图像（仅使用 SSD 进行注释）

即使其他物体没有被很好地识别出来，但这也很不错。这辆车已经被识别为一辆货车了，尽管识别的准确率不是很高，当然，这也不是作者的重点。

现在的主要问题是，已经知道那儿有一个交通信号灯，但不知道它的颜色。很遗憾，SSD 无法帮助读者，读者需要自己来做这件事。

在下一节中将应用一种基于迁移学习技术来检测交通信号灯颜色的神经网络。

7.3 检测交通信号灯的颜色

读者可以尝试使用一些计算机视觉技术来检测交通信号灯的颜色。例如，检查红色和绿色的通道。此外，检验交通信号灯的底部和上部的亮度也会给读者提供一些帮助。即使一些十字路口的交通信号灯会有问题，大体上也是可行的。

然而，本节将使用深度学习，因为这项任务非常适合于深度学习。本节还将采取一些额外措施——使用一个小数据集，尽管很容易创建一个大数据集，但是这样做的话，并不总是能够轻易地增加数据集的大小。

检测交通信号灯的颜色分为以下三个步骤：

1）创建十字路口交通信号灯数据集。

2）训练神经网络进行颜色识别。

3）使用 SSD 获得最终结果。

有一个可以直接使用的交通信号灯数据集，即 Bosch Small Traffic Lights 数据集；但是，我们将使用 Carla 模拟器来生成自己的数据集。

7.3.1 创建交通信号灯数据集

本节将使用 Carla 模拟器来创建数据集，并且可以根据读者的需要创建一定大小的数据集，但是较大的数据集会使训练过程变得更加缓慢，同时也需要更多的时间来创建。在本节的示例中，由于任务较为简单，本节将创建一个只包括几百

张图片的较小数据集。迁移学习在后面会进行探讨，它可以在数据集不是特别大的时候来使用。

> Tips
> **提示**
> 在 github 上，可以找到为此任务创建的数据集，如果读者有时间的话，自己创建一个数据集也是很不错的。

创建数据集共分为以下三步：

1）收集街道图像。

2）找到并裁剪所有的交通信号灯。

3）对交通信号灯进行分类。

第一步收集图像是非常简单的。只需要使用 manual_control. py 命令启动 Carla 模拟器，按下 R 键后 Carla 模拟器开始录制，再次按下 R 键后停止录制即可。

读者所要记录的四种图像如下所示：

- 红灯。
- 黄灯。
- 绿灯。
- 交通信号灯的背面（负样本）。

收集交通信号灯背面图像的原因是 SSD 将其识别为了交通信号灯，但本节没有用到它。这些都是一些负样本，还可能包括道路、建筑物或任何被 SSD 错误分类为交通信号灯的东西。

因此，在记录图像时，尽量为每个类别添加足够多的样本。图 7.12 是要收集图像的示例。

图 7.12　Town01 街道（左：红灯，右：绿灯）

第二步是应用 SSD 并提取交通信号灯图像。请参阅以下代码：

```
obj_class = out["detection_classes"][idx]
if obj_class == object_detection. LABEL_TRAFFIC_LIGHT:
      box = out["boxes"][idx]
      traffic_light = img[box["y"]: box["y2"],
box["x"]: box["x2"]]
```

在前面的代码中，假设输出变量已经包含了 SSD 的运行结果，调用模型(input_tensor)，idx 包含了当前的检测，读者只需要选择包含交通信号灯的检测并使用之前计算的坐标来裁剪它们即可。

最终进行了 291 次检测，如图 7. 13 所示。

图 7. 13　Town01 街道，从左边开始：小红灯，小绿灯，绿灯，黄灯，交通信号灯背面，建筑物被错误地识别为了交通信号灯

如图 7. 13 所示，它们的分辨率和比例各不相同，这是完全没问题的。

还有一些完全不相关的图像，比如说某个建筑物的一部分等，这些图像样本非常适合作为负样本，因为 SSD 对它们进行了一个错误的分类，这也是改进 SSD 输出的一种方法。

最后一步只需要对图像进行分类即可。只需要几分钟便可以处理几百张这种类型的图片。读者可以为每个标签创建一个目录，并在目录里加入相应图像。

现在，读者有了一个自定义的数据集来检测交通信号灯的颜色了。

如前面所述，这个数据集很小。所以，下面将会使用到迁移学习。下一节将详细介绍迁移学习。

7. 3. 2　解读迁移学习

迁移学习这个名称非常恰当。从概念的角度来看，它确实将神经网络在一项任务中所学到的知识转移到另一项不同但相关的任务中去了。

有若干种迁移学习的方法，但是在这里只讨论两种，而且本节将选择其中的一种来检测交通信号灯的颜色。这两种情况的出发点都是一个已经在类似任务上进行过预训练的神经网络，例如，对图像进行分类。作者将在下一节中详细地讨论这一点。本节的重点是作为分类器使用的卷积神经网络（CNN），因为本节需要用它来识别交通信号灯的颜色。

第一种方法是加载预训练的神经网络，调整输出的数量以适应一个新的问题（要么替换部分或全部的全连接层，要么增加一个额外的全连接层），并且基本上是在一个新的数据集上不断地训练它。本节需要使用一个较小的数据集。

如果新数据集非常大，但新数据集中的样本数量小于用于原始训练的数据集，则此方法会有作用。例如，本节的自定义数据集的大小可能是原始数据集的10%。但是它的缺点是可能需要很长的训练时间，因为一般情况下训练神经网络都会相对较大。

第二种方法与第一种方法类似，本节将会采取第二种方法，它将会冻结所有的卷积层，这意味着它们的参数将会是固定的，即在训练过程中不会发生改变。这样做的好处是会使训练速度快很多，因为读者不需要训练卷积层。卷积层已经在一个巨大的数据集上进行过训练了，能够检测到很多的图像特征，因此它完全可以胜任一个新的任务。而由全连接层组成的真正分类器则可以被替换掉，并且可以从头开始训练。

还有一种介于上述两种方法之间的方法，即训练部分卷积层，但是通常至少要保持第一层处于冻结状态。

在学习如何使用 Keras 进行迁移学习之前，读者思考一下刚才所讨论的内容。本节一个关键的假设是想要学习的神经网络已经在一个巨大的数据集上进行过了训练，在这个数据集上，神经网络可以学会识别许多的图像特征。事实证明，一个非常大的数据集——ImageNet 符合这个要求。接下来一起来学习 ImageNet。

7.3.3　了解 ImageNet

ImageNet 是一个巨大的数据集，在撰写本书时，它由 14 197 122 张（超过 1 400万张）图像组成。实际上，它并不提供图像，只是提供下载图像的 URL。这些图像被分成了 27 个类别，总共 21 841 个子类别。这些子类别称为同义词集，基于一个叫作 WordNet 的分类层次结构。ImageNet 一直是一个非常有影响力的数据集，这也要归功于一项用来衡量计算机视觉进步的比赛：ImageNet 大规模视觉识别挑战赛（ILSVRC）。

图像主要类别如下：

- 两栖动物。
- 动物。
- 器具。
- 鸟类。
- 覆盖物。
- 仪器。
- 织物。
- 鱼类。
- 花。
- 食品。
- 水果。
- 真菌。
- 家具。
- 地质构造。
- 无脊椎动物。
- 哺乳动物。
- 乐器。
- 植物。
- 爬行动物。
- 运动。
- 结构。
- 工具。
- 树木。
- 器皿。
- 蔬菜。
- 车辆。
- 人类。

子类别的数量实在太多了，举个例子，树类有 993 个子类别，涵盖了 50 多万张图像。

当然，在这个数据集上表现良好的神经网络将非常擅长于识别许多类型图像上的图案特征，容量可能还相当大，但是缺点是会过拟合读者的数据集。由于作者知道如何处理过拟合问题，所以不必太担心。

许多研究都致力于让神经网络在 ImageNet 上有良好的性能表现，因此，很多最有影响力的神经网络都是在 ImageNet 上训练出来的。

AlexNet 于 2012 年在众多神经网络模型中脱颖而出。接下来对其一探究竟。

7.3.4 关于 AlexNet 的探究

当 AlexNet 在 2012 年发布时，它的精确度比当时最好的神经网络要高出 10% 以上。显然，这些解决方案已经得到了广泛的研究，其中一些方法现在也非常常见。

AlexNet 推出了以下几项突破性创新：

- 多 GPU 训练，AlexNet 一半在一个 GPU 上接受训练，另一半在另一个 GPU 上接受训练，相当于使模型的规模扩大了一倍。
- 使用 ReLU 激活而不是 Tanh，这使得训练速度提高了 6 倍。
- 添加了重叠池化层，其中 AlexNet 使用 3×3 的最大池化层，但是步长为 2，这意味着池化层之间存在着重叠现象。这使得准确率提高了 0.3%~0.4%。在 Keras 中，可以使用 MaxPooling2D(pool_size=(3, 3), strides=(2, 2))来完成。

AlexNet 有超过 6 000 万个参数，规模相当大，所以为了减少过拟合现象，它广泛地使用了数据增强和随机失活的方法。

虽然 AlexNet 在 2012 年是最先进和富有开创性的，但是按照今天的标准，它的效率相当低。在下一节中，读者将学习一种神经网络——Inception，它仅使用十分之一的参数就可以实现比 AlexNet 高得多的精度。

Inception 背后的思想

有一个像 ImageNet 这样的巨大数据集供读者使用是非常好的，但如果能有一个已经训练好的神经网络，那就更好了。Keras 提供了其中的几个神经网络，其中一个是 ResNet，读者之前已经遇到过这个神经网络了，另一个是影响力强并极具创新性的 Inception。

Inception 是一个神经网络家族，由几个根据最初概念完善的神经网络组成。Inception 是由谷歌公司设计的，参加 ILSVRC 2014（ImageNet）比赛并获奖的版本被称为 GoogLeNet，以纪念 LeNet 架构。

Inception 这个名字是取自著名的电影《盗梦空间》，因为谷歌公司想要更加深

人。Inception 是一个深度神经网络，其中一个名为 InceptionResNet v2 的版本达到了惊人的 572 层！当然，这是在包含激活层的情况下。本节将使用一个只有 159 层的 Inception v3 网络。

本节将重点介绍 Inception v1，因为它比较简单，还将简要讨论一些后来添加的一些改进，因为它们可以作为读者灵感的源泉。

谷歌公司有一重要发现，在考虑到对象在图像上的位置有多种情况时，很难事先知道卷积层的何种内核大小是最好的。所以他们并行添加了 1×1、3×3 和 5×5卷积来涵盖主要的情况，再加上常规操作——最大池化，并将结果串联起来。并行运行的一个好处是网络不会变得太深，这样会使得训练更加容易。

以上介绍的就是 naïve Inception 块，如图 7.14 所示。

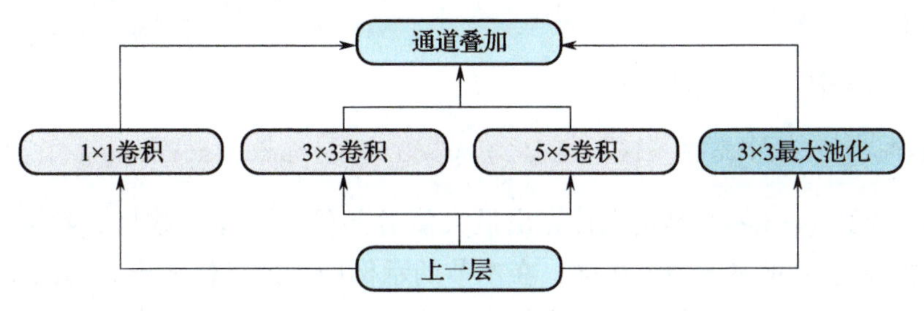

图 7.14　naïve Inception 块

读者可能已经注意到图 7.14 的框图中有一个 1×1 的卷积。那是什么？只是把一个通道乘以一个数字吗？答案并非如此。1×1 卷积的运行成本非常低，因为只有 1 次乘法，而不是 9 次（如 3×3 卷积）或 25 次（如 5×5 卷积），并且它可用于改变通道数。此外，还可以添加一个 ReLU 函数，引入非线性运算，增加神经网络可学习到的功能的复杂程度。

这个模块之所以被称为原始模块，是因为它的计算成本太高。随着通道数量的增加，3×3 和 5×5 的卷积运算会变得很慢。解决方案是将 1×1 卷积放在它们前面，以减少计算成本更高的卷积需要处理的通道数量，如图 7.15 所示。

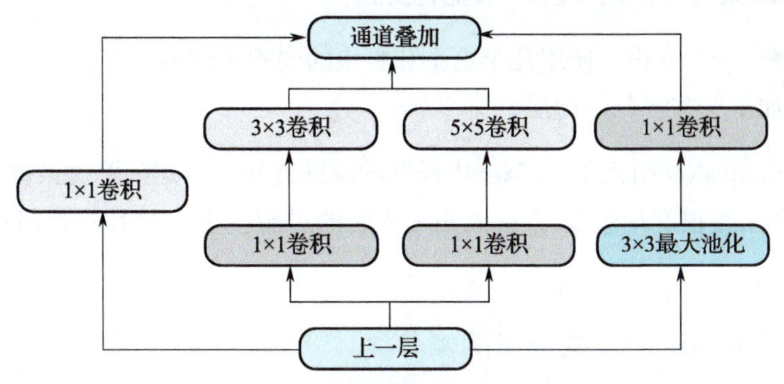

图 7.15　进行降维的 Inception 块

理解图 7.15 的关键是明确 1×1 的卷积是用于减少通道数量并显著地提高性能。

例如，GoogLeNet 中的第一个 naïve Inception 块中有 192 个输入通道，假设一个 5×5 的卷积将创建 32 个通道，则乘法的次数为 25×32×192 = 153 600。

为了改进上述 Inception 块，开发者在 5×5 的卷积之前增加了一个有 16 个过滤器的 1×1 卷积网络，添加后，乘法的次数变为 16×192 + 25×32×16 = 3 072 + 12 800 = 15 872。乘法的次数几乎降到了原来的 1/10。效果还是很不错的。

为了使叠加起作用，所有的卷积层都需要具有相同大小的输出，这意味着它们需要进行填充，以保持输入图像的分辨率相同。同时，最大池化层也需要具有与卷积层相同大小的输出，因此即使在 3×3 网格中找到了最大值，也无法减小输出的大小。

在 Keras 中，它是这样的：

```
MaxPooling2D(pool_size=(3, 3), padding='same', strides=(1, 1))
```

步长参数（strides）是指在计算出最大值后要移动的像素数量。默认情况下，它被设置为与 pool_size 的值相同，在本节的示例中，这将使输出大小减少为原来的 1/4。使用 same 填充方式并将步长设置为（1，1），具有不更改输出大小的效果。卷积层也有一个步长参数（strides），该参数可用于减小输出大小。然而，使用最大池化层来减小输出的大小更为有效。

Instantation v2 引入了一些优化，其中包括：

- 一个 5×5 卷积类似于两个堆叠的 3×3 卷积，但速度较慢，所以使用 3×3 卷积重构它。
- 3×3 卷积相当于先进行一次 1×3 卷积，再进行一次 3×1 卷积，但使用两个卷积的速度要比 3×3 卷积的速度快 33%。

Instantation v3 引入了以下一些优化措施：

- 分解 7×7 卷积，使用几个更小和更快的卷积来代替。
- 添加了一些批归一化层。

InceptionResNet 引入了 ResNet 中经典的跳跃连接，以达到跳过某些层的目的。

现在，读者已经很好地理解了 Inception 背后的思想，下一节看看如何在 Keras 中使用它。

7.3.5 用 Inception 来进行图像分类

在 Keras 中加载 Inception 是很简单的，如下所示：

```
model = InceptionV3(weights = 'imagenet', input_
shape = (299, 299, 3))
```

Inception 可以检测出图像的内容，下面用本书一开始使用的测试图像来试一试。

```
img = cv2.resize(preprocess_input(cv2.imread("test.jpg")),
(299, 299))
out_inception = model.predict(np.array([img]))
out_inception = imagenet_utils.decode_predictions(out_
inception)
print(out_inception[0][0][1], out_inception[0][0][2], "% ")
```

结果如下所示：

```
sea_lion 0.99184495 %
```

结果是正确的，测试的图像的确描绘的是一只来自加拉帕戈斯群岛的海狮，如图 7.16 所示。

图 7.16　Inception 以 0.991 844 95 的准确率识别出了一只海狮

但作者希望使用 Inception 来进行迁移学习，而不是用于图像分类，因此下面需要以另一种方式来使用它。

7.3.6　利用 Inception 进行迁移学习

迁移学习的加载方式稍有不同，因为读者需要把 Inception 上面的分类器去掉，如下所示：

```
base_model = InceptionV3(include_top = False, input_shape =
(299, 299, 3))
```

对于 input_shape 参数，本节将使用 Inception 的原始尺寸，但也可以使用不同的类型，只要它有 3 个通道并且分辨率至少为 75 × 75。

include_top 参数是比较重要的，因为把它设置为 False 将会删除 Inception 的顶部——带有卷积层的分类器，该步骤完成后，这个神经网络将适合进行迁移学习。

本节将创建一个基于 Inception 但可以自由修改的神经网络，如下所示：

```
top_model = Sequential()
top_model.add(base_model) # Join the networks
```

现在，读者可以在创建的神经网络上面添加一个分类器，如下所示：

```
top_model.add(GlobalAveragePooling2D())
top_model.add(Dense(1024, activation='relu'))
top_model.add(Dropout(0.5))
top_model.add(Dense(512, activation='relu'))
top_model.add(Dropout(0.5))
top_model.add(Dense(n_classes, activation='softmax'))
```

本节进行了一些随机失活处理，因为作者预计 Inception 在数据集上会有较大的过拟合。注意，全局平均池化（GlobalAveragePooling2D）的作用是计算通道的平均值。

读者可以使用 Flatten，但是由于 Inception 输出了 2 048 个 8 × 8 的卷积通道，并且本节使用的是包含 1 024 个神经元的全连接层，参数的数量将是巨大的——134 217 728。使用全局平均池化（GlobalAveragePooling2D），读者只需要 2 097 152 个参数。即使算上 Inception 的参数，节省的参数也相当可观——只需要 24 427 812 个参数，而不是 156 548 388 个。

本节还需要冻结不希望训练的 Inception 层。在这种情况下，可能要把它们全部冻结，但并非所有情况都必须这么做。读者可以这样来冻结它们：

```
for layer in base_model.layers:
    layer.trainable = False
```

接下来一起来看一下本节创建的神经网络。Inception 神经网络模型太大了，所以在此只展示了一些参数：

```
Total params: 21,802,784
Trainable params: 21,768,352
Non-trainable params: 34,432
```

请注意，Summary()实际上将打印两个简表：一个是 Inception，另一个是本节创建的神经网络。以下为第一个简表的输出：

```
_________________________________________________________________
Layer (type)                 Output Shape              Param #
=================================================================
inception_v3 (Model)         (None, 8, 8, 2048)        21802784
_________________________________________________________________
global_average_pooling2d_1   ((None, 2048)             0
_________________________________________________________________
dense_1 (Dense)              (None, 1024)              2098176
_________________________________________________________________
dropout_1 (Dropout)          (None, 1024)              0
_________________________________________________________________
dense_2 (Dense)              (None, 512)               524800
_________________________________________________________________
dropout_2 (Dropout)          (None, 512)               0
```

```
_______________________________________________________________
dense_3 (Dense)          (None, 4)          2052
===============================================================
Total params: 24,427,812
Trainable params: 2,625,028
Non-trainable params: 21,802,784
```

如读者所见，第一层是 Inception。在第二个简表中，读者可以确认 Inception 神经网络中有被冻结的层，因为网络中有超过 2 100 万个不可训练的参数，恰好与 Inception 神经网络模型的参数总数完全匹配。

为了减少过拟合并补偿小规模数据集数据量不足，本节将采取数据增强的措施，如下所示：

```
datagen = ImageDataGenerator(rotation_range=5, width_shift_
range=[-5, -2, -1, 0, 1, 2, 5], horizontal_flip=True,
height_shift_range=[-30, -20, -10, -5, -2, 0, 2, 5, 10, 20, 30])
```

本节仅仅只对图像进行了一个较小的旋转，因为交通信号灯的形状通常是非常直的。同时，本节也对图像进行了一个较小的宽度偏移，因为交通信号灯是由神经网络（SSD）检测到的，所以被分割得往往非常一致。本节还对图像进行了较大的高度偏移，因为 SSD 有时会错误地分割交通信号灯，即移除了 1/3 的交通信号灯。

现在网络已经准备好了，只需要向它提供数据集即可。

7.3.7 将数据集输入 Inception

假设读者在两个变量中加载了数据集：图像和标签。

Inception 需要做一些预处理，以将图像的值映射到 [-1, 1] 区间中。Keras 有一个函数专门来处理这个问题，即 preprocess_input() 函数。很多模块中有着同名但不同功能的函数，所以请从 keras.applications.inception_v3 模块中导入该函数，如下所示：

```
from keras.applications.inception_v3 import preprocess_input
images = [preprocess_input(img) for img in images]
```

读者可以很容易地将数据集划分为训练数据集和验证数据集，但读者还需要随机化数据集的顺序，以确保划分是有意义的，例如，本书代码加载了具有相同标签的所有图像。假如没有随机化的划分，则仅会将一个或两个标签放在验证数据集中，其中的一个标签甚至在训练数据集中都不会存在。

NumPy 有一个非常方便的函数来生成新的索引位置，即 permutation() 函数：

```
indexes = np.random.permutation(len(images))
```

然后，读者可以使用 Python 的一项功能——for 推导式来更改列表中的顺序：

```
images = [images[idx] for idx in indexes]
labels = [labels[idx] for idx in indexes]
```

如果标签是数值型，可以使用 to_categorical()函数将其转换为独热编码。

现在，这就仅仅只是一个划分的问题。下面将使用 20% 的样本来进行验证，代码如下所示：

```
idx_split = int(len(labels_np) * 0.8)
x_train = images[0: idx_split]
x_valid = images[idx_split:]
y_train = labels[0: idx_split]
y_valid = labels[idx_split:]
```

现在，读者可以像往常一样来训练神经网络了。下面看看它的性能如何。

7.3.8 迁移学习的性能表现

该模型的性能表现非常好，如下所示：

```
Min Loss: 0.028652783162121116
Min Validation Loss: 0.011525456588399612
Max Accuracy: 1.0
Max Validation Accuracy: 1.0
```

模型的训练准确率和验证准确率为 100%。可能是因为数据集比较简单，所以结果才非常好。

图 7.17 为模型的均方误差损失图，图中，T_loss 表示训练损失；V_loss 表示验证损失；T_acc 表示训练准确率；V_acc 表示验证准确率。

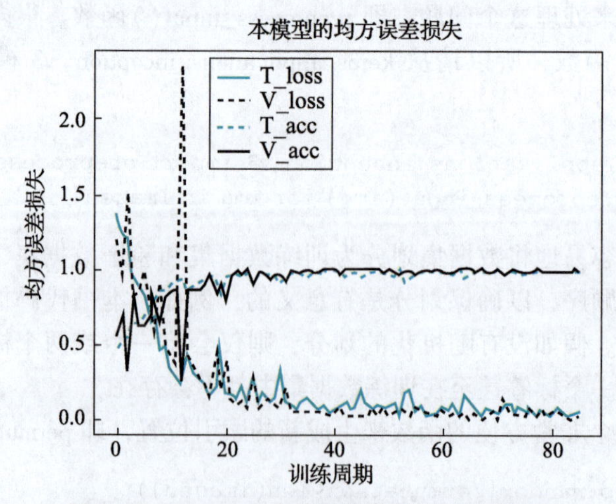

图 7.17 Inception 中的迁移学习均方误差损失

尽管迁移学习取得了一个很好的效果，但是神经网络在测试数据集上的运行效果并不是太理想。可能是因为它出现过拟合现象了，但作者也怀疑是由于图像比 Inception 中的原始分辨率要小，神经网络可能识别到经过插值的图像而非原始图像，并把它们搞混了。

为了获得一个更好的性能表现，接下来需要继续努力。

7.3.9　改善迁移学习

假设神经网络过拟合，常规操作就是扩充数据集。然而扩充数据集是很容易的，但是本节先不去这么做，作者想探索在类似情况下对作者有帮助的其他方法。

以下方法可以减少过拟合：

- 增加数据增强的多样性。
- 增加随机失活率。

尽管 Inception 网络能够处理比这复杂得多的任务，但它并未针对这个特定的任务进行优化。一个更大的分类器可能会有帮助，因此，作者将增加一个层，如下所示：

- 这是经过几次测试后的新的数据增强情况：

```
datagen = ImageDataGenerator(rotation_range = 5, width_
shift_range = [-10, -5, -2, 0, 2, 5, 10],
zoom_range = [0.7, 1.5],
height_shift_range = [-10, -5, -2, 0, 2, 5, 10],
horizontal_flip = True)
```

- 以下是新的模型，随机失活率变高了，并增加了一个层：

```
top_model.add(GlobalAveragePooling2D())
top_model.add(Dropout(0.5))
top_model.add(Dense(1024, activation = 'relu'))
top_model.add(BatchNormalization())
top_model.add(Dropout(0.5))
top_model.add(Dense(512, activation = 'relu'))
top_model.add(Dropout(0.5))
top_model.add(Dense(128, activation = 'relu'))
top_model.add(Dense(n_classes, activation = 'softmax'))
```

- 在全局平均池化（GAP）之后添加了随机失活，以减少过拟合现象，同时添加了一个批归一化层（BN 层），这也有助于减少过拟合。

- 增加了一个全连接层，但没有在其上添加随机失活，因为在多次使用随机失活的情况下，神经网络在训练方面会存在一些问题。

除了扩充数据集，本节还有一些其他的方法。下面来看看这些标签的分布情况：

```
print('Labels:', collections.Counter(labels))
```

结果如下：

```
Labels: Counter({0: 123, 2: 79, 1: 66, 3: 23})
```

可以发现，数据集中的绿色要比黄色和红色多得多，而且没有多少负样本。

常规来说，标签不平衡是不太好的。神经网络预测的绿灯比实际情况多，因为从统计上来说，预测绿色比其他标签会更有价值。为了改善这种情况，读者可以使用 Keras 以特定的方式来制定损失函数，即预测错误的红色比预测错误的绿色损失更大，这样将产生类似于使数据集平衡的效果。

可以使用以下代码来完成此操作：

```
n = len(labels)
class_weight = {0: n/cnt[0], 1: n/cnt[1], 2: n/cnt[2], 3: n/
cnt[3]}
```

结果如下：

```
Class weight: {0: 2.365, 1: 4.409, 2: 3.683, 3: 12.652}
```

显然，绿色(标签 0)的判断失误损失比其他的要少。

神经网络的运行表现如下：

```
Min Loss: 0.10114006596268155
Min Validation Loss: 0.012583946840742887
Max Accuracy: 0.99568963
Max Validation Accuracy: 1.0
```

和之前并没有什么太大不同，但是这一次，神经网络的性能表现得更好了，并检测出了测试图像集中的所有交通信号灯。这表明不要完全信任验证的准确性，除非验证数据集非常优秀。

图 7.18 为模型的均方误差损失图，图中，T_loss 表示训练损失；V_loss 表示验证损失；T_acc 表示训练准确率；V_acc 表示验证准确率。

现在读者有了一个良好的神经网络，是时候将新神经网络与 SSD 结合使用了，详见下一节。

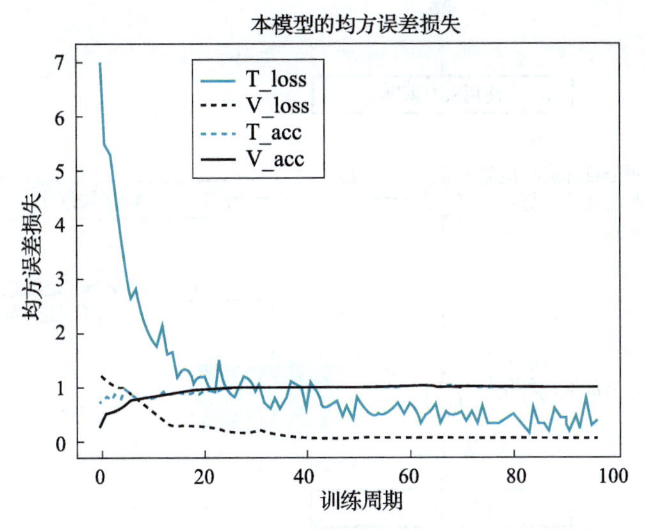

图 7.18 Inception 中的迁移学习均方误差损失（改进版）

7.4 识别交通信号灯及其颜色

从使用的 SSD 代码来看，读者需要对交通信号灯进行处理。因此，当标签为 10(交通信号灯)时，需要执行以下操作：

- 裁剪存在交通信号灯的区域。
- 将裁剪后的图像大小调整为 299×299 像素。
- 对图像进行预处理。
- 运行网络。

预测结果如下：

```
img_traffic_light = img[box["y"]: box["y2"], box["x"]: box["x2"]]
img_inception = cv2.resize(img_traffic_light, (299, 299))
img_inception = np.array([preprocess_input(img_inception)])
prediction = model_traffic_lights.predict(img_inception)
label = np.argmax(prediction)
```

如果运行 github 中的本章代码，标签 0 表示绿灯，标签 1 表示黄灯，标签 2 表示红灯，标签 3 表示它不是交通信号灯。

整个过程的第一步是使用 SSD 来检测物体，然后使用新神经网络来检测交通信号灯的颜色(如果图像中存在交通信号灯)，运行框图如图 7.19 所示。

图 7.20 是先运行 SSD 神经网络模型，然后再运行新神经网络获得的示例。

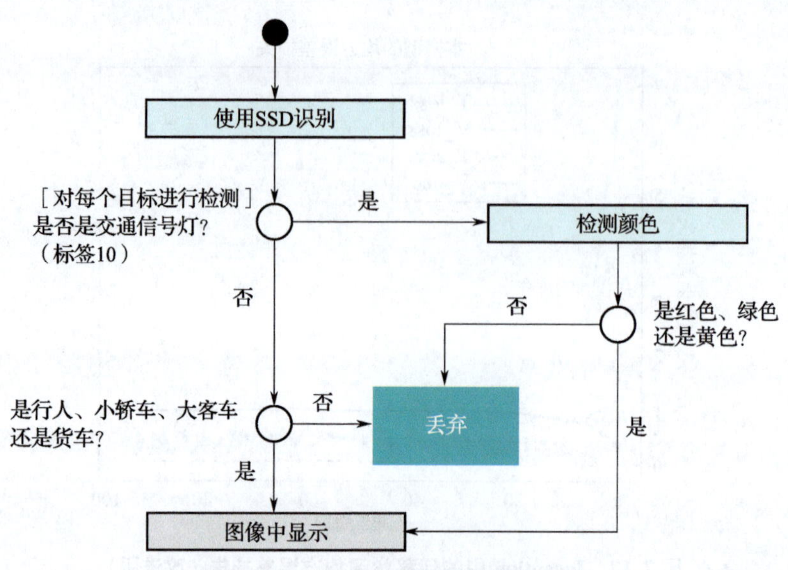

图 7.19　SSD 和新神经网络运行框图

图 7.20　某些带有交通信号灯的检测示例

现在读者可以正确地检测出交通信号灯的颜色了，但是会存在一些检测错误。例如，在图 7.20 中，右边的图像错把一棵树标记成了人，这是有可能的。在一段视频中，读者可以检测好几帧后再接受检测结果，但是在自动驾驶中却不允许有过高的延迟，因为汽车需要对路况做出实时反应。

7.5 总结

在本章中，重点介绍了一些预训练的神经网络，以及如何利用它们来完成任务。对两个神经网络进行结合来检测行人、车辆和交通信号灯以及交通信号灯的颜色。首先，本章讨论了如何使用 Carla 模拟器来收集图像。然后，本章介绍了一个拥有强大功能的神经网络——SSD，它不仅可以检测物体，还可以检测出物体在图像中的位置。此外还了解了 TensorFlow detection model zoo，以及如何使用 Keras 下载所需要版本的 SSD，这些 SSD 在 COCO 数据集上完成训练。

在本章第二部分，讨论了一种名为迁移学习的技术，研究了一个叫作

Inception 的神经网络，并在数据集上使用迁移学习对网络进行了训练，最终能够检测出交通信号灯的颜色。在这个过程中，读者还学习了 ImageNet，认识到了 100% 的验证准确率也会产生误判。因此，必须通过减少过拟合现象来提高神经网络的真正精度。最后，本章成功地将这两个神经网络结合起来进行使用，一个用于检测行人、车辆和交通信号灯，另一个用于检测交通信号灯的颜色。

现在读者掌握了如何创建街道场景的知识，可以进入到下一个任务——驾驶。在下一章中，读者将在 Carla 模拟器中，利用一种名为“行为克隆”的技术教神经网络如何驾驶车辆。通过行为克隆，神经网络将试图模仿读者的行为。

7.6 问题

学习完本章后，读者应该能够回答出以下问题：

1. SSD 是什么？
2. Inception 是什么？
3. 冻结网络中的某一层的含义？
4. SSD 能否检测出交通信号灯的颜色？
5. 什么是迁移学习？
6. 列举几条减少过拟合的措施。
7. 简要描述 Inception 框图背后的思想。

7.7 扩展阅读

- SSD：https://arxiv.org/abs/1512.02325。
- COCO labels：https://github.com/tensorflow/models/blob/master/research/object_detection/data/mscoco_label_map.pbtxt。
- 博世小型交通信号灯数据集：https://hci.iwr.uni-heidelberg.de/content/bosch-small-traffic-lights-dataset。
- ImageNet：http://www.image-net.org/。
- AlexNet 论文：https://papers.nips.cc/paper/4824-imagenet-classification-with-deep-convolutional-neural-networks.pdf。

第 8 章

行为克隆

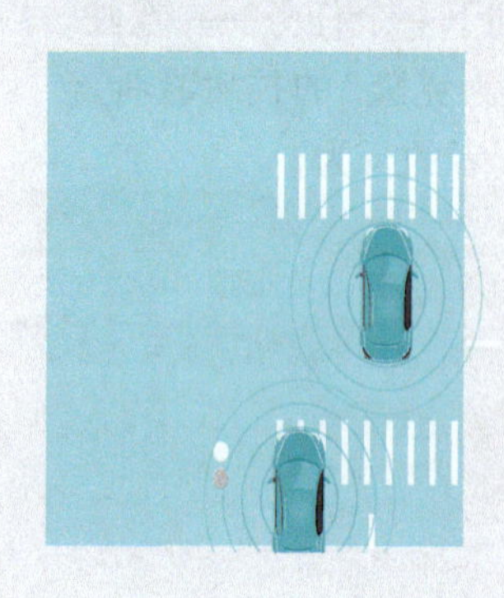

本章将会训练一个神经网络，让它学会操纵转向盘，从而学会驾驶汽车！因为使用了深度学习，这个看似困难的事情实则变得非常简单。

本章将通过修改 Carla 模拟器的一个例子，来实现让神经网络学会驾驶汽车的目的。首先保存创建数据集所需要的图像，然后使用读者的神经网络来“驾驶”模拟器。读者的神经网络受 NVIDIA DAVE-2 架构的启发，同时本章还将探索如何更好地可视化神经网络的关注点所在。

本章将包括以下主题：

- 利用行为克隆技术，教神经网络如何驾驶汽车。
- NVIDIA DAVE-2 神经网络。
- 在 Carla 模拟器中录制影像和转向盘转角。
- 录制三个视频流。
- 创建神经网络。
- 训练用于回归的神经网络。
- 显著图的可视化。
- 与 Carla 模拟器集成实现自动驾驶。
- 使用生成器训练更大的数据集。

8.1 技术需求

为了能够使用本章所讲解的代码，读者需要安装以下工具和模块：

- Carla 模拟器。
- Python 3.7。
- NumPy 模块。
- TensorFlow 模块。
- Keras 模块。
- Keras-vis 模块。
- OpenCv-Python 模块。
- GPU（推荐使用）。

可以在以下链接中找到本章的代码：

https://github.com/PacktPublishing/Hands-On-Vision-and-Behavior-for-Self-Driving-Cars/tree/master/Chapter8。

8.2 教神经网络如何使用行为克隆驾驶

一辆自动驾驶汽车的硬件和软件组成非常复杂。即使是没有自动驾驶功能的汽车，其硬件部分就已经集成了成千上万个机械零件，但是对于一辆自动驾驶汽车，除了普通汽车必备的那些硬件，还包括大量的传感器。其实对于自动驾驶汽车来说，相比于软件部分，硬件部分还不是最复杂的。传言早在 15 年前，一家世界级的汽车制造商就不得不在软件性能上妥协，因为按原本的设想开发下去的话，其复杂性将远远超出控制。给读者一个大致的概念，一辆跑车上搭载有 50 多颗 CPU！

显然，想让自动驾驶汽车像有人驾驶汽车一样快速且安全是一个艰巨的挑战。虽然一眼看过去这个挑战是如此艰巨，但作者发现有时可能只用十几行代码就能做到。这让作者意识到，或许驾驶这样复杂的事情本就可以用很简单的逻辑写成的代码来实现。但不用过早惊讶，因为深度学习的使用，某种程度上数据比代码更重要。

因为没有足够的经费在自动驾驶汽车上进行实车测试，所以作者将使用 Carla 模拟器来训练一个神经网络，该神经网络可以根据接收到的摄像头记录的视频生成转向盘转角。作者没有使用其他传感器，但实际上读者可以加入任何传感器，只是需要修改一下神经网络以接收这些额外的数据。

作者的目标是使用部分 Town04 赛道教会 Carla 驾驶汽车跑上一圈，Town04 赛道是 Carla 模拟器赛道中的一条。作者希望神经网络先直直地开过去，然后向右拐过几个弯，直到到达起点。原则上，想要教会神经网络驾驶汽车，只需要读者自己在 Carla 模拟器中开上几圈，在这个过程中记录道路各个位置上的图像和转向盘转角，这就是所谓的行为克隆。

任务分为三个步骤：

- 构建数据集。
- 设计和训练神经网络。
- 把神经网络集成到 Carla 模拟器中。

作者的工作受到了 NVIDIA 的 DAVE-2 系统的启发。那么，先来介绍一下 NVIDIA 的 DAVE-2 系统。

8.3 DAVE-2 简介

DAVE-2 是 NVIDIA 设计的一个用来训练神经网络驾驶汽车的系统，这个系统想证明原则上只需要单个神经网络就可以实现在道路上驾驶汽车的功能。换句话说，只要提供足够的数据，神经网络就可以被训练成能够在真实的道路上驾驶汽车的合格驾驶员。多少数据才足够呢？NVIDIA 大概使用了 72h（每秒 10 帧）的视频。

DAVE-2 的基本思想很简单：向神经网络输入一段视频，神经网络就会计算出转向盘转角，或者其他等效的控制量。训练过程中由人类驾驶员开车，系统从摄像头（训练数据）和驾驶员转动的转向盘（训练标签）收集数据。这被称为行为克隆，是因为神经网络在试图模仿人类驾驶员的行为。

这样的训练有点过于简单了，因为训练过程中大多数标签都是 0（驾驶员直行），所以神经网络学不会怎么保持车辆在车道中央。为了解决这个问题，NVIDIA 使用了以下三个摄像头：

- 一个在车的中央，模拟真正的人类怎么行驶。
- 一个在车的左侧，模拟如果车太靠左该怎么行驶。
- 一个在车的右侧，模拟如果车太靠右该怎么行驶。

为了让左、右摄像头有用，必须改变不同位置摄像头记录视频和转向盘转角的关联关系，以模拟校正。所以，左摄像头需要与向右多转一些的转向盘转角进行关联，右摄像头需要与向左多转一些的转向盘转角进行关联。

图 8.1 展示了 NVIDIA DAVE-2 系统。

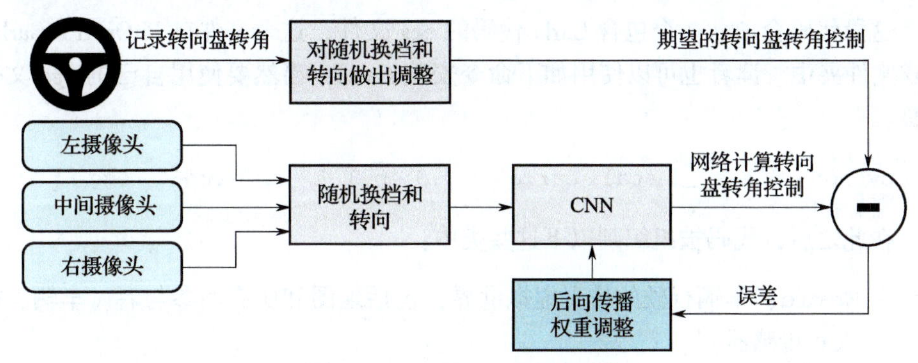

图 8.1　NVIDIA DAVE-2 系统

为了增强系统的鲁棒性，NVIDIA 还增加了随机换挡和转向，训练神经网络在这些突发情况下调整汽车的转向盘，但作者没这样做。不过作者也会使用三个视频流来训练神经网络。

作者从 Carla 模拟器中获得这三个视频流和转向盘转角，这一章会大量地使用 Carla 模拟器。不过在正式开始写代码前，读者需要先熟悉一下 manual_control. py，这是一个作者打算直接复制、修改并使用的文件。

8.3.1　初识 manual_control. py

作者将修改位于 PythonAPI/examples 目录的 manual_control. py 文件，而不是从头编写一个完整的客户端。

本章通常会说明要改的代码在哪里，但是读者需要看一下 github 中的项目文件才能找到要改的代码。

开始前，请注意本章的代码在版本要求上可能很严格，尤其是可视化部分，因为这部分使用了一个尚未更新的库。

作者的建议是使用 Python 3. 7 并安装 TensorFlow version 2. 2，Keras 2. 3 和 scipy 1. 2，如下所示：

```
pip install tensorflow = =2.2.0
pip install keras = =2.3.1
pip install scipy = =1.2.3
```

阅读 manual_control. py 文件，读者可能会首先注意到这段代码：

```
try:
sys.path.append(glob.glob('../carla/dist/carla - * % d.% d - % s.egg'
% (
sys.version_info. major,
sys. version_info. minor,
'win - amd64 'if os. name = = 'nt'else'linux - x86_64 '))[0])
except IndexError:
pass
```

这段代码会加载一个包含 Carla 代码的 egg 文件，这个文件在 PitOnAPI/Carla/dist/文件夹中。读者也可以使用如下命令安装 Carla，当然要使用自己的 egg 文件名称：

```
python -m easy_install carla-0.9.9-py3.7-win-amd64.egg
```

在此之后，代码被组织到以下这些类中：

- World：车辆行驶的仿真虚拟世界，包括地图和所有的参与者（车辆、行人和传感器）。
- KeyboardControl：其对用户按下的键做出反应并具有一定的逻辑，基于按下的时间长短，将转向、制动和加速的二进制开/关键转换为范围更大的数值，使汽车更容易控制。
- HUD：用于显示与模拟相关的所有信息，例如速度、转向和加速，并且它管理一些发布给用户的信息通知，这些消息通知会持续几秒钟。
- FadingText：被 HUD 类用来显示通知，这些通知在几秒钟后消失。
- HelpText：使用 pygame 显示一些文本，pygame 是 Carla 使用的一个游戏库。
- CollisionSensor（碰撞传感器）：这是一种能够检测碰撞的传感器。
- LaneInvasionSensor（车道侵入传感器）：这是一个能够检测是否越过了车道线的传感器。
- GnssSensor（全球导航卫星系统传感器）：这是一个全球定位系统/全球导航卫星系统传感器，在 OpenDRIVE 地图中提供 GNSS 位置信息。
- IMUSensor（惯性传感器）：这是惯性测量单元，它使用加速度计来检测汽车的加速度，使用陀螺仪来测量汽车的角速度。
- RadarSensor（雷达传感器）：一种雷达，提供探测到的元素的二维地图，包括它们的速度。
- CameraManager（摄像头管理员）：这是一个管理摄像头并打印它的类。

还有其他一些值得注意的类：

- main()：这主要是用于解析操作系统收到的参数。
- game_loop()：这主要是初始化 pygame、Carla 客户端和所有相关的对象。它还实现了游戏循环，以 60Hz 的频率循环执行，然后把最新的图像呈现在屏幕上。

可视化框架由 game_loop() 触发，如下所示：

```
world.render(display)
```

world.render() 方法调用 CameraManager.render()，这个函数用于显示最新的帧。

如果查看代码，读者可能已经发现Carla使用弱引用来避免循环引用。弱引用是一种不阻止对象的内存地址被回收的引用，这在某些情况下很有用，例如缓存。

当使用Carla模拟器时，有一件重要的事情需要注意。一些代码运行在服务器上，而另一些代码运行在客户端上，可能很难分清两者。但是这可能会产生意想不到的后果，比如模型运行速度是正常速度的1/30~1/10，可能是因为它被序列化到了服务器上，尽管这只是作者遇到这个问题后的推测。出于这个原因，本章只在game_loop()上运行了推理，因为game_loop()肯定是在客户端上运行。这也意味着每一帧的图像是在服务器上计算并发送到客户端的。

需要考虑的另一件事情是，Carla的API并不稳定，Carla 0.9.0删除了许多应该很快就会被添加回来的功能。说明文档也没有特别更新这些缺失的API，所以如果事情没有按预期进行，不要惊讶。希望这能很快得到解决。同时，读者可以使用旧版本。作者用的是Carla 0.9.9.2，虽然还存在一些不足之处，但已经足够满足作者的需求了。

现在读者对Carla有了更多的了解，接下来看看如何从一个视频流开始记录数据集。

8.3.2 录制一段视频

原则上，用Carla录制一段视频非常简单，因为已经集成了录制视频的选项。在PythonAPI/ examples目录下运行manual_control. py，当读者按R时，Carla就会开始录制。

问题在于除了视频作者还想要记录对应的转向盘转角。通常，可以将这些数据保存在某种类型的数据库中，如CSV文件或pickle文件。为了简化任务以更好地专注于核心任务，作者将把转向角和其他数据添加到文件名当中。这会简化数据集的构建，因为可能会为了修复特定的问题而记录一些运行结果，并且可以只将文件移动到一个新的目录，轻松地保留所有信息，而不必更新数据库上的路径。

如果读者不喜欢，可以使用更好的方式来记录。

现在可以从头开始编写一个与Carla服务器集成并能完成必要工作的客户端，但是为了简单有效地分离需要的模块，作者只复制manual_control. py并把它添加到manual_control_recording. py当中。

请记住，这个文件应该在PythonAPI/examples目录下运行。现在要做的第一件事是将道路更改为Town04，因为它比默认道路更有训练价值，如下所示：

```
client.load_world('Town04')
client. reload_world()
```

上述的代码需要在game_loop()中运行。

名字为client的变量显然是指连接到Carla服务器的客户。

现在还需要将生成点(模拟开始的地方)固定下来，因为默认每次都会变化，如下所示：

```
spawn_point = spawn_points[0] if spawn_points else carla.
Transform()
```

现在，读者需要更改文件名。如果像前面那样做了，不仅不用再记录转向盘转角，而且还不用再记录加速和制动。虽然可能用不到它们，但一旦想用就能轻松调用。可以在 CameraManager 类中定义以下对象：

```
def set_last_controls(self, control):
self. last_steer = control. steer
self. last_throttle = control. throttle
self. last_brake = control. brake
```

现在，读者可以按如下方式保存文件：

```
image.save_to_disk('_out/%08d_%s_%f_%f_%f. jpg' % (image. frame,
  camera_name, self. last_steer, self. last_throttle,
  self. last_brake)
```

image. frame 变量包含当前帧的编号，camera_name 现在并不重要，但它将具有 MAIN 值。

图像变量还包含作者想要保存的当前图像。当前图像应该以以下格式命名：

```
00078843_MAIN_0.000000_0.500000_0.000000. jpg
```

在前面的文件名中，可以读取以下信息：

- 帧号（00078843）。
- 摄像头（MAIN）。
- 转向盘转角（0.000000°）。
- 加速踏板（0.500000）。
- 制动器（0.000000）。

图 8.2　Carla 的一帧，转向盘转角为 0°

在本节的例子中，Carla 的一帧如图 8.2 所示。

这一帧图像很好，但是还差点意思。车辆应该停在另一条车道上，或者应该稍微右转。使用行为克隆技术，汽车向驾驶员学习如何驾驶汽车，所以驾驶员的行为也很重要。用键盘控制 Carla 模拟器并不是很方便，而且在录制时，由于保存图像的延时，键盘控制效果会更差。当然真正的问题是读者需要记录三个摄像头，而不仅仅是一个。下面介绍怎么做到这点。

录制三个视频流

要录制三个视频流，首先要有三个摄像头。默认设置下，Carla 有以下五个位置的摄像头：

- 一个经典的第三人称视角，车后上方视角的摄像头。
- 从汽车的前部，朝向道路（向前看）的摄像头。
- 从汽车的前部，朝汽车（向后看）的摄像头。
- 从远处上方看的摄像头。
- 从左侧看的摄像头。

图 8.3 中可以看到前三个摄像头。

图 8.3　从车后上方、朝向道路和朝向汽车的摄像头

第二个摄像头的图像对读者很有用。

图 8.4 是从其余两台摄像头拍摄的照片。

图 8.4　Carla 摄像头从远处上方和左侧拍摄

最后一个摄像头的图像很有意思，虽然通常人们不想自己的车也出现在记录的图像中。默认设置没有右边的摄像头，出于某种原因，Carla 的作者没有把它添加到默认列表中。

幸运的是，更换已有摄像头或添加新摄像头非常简单。以下是原始摄像头的定义，CameraManager 的构造函数如下：

```
bound_y = 0.5 + self._parent.bounding_box.extent.y
self._camera_transforms = [
 (carla.Transform(carla.Location(x = -5.5, z = 2.5),
 carla.Rotation(pitch = 8.0)), Attachment.SpringArm),
 (carla.Transform(carla.Location(x = 1.6, z = 1.7)),
```

```
 Attachment.Rigid),
(carla.Transform(carla.Location(x=5.5, y=1.5, z=1.5)),
Attachment.SpringArm),
(carla.Transform(carla.Location(x=-8.0, z=6.0),
carla.Rotation(pitch=6.0)), Attachment.SpringArm),
(carla.Transform(carla.Location(x=-1, y=-bound_y, z=0.5)),
Attachment. Rigid)]
```

首次尝试，作者只保留第二个和第五个摄像头，但作者希望它们能被安放在相似的位置。Carla 是用虚幻 4 引擎写的。在虚幻的引擎中，z 轴为竖轴（上下），x 轴为纵轴（前后），y 轴为横轴（左右）。所以，作者希望摄像头有相同的 x 和 z 坐标。作者还想在右边添加第三个摄像头。为此，改变 y 坐标的符号就足够了。下边是最终代码，仅适用于摄像头：

```
(carla.Transform(carla.Location(x=1.6, z=1.7)), Attachment.
Rigid),
(carla.Transform(carla.Location(x=1.6, y=-bound_y, z=1.7)),
Attachment. Rigid),
(carla. Transform(carla. Location(x=1.6, y=bound_y, z=1.7)),
Attachment. Rigid)
```

读者可以在这里停下来看一下代码。本章最终将横向摄像头移到了更靠边的位置，这可以通过更改 bound_y 来实现，如下所示：

```
bound_y=4
```

图 8.5 是现在得到的图像。

图 8.5　新摄像头位置：左边、前面（主摄像头）和右边

现在，读者应该能够更加容易地理解一开始提到的用三个视频流来训练神经网络的方法：把左右摄像头的图像与主摄像头对比，会发现车辆的轨迹不在正确的位置，神经网络可以利用左右摄像头的图像训练校正轨迹。当然，这么做有一个前提，即主摄像头记录的视频是预期的位置。

目前虽然已经把摄像头的位置放好了，但是还没有启动。需要在 World.restart() 中加入它们，如下所示：

```
self.camera_manager.add_camera(1)
self.camera_manager.add_camera(2)
```

CameraManager.add_camera()的定义如下：

```
camera_name = self.get_camera_name(camera_index)
if not (camera_index in self.sensors_added_indexes):
  sensor = self._parent.get_world().spawn_actor(
  self.sensors[self.index][-1],
  self._camera_transforms[camera_index][0],
  attach_to = self._parent,
  attachment_type = self._camera_transforms[camera_
index][1])
  self.sensors_added_indexes.add(camera_index)
  self.sensors_added.append(sensor)
  # We need to pass the lambda a weak reference to self
to avoid
  # circular reference.
  weak_self = weakref.ref(self)
  sensor.listen(lambda image: CameraManager._save_
image(weak_self, image, camera_name))
```

上段代码的作用如下：

1）把指定的摄像头设置为传感器。

2）将传感器添加到列表中。

3）指示传感器调用 lambda 函数，该函数调用 save_image()保存图像。

下面的 get_camera_name()用于根据摄像头的索引为摄像头获取一个有意义的名称，该索引依赖于前面定义的摄像头：

```
def get_camera_name(self, index):
  return 'MAIN' if index == 0 else ('LEFT' if index == 1 else
  ('RIGHT' if index == 2 else 'UNK'))
```

在看 save_image()的代码之前，下面先讨论一个小问题。

把三个摄像头的每一帧都记录下来会出现卡顿，导致单个摄像头帧率（FPS）很低，造成训练效果不是很好。因此，读者只能“矫枉过正”，记录一个次优的数据集，并用这个数据集教汽车如何曲折前进。为了缓解这个问题，每一帧只记录一个摄像头的图像，然后下一帧的转到另一个摄像头，这样将循环记录三个摄像头视图。毕竟连续的帧是相似的，所以这样做并不成问题。

NVIDIA 使用的摄像头原本是以 30FPS 录制的，但跳过了大部分的帧，最终只以 10FPS 来记录，原因就是相邻的帧非常相似，虽然增加了训练时间，但没有提供更多的信息供神经网络学习。虽然没有以最高的速度记录，但是得到的数据集会更好，如果想要一个更大的数据集，可以通过延长 Carla 中驾驶的时间而非提高录制帧率。

第一步：save_image( )函数首先检查这是否是作者想要记录的帧，如下所示：

```
if self.recording:
  n = image.frame % 3
  # Save only one camera out of 3, to increase fluidity
if (n == 0 and camera_name == 'MAIN') or (n == 1 and
camera_name == 'LEFT') or (n == 2 and camera_name ==
'RIGHT'):
# Code to convert, resize and save the image
```

第二步：将图像转换成适合 OpenCV 的格式，因为作者将使用 OpenCV 来保存图像。作者需要把原始图像转换为 NumPy，还需要删掉一个彩色通道，因为 Carla 使用 BGRA 生成图像，有四个通道：蓝色、绿色、红色和透明度，如下所示：

```
img = np.frombuffer(image.raw_data, dtype = np. dtype('uint8'))
img = np. reshape(img, (image. height, image. width, 4))
img = img[:, :, : 3]
```

第三步：调整图像的大小，裁剪出需要的部分，并保存它，如下所示：

```
img = cv2. resize(img, (200, 133))
img = img[67:, :, :]
cv2. imwrite('_out/%08d_%s_%f_%f_%f. jpg' % (image. frame, camera_
name, self. last_steer, self. last_throttle, self. last_brake),
img).
```

可以在 github 中的代码库中看到，作者记录了很多图像，足够汽车驾驶通过一两个弯道，但是如果想沿着整个赛道行驶，将需要更多的图像，而且人类驾驶员驾驶得越好，记录图像对训练神经网络的效果就越好。

现在有了摄像头，下面需要用它们来构建作者需要的数据集。接下来介绍构建数据集的具体做法。

构建数据集

显然，要构建一个良好有效的数据集，需要在人工驾驶中记录“理想”转弯，越多越好。同时也要记录修正轨迹的驾驶动作。虽然左右摄像头的加入已经大大增加了修正轨迹的训练，但是也应该记录下汽车靠近道路边缘、转动转向盘使汽车向道路中间行驶的几个阶段。

例如，考虑汽车靠近左侧转向右侧行驶的阶段，如图 8.6 所示。

图 8.6　汽车靠近左侧，转向右侧

如果转弯时车辆没有按照读者想要的方式行驶，可以像作者一样试试多录制几次。

现在，在图像名称中记录转向盘参数的优势就体现出来了。可以将这些修正轨迹的图像分组放到专门的目录中，或者任何想要放的目录中，并根据需要将它们放入或取出数据集。

读者甚至可以手动删除转向盘转角错误的图像，如果错误的图像不是很多的话，则可能没必要这么做。

尽管每帧只记录了一个摄像头，但这辆车还是很难开，尤其是在控制速度方面。作者个人比较喜欢限制加速踏板，因为这样车开起来就不会太快，并且可以随意控制减速。

加速踏板的值一般可以达到 1，所以为了限制它，在键盘控制中使用一行代码就足够了，在键盘控制的. _parse_vehicle_keys( ) 中添加代码如下所示：

```
self._control. throttle = min(self. _control. throttle + 0.01, 0.5)
```

为了增加流畅度，可以使用较低的分辨率运行客户端，如下所示：

```
python manual_control_packt.py - res 480x320
```

也可以降低服务器的分辨率，如下所示：

```
CarlaUE4 - ResX = 480 - ResY = 320
```

现在已经有了原始的数据集，下一步是用正确的转向角创建真实数据集。接下来介绍数据预处理方法。

数据预处理

读者记录的原始数据集在使用前需要一些预处理。

预处理当中最重要的是校正左右摄像头的转向盘转角。

方便起见，可以额外编写一个程序来完成预处理，这样读者就可以直接更改原始数据集，而不必再次录制图像。

首先，需要从文件名中提取数据（假设文件是 JPG 或 PNG 格式），如下所示：

```
def expand_name(file):
idx = int(max(file. rfind('/'), file. rfind('\ \')))
prefix = file[0: idx]
file = file[idx:]. replace('. png',"). replace('. jpg',")
parts = file. split('_')
(seq, camera, steer, throttle, brake, img_type) = parts
return (prefix + seq, camera, to_float(steer),
to_float(throttle), to_float(brake), img_type
```

to_float 只是让读者方便地将 -0 转换为 0。

现在，改变转向盘转角就变得很简单了，如下所示：

```
(seq, camera, steer, throttle, brake, img_type) = expand_
name(file_name)
if camera = = 'LEFT':
steer = steer + 0.25
if camera = = 'RIGHT':
steer = steer - 0.25
```

作者加上了 0.25 的修正。如果摄像头离车比较近，可以减小修正数。

在此过程中，读者还可以添加镜像图像，以稍微增加数据集的大小。

现在读者已经对数据集进行了预处理，之后准备训练一个类似于 DAVE-2 的神经网络，让它学会驾驶。

8.3.3 神经网络建模

为了创建神经网络，作者借鉴了 DAVE-2，这是一个非常简单的神经网络，如下所示：

- 从 λ 层开始，将图像像素限制在（-1，1）范围内，如下所示：

```
model = Sequential()
model. add(Lambda(lambda x: x/127.5 -1., input_shape = (66, 200, 3))
```

- 然后，有三个卷积核大小为 5 的卷积层和使输出分辨率减半的 strides（2，2），以及三个卷积核大小为 3 的卷积层，如下所示：

```
model. add(Conv2D(24, (5, 5), strides = (2, 2),
activation = 'elu'))
model. add(Conv2D(36, (5, 5), strides = (2, 2),
activation = 'relu'))
```

```
model.add(Conv2D(48, (5, 5), strides=(2, 2),
activation='relu'))
model.add(Conv2D(64, (3, 3), activation='relu'))
model.add(Conv2D(64, (3, 3), activation='relu'))
```

- 全连接层如下：

```
model.add(Flatten())
model.add(Dense(1164, activation='relu'))
model.add(Dense(100, activation='relu'))
model.add(Dense(50, activation='relu'))
model.add(Dense(10, activation='relu'))
model.add(Dense(1, activation='tanh'))
```

作者发现只需要这几行代码就可以让一辆车在真实道路上自动行驶。

虽然它看起来或多或少类似于读者之前看到的其他神经网络，但与它们相比有一个很大的区别——最后一次激活的不是 softmax 函数，因为这不是一个分类器，而是一个需要执行回归任务的神经网络，用于预测给定图像的正确转角。

神经网络执行回归指的是它尝试在一个潜在的连续区间（例如，[-1，1]）预测一个值。而在分类任务中，神经网络的任务是预测哪个标签更有可能是正确的，并且可能代表图像的内容。因此，能够区分猫和狗的神经网络是一个分类器，而能够根据面积大小和位置预测公寓价格的神经网络则是在执行回归任务。

下一节介绍怎样来使神经网络执行回归。

8.3.4　训练回归神经网络

正如前面所说，本书中这个神经网络的不同之处在于缺少 softmax 层。取而代之的是 Tanh（双曲正切）函数，这是一个用于生成（ -1，1）范围内的值的激活函数，这是本节需要的转角范围。然而，原则上，读者并不能激活并直接使用最后一个神经元的值。

图 8.7 显示了 Tanh 函数。

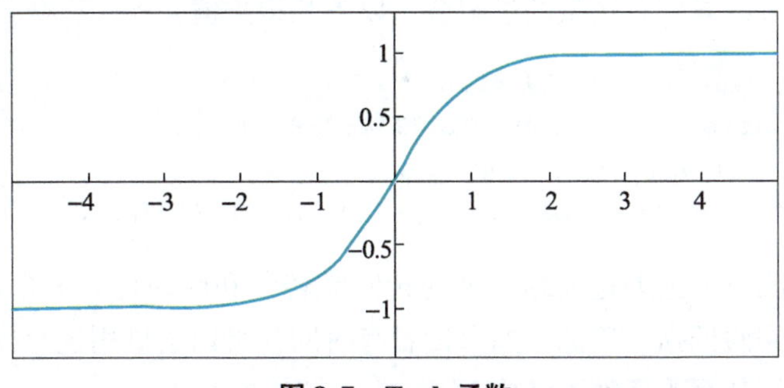

图 8.7　Tanh 函数

如图 8.7 所示，Tanh 函数将激活范围限制在（-1，1）范围内。

通常在训练一个分类器时，比如在 MNIST 或 CIFAR-10 数据集的例子中，使用分类交叉熵（categorical_crossentropy）作为损失函数，使用准确度（accuracy）作为度量。然而，对于回归，需要使用均方误差（mse）作为损失函数，使用余弦接近度（cosine_proximity）作为度量。

余弦接近度表征向量相似性。因此，1 表示它们相同，0 表示它们垂直，-1 表示它们相反。损失和度量代码片段如下所示：

```
model.compile(loss=mse, optimizer=Adam(), metrics=
['cosine_proximity'])
```

代码的其余部分和分类器一样，只是不需要使用独热编码。

使用 DAVE-2 进行行为克隆和训练的图表如图 8.8 所示。图中，T_loss 表示训练损失；V_loss 表示验证损失；T_acc 表示训练准确率；V_acc 表示验证准确率。

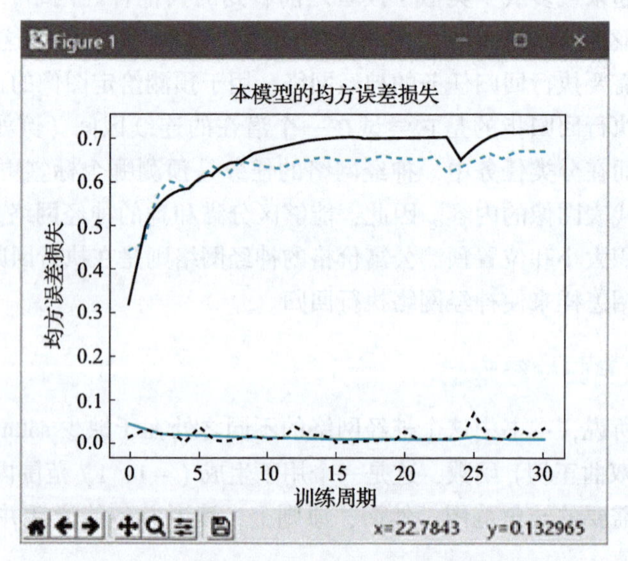

图 8.8 使用 DAVE-2 进行行为克隆和训练

图 8.8 中可以看到有轻微的过拟合。以下是损失值：

```
Min Loss: 0.0026791724107401277
Min Validation Loss: 0.0006011795485392213
Max Cosine Proximity: 0.72493887
Max Validation Cosine Proximity: 0.6687041521072388
```

在这种情况下，损失是训练记录的转向盘转角和网络计算的角度之间的均方误差。可以看到验证损失较低。如果读者有时间，可以尝试用这个模型进行试验，增加随机失活，甚至改变整个结构。

下一步是把神经网络与 Carla 整合起来，看看它是如何驾驶车辆的，但在此之前，作者想知道神经网络的关注点是否是道路适当的地方。下一节将展示如何使用一种称为显著图的技术来做到这一点。

8.3.5　可视化显著图

本节举例解释神经网络的关注点是什么地方，这种说法是什么意思？首先选择一个图像如图 8.9 所示。

图 8.9　测试图像

如果读者在这条路上开车，作为人类驾驶员，读者会注意车道和墙，尽管实际上墙不如最外侧靠近它的那条车道那么重要。

读者已经知道如何了解像 DAVE-2 这样的 CNN（卷积神经网络）正在考虑什么。由于卷积层的输出是图像，可以将其可视化如图 8.10 所示。

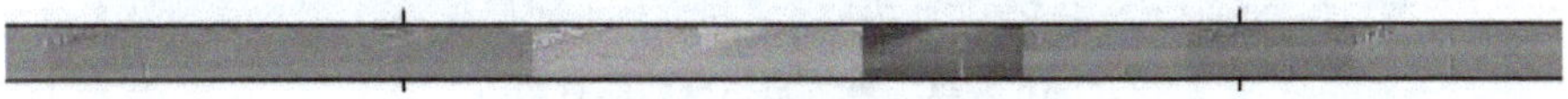

图 8.10　第一个卷积层的部分激活

这是一个很好的起点，但作者想要更好。作者希望了解哪些像素对预测贡献最大。为此，需要用到显著图。

Keras 不直接支持显著图，但是可以使用 Keras-vis。可以使用 pip 安装它，如下所示：

```
sudo pip install keras-vis
```

获得显著图的第一步是创建一个模型，该模型包括原模型的一部分，从原模型的输入开始，结束于要分析的层。生成的代码与读者看到的激活代码非常相似，只是为了方便起见，还需要索引层，如下所示：

```
conv_layer, idx_layer = next((layer.output, idx) for idx, layer
in
  enumerate(model.layers) if layer.output.name.
startswith(name))
act_model = models.Model(inputs = model.input, outputs = [conv_
layer]
```

虽然在本书的情况下不需要，但可能有些情况下希望将激活更改为线性，然后重新加载模型，如下所示：

```
conv_layer.activation = activations.linear
sal_model = utils.apply_modifications(act_model)
```

现在，只需调用 visualize_saliency( ) 即可，如下所示：

```
grads = visualize_saliency(sal_model, idx_layer,
filter_indices = None, seed_input = img)
plt.imshow(grads, alpha = .6)
```

作者感兴趣的是最后一层卷积层（输出层）的显著图，但作为练习，作者将遍历所有卷积层，看看它们理解了什么。

图 8.11 是第一卷积层的显著图。

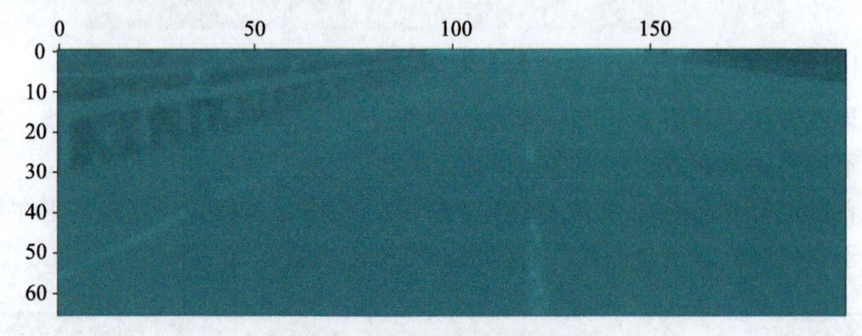

图 8.11　第一卷积层的显著图

第一卷积层的显著图没有令人印象深刻的地方，因为和原始图像相比没有显著特征。图 8.12 为第二卷积层的显著图。

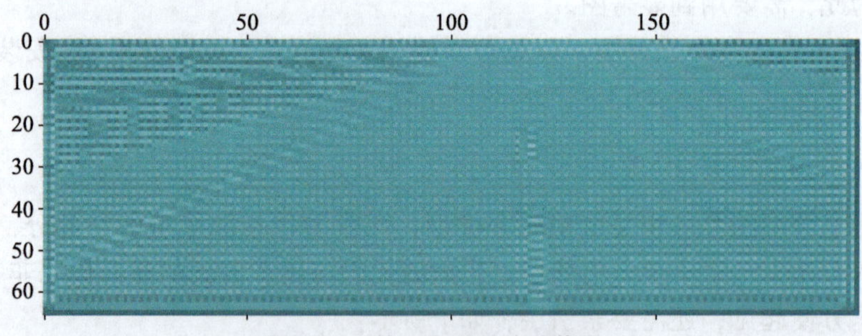

图 8.12　第二卷积层的显著图

这是一个进步，读者能在中线、墙上和右车道外侧的土地上看到一些重点特征区域，但这些特征不是很清楚。图 8.13 为第三卷积层的显著图。

现在可以下结论，图 8.13 中可以看到神经网络正在把一些注意力集中于中央和左侧车道线，一些注意力集中在墙上和右侧车道线。神经网络似乎在试图理解路的尽头在哪。第四卷积层的显著图如图 8.14 所示。

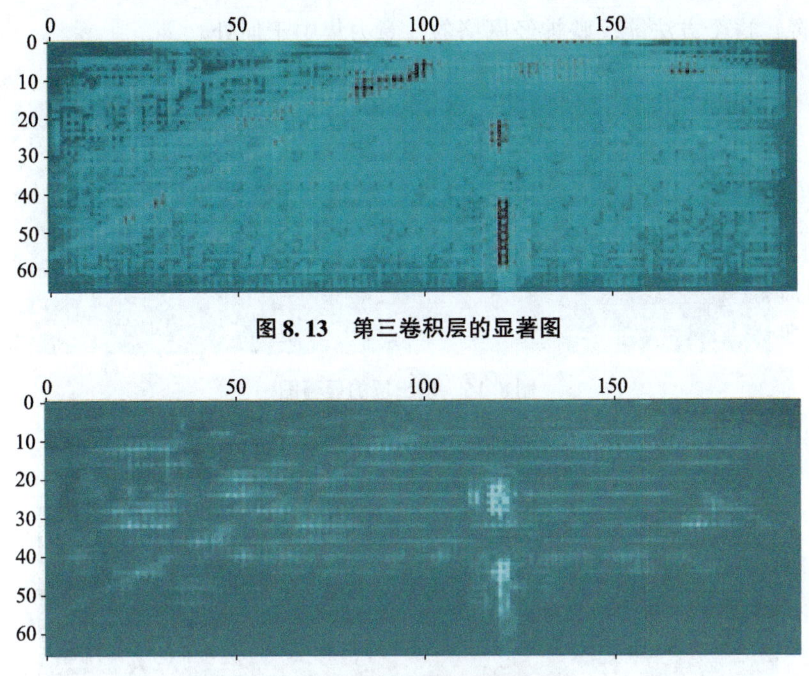

图 8.13　第三卷积层的显著图

图 8.14　第四卷积层的显著图

在这里，读者可以看到神经网络的注意力主要集中在中央车道线，但在左侧车道线和墙上也分散了一点注意力，在整条路上也分散了一点注意力。

读者还可以检查第五层和最后一层卷积层，第五卷积层的显著图如图 8.15 所示。

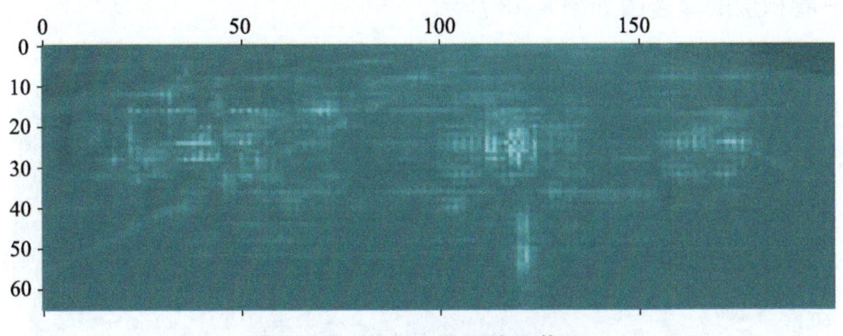

图 8.15　第五卷积层的显著图

第五卷积层类似于第四卷积层，只是在左侧车道线和墙上更多了一些注意力。

读者还可以可视化全连接层的显著图。下面看看最后一层即输出层的结果，图 8.16 是这张图像的真正显著图。

输出层的显著图，也是最重要的一个，显示了注意力主要集中在中央车道线和右侧车道线，然后是右上角，这可能是神经网络正在尝试估计汽车与右边车道的距离。由图 8.16 还可以看出，还有一部分注意力在墙上和左侧车道上。所以，总的来说，这个方法能反映神经网络的注意力集中于何处。

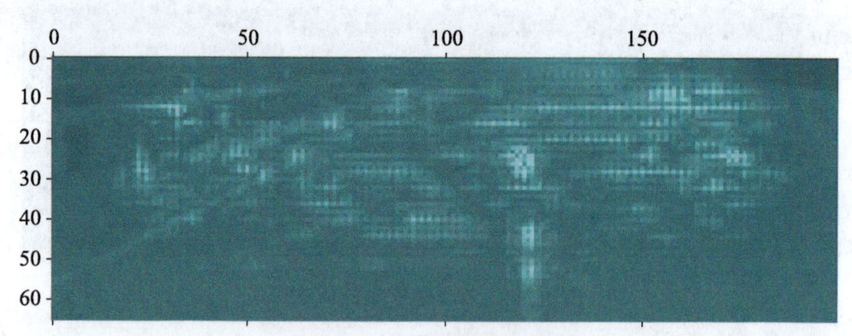

图 8.16　输出层的显著图

接下来用另一张图像试试，第二张测试图像如图 8.17 所示。

图 8.17　第二张测试图像

这是一个有趣的图像，因为它是从网络没有经过训练的道路的一部分拍摄的，但是它仍然表现得非常好。

第三卷积层的显著图如图 8.18 所示。

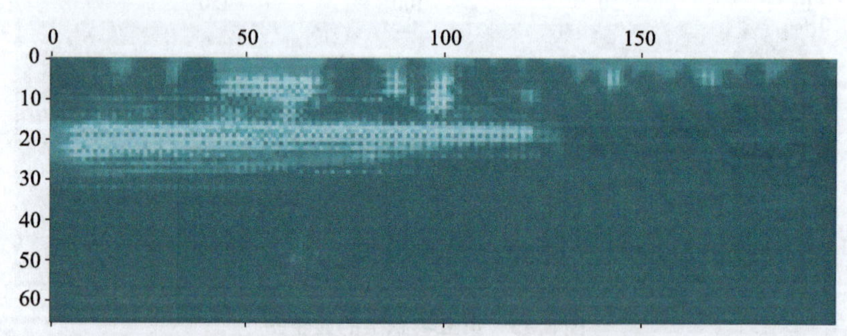

图 8.18　第二张测试图像第三卷积层的显著图

神经网络似乎非常关注路的尽头，它似乎也检测到了几棵树。如果它是为了制动而训练的，注意力确实会如此分配。

输出层的显著图如图 8.19 所示。

图 8.19 和图 8.18 挺像的，但是只在中线和右线投注了注意力，几乎没有关注路面。这很不错。

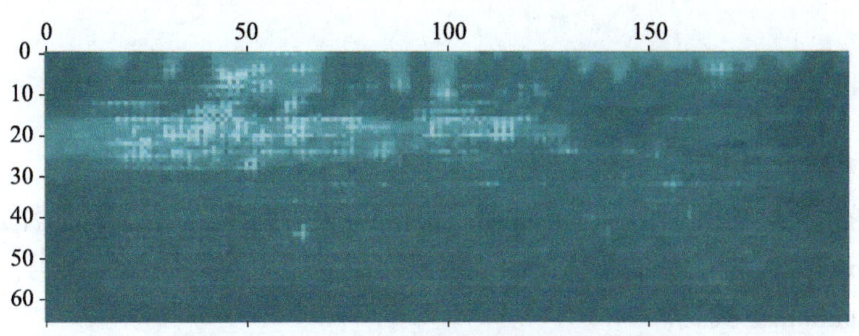

图 8.19　第二张测试图像输出层的显著图

下面用图像来试最后一次，这张图像来自训练集，用于训练神经网络向右转，第三张测试图像如图 8.20 所示。

图 8.20　第三张测试图像

输出层的显著图如图 8.21 所示。

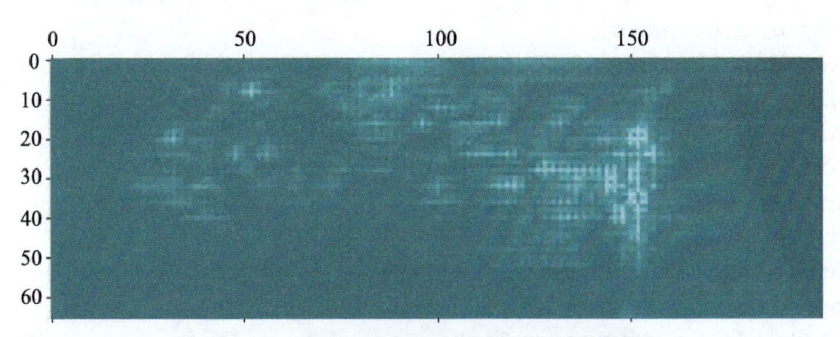

图 8.21　第三张测试图像输出层的显著图

由图 8.21 可以看出，神经网络主要关注右侧车道线，也关注整条道路，还有一点注意力在左线上。

正如上面看到的那样，显著图可以成为理解神经网络行为的有效工具，让读者能轻松地看出神经网络是如何理解世界的。

现在终于到了把神经网络和 Carla 集成的时候了，看看作者的神经网络在真实世界中的表现如何。系好安全带，因为作者要发车了，驾驶员是作者的神经网络。

8.4 神经网络与 Carla 的集成

现在来把神经网络与 Carla 结合起来，实现无人驾驶。

和以前一样，先制作一份 manual_control. py 的副本，可以重命名成 manual_control_drive. py。为了简单起见，本节将只展示需要更改或添加的代码，完整源代码可以在 github 上找到。

请记住，这个文件应该在 PythonAPI/examples 目录下运行。

原则上，让神经网络控制转向盘非常简单，因为只需要分析当前帧并设置转向。但是，也需要加速，否则汽车不会移动！

在 game loop 循环中运行推理（inference）非常重要，需要确定它正在客户端上运行，否则性能将大幅下降，并且由于接收帧和发送驱动指令之间的延迟过长，读者的神经网络将很难驾驶。

由于 Carla 客户端每次更换汽车，加速的效果都会发生变化，不同的加速效果会让车开得太快或太慢。对此需要调整加速效果，或者可以一直使用同一辆车，本节将采用后一种方法。可以用下面一行代码得到 Carla 中的可用汽车列表：

```
vehicles = world. get_blueprint_library(). filter('vehicle. *')
```

直到撰写本书时，这行代码会产生以下列表：

```
vehicle. citroen. c3
vehicle. chevrolet. impala
vehicle. audi. a2
vehicle. nissan. micra
vehicle. carlamotors. carlacola
vehicle. audi. tt
vehicle. bmw. grandtourer
vehicle. harley - davidson. low_rider
vehicle. bmw. isetta
vehicle. dodge_charger. police
vehicle. jeep. wrangler_rubicon
vehicle. mercedes - benz. coupe
vehicle. mini. cooperst
vehicle. nissan. patrol
vehicle. seat. leon
vehicle. toyota. prius
vehicle. yamaha. yzf
vehicle. kawasaki. ninja
vehicle. bh. crossbike
vehicle. tesla. model3
vehicle. gazelle. omafiets
```

```
vehicle.tesla.cybertruck
vehicle.diamondback.century
vehicle.audi.etron
vehicle.volkswagen.t2
vehicle.lincoln.mkz2017
vehicle.mustang.mustang
```

在 World.restart()中，读者可以选择自己喜欢的汽车，如下所示：

```
bp = self.world.get_blueprint_library().filter(self._actor_
filter)
blueprint = next(x for x in bp if x.id == 'vehicle.audi.tt')
```

Carla 使用一些组件模型，可以代表车辆、行人、传感器、交通信号灯、交通标志等，模型是由称为蓝图的模板创建的。稍后，在同一个函数中，代码（不需要修改）使用 try_spawn_actor()创建了一辆汽车，如下所示：

```
self.player = self.world.try_spawn_actor(blueprint, spawn_
point
```

如果现在运行代码，读者会看到这辆车，但视角不对。按 Tab 键来修复它，如图 8.22 所示。

图 8.22　左：默认初始摄像头，右：自动驾驶摄像头

如果读者想从训练驾驶车辆的地方开始，也应该用同样的方法设定起点，如下所示：

```
spawn_point = spawn_points[0] if spawn_points else carla.
Transform()
```

如果不这样做，汽车的初始位置是随机的，这会导致一些问题。

在 game_loop()中，还需要选择合适的道路，如下所示：

```
client.load_world('Town04')
client.reload_world()
```

如果现在运行它，在按下 Tab 键后，效果如图 8.23 所示。

图 8.23　来自 Carla 的图像，准备自动驾驶

如果按下 F1 键，可以移除图像左侧的信息。

为了方便起见，作者希望能够打开和关闭自动驾驶模式，为此作者需要一个变量记录自动驾驶模式的打开和关闭，如下所示。同时，在 KeyboardControl 的构造函数中还需要一个用于保存计算得出的转向盘转角的变量。

```
self.self_driving = False
```

然后，在 KeyboardControl.parse_events()中，作者将获取 D 键的输入用以打开和关闭自动驾驶模式，如下所示：

```
elif event.key == K_d:
self.self_driving = not self.self_driving
if self.self_driving:
world.hud.notification('Self-driving with Neural Network')
else:
world.hud.notification('Self-driving OFF')
```

下一步是在 CameraManager._parse_image()中调整从服务器接收的最后一个图像的大小并保存它，此时它仍然是 BGR 格式，如下所示：

```
array_bgr = cv2.resize(array, (200, 133))
self.last_image = array_bgr[67:, :, :]
array = array[:, :, ::-1] # BGR => RGB
```

最初，数组变量包含 BGR 格式的图像，使用 NumPy 中的::-1 颠倒顺序，因此最后一行代码有效地将图像从 BGR 格式转换为 RGB 格式，然后将其可视化。

现在，可以在主循环之外的 game_loop()中加载模型，如下所示：

```
model = keras. models. load_model('behave. h5')
```

然后，可以在主循环内部的 game_loop( ) 中运行模型，并保存转角，如下所示：

```
if world.camera_manager. last_image is not None:
image_array = np. asarray(world. camera_manager. last_image)
controller. self_driving_steer = model. predict(image_array[
None, :, :, :], batch_size = 1)[0][0]. astype(float)
```

最后一件要做的事情就是使用计算的转角，设置一个固定的加速值，同时限制最大速度，如下所示：

```
if self.self_driving:
self. player_max_speed = 0.3
self. player_max_speed_fast = 0.3
self. _control. throttle = 0.3
self. _control. steer = self. self_driving_steer
return
```

一切都很完美，除了它可能因为 GPU 的错误而无法工作。下面读者将了解这个错误的内容以及如何去克服它。接下来将介绍如何让图形处理器工作以及可能遇到的问题。

如何让图形处理器工作

在使用图形处理器的过程中，读者可能会遇到类似下面的错误：

```
failed to create cublas handle: CUBLAS_STATUS_ALLOC_FAILED
```

作者对这个错误的理解是，Carla 的某些组件（服务器或客户端）存在冲突，这导致 GPU 没有足够的内存。问题非常可能出在 TensorFlow，因为它会在运行中试图分配 GPU 中所有内存。

以上错误可以通过下面几行代码轻松修复：

```
import tensorflow
gpus = tensorflow.config.experimental.list_physical_
devices('GPU')
if gpus:
 try:
 for gpu in gpus:
 tensorflow. config. experimental. set_memory_growth(gpu, True)
print('TensorFlow allowed growth to', len(gpus), 'GPUs')
except RuntimeError as e:
print(e)
```

通过对 set_ memory_growth( )的调用，达到使 TensorFlow 只分配部分的 GPU 内存资源，如果需要，则会分配的更多，从而解决了 GPU 没有足够内存的问题。

现在，车辆能够行驶起来了，下面讨论一下它是如何工作的。

8.5 自动驾驶

现在，可以开始运行 manual_control_drive. py，可以使用-res 480x320 命令来设置一个较低的分辨率。

如果按下 D 键，汽车应该可以开始自动驾驶。它可能很慢，但起码应该会动，有时运行得很好，有时却不太好。它可能并不能总是进行完美地转弯。读者可以尝试将图像添加到数据集中，或者改进神经网络的体系结构，例如，通过添加一些随机失活层。

读者可以试着换辆车或者提高车速。可以发现一旦车速提升，汽车开始变得很不稳定，就像驾驶员喝醉了一样。这是由于汽车行驶到了错误的位置和神经网络对其做出反应之间的延迟时间过长。换一台性能更强、能够处理高帧率的计算机可以部分解决这个问题。然而真正的解决办法是记录车辆以更高的速度运行的情况，此时，修正效果会更好一些。这么做需要比键盘更好的控制器，读者还应该在神经网络输入中加入速度值，或者使用多个神经网络并根据速度在它们之间切换。

有趣的是，有时即使使用外部摄像头，汽车也是图像的一部分，在这种情况下，它也能以某种方式行驶。当然，效果并不好，即使车速很低也好像驾驶员醉驾一样。

出于好奇，接下来看看显著图。图 8.24 是作者发送到神经网络的背面图像。

图 8.24　背面图像

现在，可以检查其显著图，如图 8.25 所示。

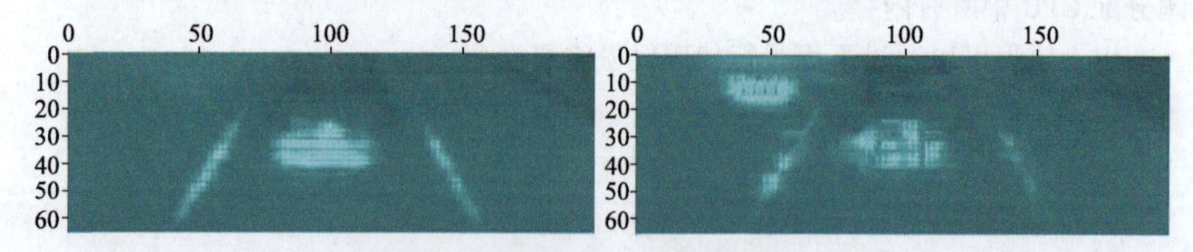

图 8.25　显著图：第三卷积层和输出层

神经网络仍然能够识别车道线条和道路，但是，它非常关注汽车。作者对上述“醉驾”行为的猜测是：神经网络认为汽车是一个障碍，道路就要走到尽头了。

如果想用某个摄像头或者其他任何一个摄像头来训练神经网络，就要用这个特定的摄像头来训练它。如果想让汽车在另一条道路上正常行驶，则需要在那一条特定的道路上训练它。如果在许多道路和许多条件下训练它，它确实应该能开

到任何地方，但这意味着要建立一个巨大的数据集，有数百万张的图像。最终，太大的数据集会耗尽内存。

下一节将讨论生成器，这是一种可以帮助解决这些问题的技术。

8.5.1　使用生成器在更大的数据集上训练

训练较大的数据集时，内存占用过大是一个问题。在Keras中，解决这个问题的一种方法是使用Python生成器。Python生成器是一个可以返回潜在无限数据流的函数，且内存占用得非常少，因为只需要一个对象的内存，当然还有可能包括辅助数据的内存，Python生成器可以像列表一样来使用。典型的生成器有一个循环，对于每个需要成为数据流的一部分对象，它将使用yield关键字。

在Keras中，生成器需要知道批次的大小，因为它需要返回一批图像和一批标签。

作者将保留一个要处理的文件列表，并且作者将编写一个生成器，该生成器可以使用这个列表来返回与之相关联的图像和标签。

本节将编写一个通用生成器，读者可以在其他情况下重新使用它，它将接受以下四个参数：

- 一个ID列表，在本例中是文件名。
- 从ID中检索输入(图像)的函数。
- 从ID中检索标签(转向盘)的功能。
- 批次大小。

首先，需要一个可以返回给定文件的图像的函数，如下所示：

```
def extract_image(file_name):
  return cv2.imread(file_name)
```

其次还需要一个函数，在给定文件名的情况下，它可以返回标签，本节的例子中的标签是转角，如下所示：

```
def extract_label(file_name):
  (seq, camera, steer, throttle, brake, img_type) =
  expand_name(file_name)
  return steer
```

现在可以编写生成器，如下所示：

```
def generator(ids, fn_image, fn_label, batch_size=32):
num_samples = len(ids)
while 1: # The generator never terminates
  samples_ids = shuffle(ids) # New epoch
```

```
    for offset in range(0, num_samples, batch_size):
        batch_samples_ids = samples_ids[offset: offset + batch_
size]
        batch_samples = [fn_image(x) for x in batch_samples_ids]
        batch_labels = [fn_label(x) for x in batch_samples_ids]
        yield np.array(batch_samples), np.array(batch_labels)
```

while 循环中的每次迭代对应一个周期，而 for 循环生成完成每个周期所需要的所有批次。在每个周期的开始，作者随机打乱 ID 列表以改进训练。

在 Keras 中，过去必须使用 fit_generator()方法，但是现在，fit()能够判断参数是否是生成器，但是仍然需要提供以下两个新参数：

- steps_per_epoch：给出了单个训练周期中有多少批次，即训练样本数除以批次大小。
- validation_steps：给出了单个验证周期内有多少批次，即验证样本数除以批次大小。

以下是使用上述定义的 generator()函数所需要的代码：

```
files = shuffle(files)
idx_split = int(len(files) * 0.8)
val_size = len(files) - idx_split
train_gen = generator(files[0: idx_split], extract_image,
extract_label, batch_size)
valid_gen = generator(files[idx_split:], extract_image,
extract_label, batch_size)
history_object = model.fit(train_gen, epochs = 250,
steps_per_epoch = idx_split / batch_size, validation_data = valid_
gen,
validation_steps = val_size / batch_size, shuffle = False,
callbacks =
[checkpoint, early_stopping])
```

凭借上述代码，现在可以利用一个非常大的数据集。然而，生成器还有另一个应用：按需定制数据增强。

8.5.2 一种复杂的数据增强方法

在第 7 章中，读者认识了一种使用 ImageDataGenerator 来进行数据增强的简单方法。这种方法可能适用于分类器，因为应用于图像的变换不会改变其类别。然而，在本书的实例中，一些变换需要改变预测。事实上，NVIDIA 定制了一种数据增强机制，图像会随机移动，转向盘也会有相应的更新。这可以通过一个生成器来完成，作者获取原始图像，应用变换，并根据移动量来校正转向盘。

读者并不局限于复制与输入数量相同的图像，而是可以创建更少(过滤)或更多的图像，例如，运行时可以使用镜像，因此，读者可以在内存中复制图像，而不必存储数量相当于原来两倍的图像，因此在文件访问和 JPEG 解压缩上，读者相当于节省了一半的时间。当然，读者需要一些 CPU 资源来进行图像翻转。

8.6 总结

在这一章讨论了许多有趣的话题。

本章首先介绍了 NVIDIA 的一个实验系统——DAVE-2，这个系统的目标是证明神经网络可以学习在道路上驾驶，作者决定复现这个实验的一部分。首先，用 Carla 收集图像，为了教会神经网络纠正位置误差，作者不仅记录了主摄像头的图像，还记录了两个侧摄像头的图像。

然后，作者创建了一个神经网络，复制了 DAVE-2 的体系结构，并对其进行回归训练。到目前为止，与其他训练相比这种训练有一点不同。本章学习了生成显著图，并了解了可视化神经网络的关注点。然后，本章把神经网络与 Carla 进行整合，利用神经网络来自动驾驶汽车。

最后，本章学习了使用 Python 生成器训练神经网络，并讨论了如何使用它来实现更为复杂的数据增强。

在下一章将探索一种最为先进的技术，可用于在像素级别检测道路——语义分割。

8.7 问题

学习完本章后，读者应该能够可以回答以下问题：

1. NVIDIA 为自动驾驶训练的神经网络原名是什么？
2. 分类和回归任务有什么区别？
3. 可以用来创建生成器的 Python 关键字是什么？
4. 什么是显著图？
5. 为什么需要录制三个视频流？
6. 为什么要使用 game_loop()方法进行推理？

8.8 扩展阅读

- NVIDIA DAVE-2：https://devblogs.nvidia.com/deep-learning-self-driving-cars/
- Notes related to Carla 0.9.0 API changes：https://carla.org/2018/07/30/release-0.9.0/
- Carla：https://carla.org

第 9 章 语义分割

本章是所有有关深度学习的章节中最先进的一章，作者将利用语义分割技术在像素级别上对图像进行分类。与此同时，本章将涉及目前为止所介绍的大部分知识，包括使用生成器进行数据增强。

本章将详细研究一个灵活且高效的神经网络架构——稠密卷积网络(Dense Convolutional Network，DenseNet)，并介绍它的语义分割扩展——FC-DenseNet。本章将重新进行配置和编程，并利用 Carla 建立的数据集对神经网络进行训练。

这一章是令人振奋且具有挑战性的，请做好准备接受复杂的训练课程，本章的任务可能十分艰巨！

本章将介绍以下内容：

- 语义分割。
- 理解用于分类的 DenseNet。
- 使用 CNN 进行语义分割。
- 调整 DenseNet 进行语义分割。
- 编写 FC-DenseNet 模块。
- 改善效果较差的语义分割。

9.1 技术需求

为了能够使用本章所讲解的代码，读者需要安装以下工具和模块：

- Carla 模拟器。
- Python 3.7。
- NumPy 模块。
- TensorFlow 模块。
- Keras 模块。
- OpenCV-Python 模块。
- 一个 GPU(推荐)。

可以在以下网址找到本章的代码：

https://github.com/PacktPublishing/Hands-On-Computer-Vision-for-Self-Driving-Cars。

9.2 引入语义分割

在前几章中，作者实现了几个分类器，即以图像作为输入，神经网络输出图像的种类。这种方法在大多数情况下都表现得很好，但是如果希望有更大的应用价值，通常需要将其与能够识别感兴趣区域的方法相结合。在第 7 章中实现了这一点，作者采用 SSD 来识别一个有交通信号灯的感兴趣区域，再利用神经网络分辨颜色。但即使这样，对于作者的利用价值也并不高。因为 SSD 产生的感兴趣区域是矩形。一个神经网络告诉作者有一条基本和图像一样大的路，无法提供作者所需要的精确信息，例如：路是直的吗？有转弯吗？作者无法从中获知。

如果说像 SSD 这样的物体检测器将分类提升到一个新的水平，那么现在本节需要达到甚至超越这一水平。事实上，本节要对图像的每一个像素进行分类，这被称为**语义分割**，它是一项相当艰巨的任务。

为了更好地理解这一点，接下来看看取自 Carla 的一个例子。图 9.1 是原始图像。

图 9.1 来自 Carla 的一帧图像

图 9.2 是由语义分割摄像头所产生的同一帧图像。

语义分割的效果非常好。不仅图像非常简化，而且每种颜色都有特定的含义——道路是紫色的，人行道是洋红色的，树木是深绿色的，车道线是亮绿色的等。但是不要过于期待，在后面无法实现如此完美的结果。接下来将在一个更低的分辨率下工作，不过仍然会取得有趣的结果。

图 9.2　语义分割产生的图像

准确地说，图 9.2 并不是神经网络的真正输出，它已经被转换为用颜色显示的图像。**原始语义分割**输出是一幅非常灰暗的图像，其中一些像素被设置为小值，例如 RGB（7，0，0），其中 7 将被转换为紫色。

Carla 创建语义分割图像的能力是非常有帮助的，读者可以利用它随意进行实验，而不需要依赖预先制作的有限数据集。

在开始收集数据集之前，需要更加详细地讨论一下计划。

9.2.1 确定目标

作者的目标是使用收集的数据集，重新开始训练一个神经网络进行语义分割，以便它能在像素级别检测道路、人行道、行人和交通标志等。

为此需要进行以下步骤：

（1）**创建数据集**　使用 Carla 来保存原始图像和原始分割图像（深色图像），以及颜色转换后的更便于观察的图像。

（2）**构建神经网络**　深入研究一种叫作 DenseNet 的架构，进而了解进行语义分割的神经网络通常如何构建。此后，研究并实现 FC-DenseNet——DenseNet 适应于语义分割的方案。

（3）**训练神经网络**　此环节将训练神经网络并进行结果评估，训练很可能会花费几个小时。

接下来将分析收集数据集所需要的更改。

9.2.2 收集数据集

作者已经在第 8 章中介绍了如何从 Carla 记录图像并修改 manual_control. py，读者可以采用这种方式，但会存在问题。作者希望 RGB 图和原始语义分割图像是完全相同的帧，以避免出现移动使数据集效率降低。这个问题可以采用同步模式来解决，Carla 将等待所有的传感器准备就绪后再将它们的图像发送给客户端，这样可以保证要保存的三个摄像头的图像之间的完美对应，三个摄像头的图像分别是 RGB 图、原始语义分割图像和彩色语义分割图像。

接下来将修改适合于这项任务的 synchronous_mode. py 文件。

本章会具体说明每个代码块在文件中的位置，但建议读者在 github 上查看完整的代码。

上述文件比 manual_control. py 简单得多，基本上可以分为以下两个有趣的部分：

- CarlaSyncMode，一个启用同步模式的类。
- main( )，用于初始化 world（包括表示道路、天气和车辆的对象）和摄像头，驱动汽车并在屏幕上绘制。

如果读者运行此文件，就会发现它可能以很高的速度驾驶汽车，合并 RGB 摄像头图像和语义分割图像如图 9. 3 所示。

图 9. 3　synchronous_mode. py 的输出

不要太过震惊于上述自动驾驶算法，虽然对读者来说非常方便，但它本身也非常受限。

Carla 有大量的**路径点**，即三维定向点。这些点在每条道路上都有数千个，它们取自 OpenDRIVE 地图，并沿着道路分布。OpenDRIVE 是一种开放的文件格式，Carla 用它来描述道路。这些点的方向与道路方向一致，如果将汽车向这些点移动，同时汽车行驶方向也与这些点的方向一致，这辆汽车就能像自动驾驶一样有效地行驶。在未加入其他汽车和行人之前效果是很不错的，但是添加了汽车和行人之后，汽车会发生碰撞，如图 9. 4 所示。

图 9. 4　有碰撞现象的图像

看到这幅图时读者可能会有些惊讶，不过它仍然适用于本章的任务，所以这不是一个大问题。

接下来修改 synchronous_mode. py 文件。

9.2.3 修改 synchronous_mode.py

以下所有修改都需要在 main()函数中完成。

- 改变摄像头位置，使其与读者在行为克隆时使用的位置相同，尽管这不是必需的。需要对 carla.Transform()的两次调用进行如下修改（两个位置都进行如下修改）：

```
carla.Transform(carla.Location(x=1.6, z=1.7),
    carla.Rotation(pitch=-15))
```

- 在汽车移动之后可以保存 RGB 摄像头图像和原始语义分割图像，如下所示：

```
save_img(image_rgb,'_out/rgb/rgb_%08d.png'%
    image_rgb.frame)
save_img(image_semseg,'_out/seg_raw/seg_raw_%08d.png'%
    image_rgb.frame)
```

在上述代码中，紧跟在 image_semseg.convert()后的一行代码根据城市景观调色板将原始语义分割图像转换为彩色语义分割图像。现在可以保存进行了彩色语义分割的图像，如下所示：

```
save_img(image_semseg,'_out/seg/seg_%08d.png'%
    image_rgb.frame)
```

- 到此，文件修改马上就要完成了，只需要编写 save_img()函数，如下所示：

```
def save_img(image, path):
    array=np.frombuffer(image.raw_data, dtype=np.
dtype("uint8"))
    array=np.reshape(array, (image.height, image.width.)
4))
    array=array[:, :, :3]
    img=cv2.resize(array, (160,160),
      interpolation=cv2.INTER_NEAREST)
    cv2.imwrite(path, img)
```

上述代码的第一行将 Carla 的图像从缓冲区转换成 NumPy 数组，并选择前三个通道，删除第四个通道（透明度通道）。然后使用最邻近插值算法（INTER_NEAREST）将图像调整为 160×160 分辨率，以避免在调整图像大小时平滑图像。

上述代码的最后一行用于保存图像。

Tips

提示：使用最邻近插值算法调整分割掩码的大小

想知道为什么要用 INTER_NEAREST，即最基本的插值算法（最邻近插值算法）来调整图像大小吗？原因是，它并不对颜色进行插值，而是选择更接近插值位置的像素的颜色进行插值，这对于原始语义分割非常重要。举个例子，假设要将四个像素缩减为一个，其中两个像素的值是 7（道路），另外两个像素的值是 9（植被）。读者可能对输出为 7 或 9 感到满意，但肯定不希望它是 8（人行道）！

但对于 RGB 和彩色语义分割，读者可以使用更高级的插值方法。

上面是收集图像的所有要求。160×160 分辨率是本章为神经网络选择的分辨率，稍后将讨论为何这样选择。如果读者使用其他分辨率，请相应地调整设置。

读者也可以以全分辨率保存，但是之后必须写一个程序对其进行更改或者在训练神经网络时进行修改。本章需要使用一个生成器，因此对每张图像和每个训练周期（在本章的案例中超过 50 000 次）都使用这个设定。此外，这将使加载 JPEG 图像的速度变慢，而在本章的案例中也需要执行加载操作 50 000 次。

现在已经获得了数据集，接下来建立神经网络。下一节将从 DenseNet 架构开始介绍，它是模型的基础。

9.3　理解用于分类的 DenseNet

DenseNet 是一个极具吸引力的神经网络架构，其设计灵活，内存高效，效果好，而且也相对简单，它确实有很多值得欣赏的地方。

DenseNet 旨在建立很深层的神经网络，用源自 ResNet 的技术解决梯度消失的问题。作者实现的神经网络将达到 50 层，但读者可以轻松地建立一个更深层的神经网络。事实上 Keras 在 ImageNet 上训练了三种 DenseNet，分别有 121、169 和 201 层。DenseNet 还解决了“死亡”神经元的问题，即神经元基本上未被激活的情况。下一节将针对 DenseNet 进行更高层次的概述。

9.3.1　总览 DenseNet 的架构

目前，作者将把 DenseNet 作为一个分类器，但作者并非要将其实现。它作为一个概念对于理解非常有帮助。DenseNet 的高层架构如图 9.5 所示。

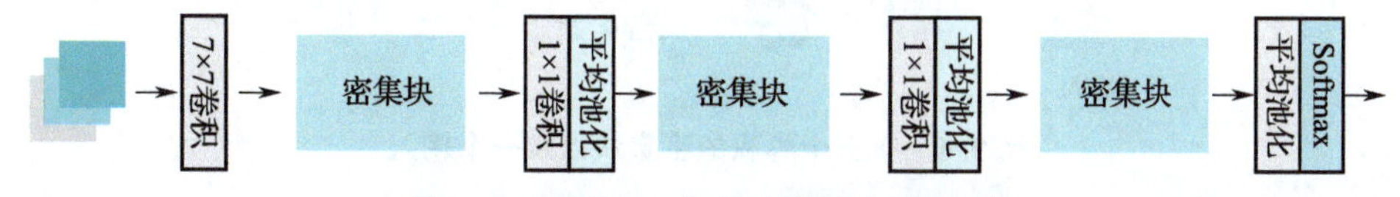

图 9.5　DenseNet 作为分类器的高层架构

图 9.5 中只展示了三个密集块，但通常还有更多。

由图 9.5 可以轻松理解 DenseNet 包含的内容，如下所示：

- 输入是一张 RGB 图。
- 一个初始的 7×7 卷积。
- 一个包含数个卷积的 **Dense Block**（**密集块**），下一节马上会对它进行详细描述。
- 每个**密集块**之后，利用一个 1×1 卷积和平均池化层减小图像尺寸。
- 在最后一个**密集块**后直接进行平均池化。
- 最后还有一个以 softmax 作为激活函数的全连接层。

1×1 卷积可以用来减少通道的数量以加快计算速度。1×1 卷积后紧跟平均池化层，1×1 卷积在 DenseNet 论文中被称为 **transition layer**（**过渡层**），当通道数量减少时，论文把得到的神经网络称为 **DenseNet-C**，其中的 C 表示压缩，卷积层被称为 **compression layer**（**压缩层**）。

作为一个分类器，这种高层架构并不特别引人注目，但正如读者可能已经猜到的那样，其创新之处在于 **Dense Block**（**密集块**），这也是下节的重点。

9.3.2 理解密集块

Dense Block（**密集块**）为架构命名，且是 DenseNet 的主要部分。它们包含了卷积，通常有多个卷积，这取决于分辨率、要达到的精度、性能和训练时间。请注意，它们与读者已经见过的全连接层（Denselayer）无关。

读者可以重复使用密集块以增加神经网络的深度，实现以下目标：

- 解决梯度消失的问题，帮助实现更深层的神经网络。
- 使用相对较少的参数实现高效率。
- 解决“死亡”神经元的问题，也就是说所有的卷积都对最终结果有贡献，读者不会在基本没有用处的神经元上浪费 CPU 和内存资源。

上述都是许多架构难以实现的目标。现在看看 DenseNet 如何做到许多其他架构无法做到的事情。图 9.6 是一个密集块及一个输入。

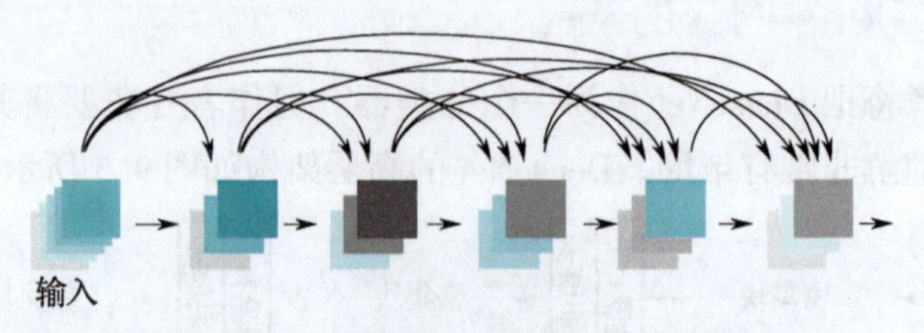

图 9.6　有五个卷积的密集块以及一个输入

这确实很令人印象深刻，下面需要再做一些解释。也许读者还记得第 7 章中的 ResNet，这是一个由微软建立的神经网络，它有一个叫作跳跃连接的功能，可以实现让一个层跳过其他层，有助于解决梯度消失的问题，从而实现更深层次的神经网络。事实上，某些版本的 ResNet 具备超过 1 000 层的能力。

DenseNet 将这一概念发挥到了极致，因为每个密集块内部的卷积层都被连接起来，且与相同区块的其他卷积层相连接。这有以下两个非常重要的意义：

- DenseNet 的跳跃连接显然达到了与 ResNet 中的跳跃连接相同的效果，更容易训练更深层的神经网络。
- 由于跳跃连接的存在，每一层的特征都可以被后面的层所重用，使得神经网络非常高效，与其他架构相比大幅度地减少了参数数量。

通过图 9.7 可以更好地理解特征的重用，该图解释了密集块的作用重点在于通道而不是跳跃连接。

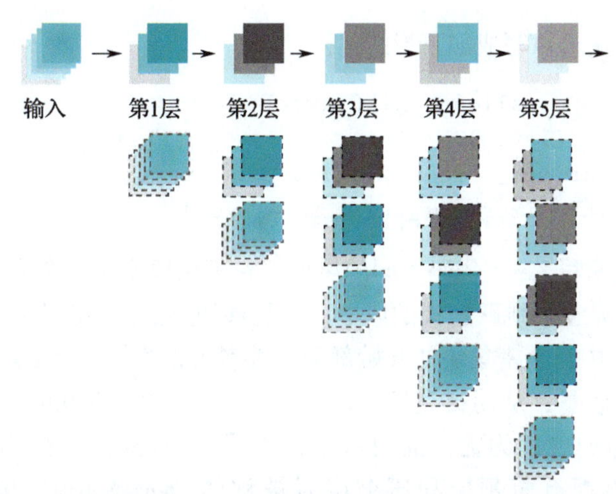

图 9.7　跳跃连接对一个有五层、增长率为 3 的密集块的影响

第一行展示了每个卷积增加的新特征，而所有其他行是由前几层提供的卷积，由于跳跃连接的存在可以被重复使用。

分析图 9.7，其中每层的内容是一列，包括以下内容：

- 输入层有 5 个通道。
- 第 1 层增加了 3 个新的通道并重新利用了输入层，所以它实际上有 8 个通道。
- 第 2 层增加了 3 个新的通道，并重新利用输入层和第 1 层，所以它实际上有 11 个通道。
- 这样一直持续到第 5 层，第 5 层增加了 3 个新的通道，并重复使用输入层和第 1、2、3、4 层，所以它实际上有 20 个通道。

这是十分强大的，因为卷积可以重用以前的层，只增加一些新的通道，好处是神经网络可以变得紧凑而高效。此外，这些新通道将提供新的信息，因为它们可以直接访问以前的层，这意味着它们不会以某种方式复制相同的信息或与之前几层已经计算过的结果失去联系。每层增加的新通道的数量被称为**增长率(Growth Rate)**。在本节的例子中增长率是3，而在真实生活中可能是12、16，甚至更多。

为了使密集块发挥作用，所有的卷积都需要使用 same 模式进行填充，正如读者所知，这可以保持卷积分辨率不变。

每个密集块后面都有一个带有平均池化层的过渡层用于降低卷积分辨率，而跳跃连接要求卷积的分辨率相同，这意味着只能在同一个密集块内使用跳跃连接。

密集块的每一层都由以下三个部分组成：

- 一个批归一化层。
- 一个 ReLU 激活。
- 卷积。

因此，卷积块可以写成如下形式：

```
layer = BatchNormalization()(layer)
layer = ReLU()(layer)
layer = Conv2D(num_filters, kernel_size, padding = "same",
 kernel_initializer ='he_uniform')(layer)
```

这是一种与编写 Keras 代码不同的风格，它不用模型对象来描述架构，而是建立一个层链。这是使用跳跃连接的风格，有足够的灵活性能够多次使用同一层。

在 DenseNet 中每个密集块的开始部分，读者可以添加一个 1×1 卷积，目的是减少输入通道的数量，从而提高性能。当这个 1×1 卷积存在时，称它为 **瓶颈层(Bottleneck Layer)**（因为输入通道数量减少了），神经网络被称为 DenseNet-B。当神经网络同时拥有瓶颈层和压缩层时被称作 DenseNet-BC。读者已经知道，ReLU 激活会增加非线性，所以拥有多层可以使神经网络学习到非常复杂的功能，可用于语义分割任务中。

如果读者正在考虑随机失活，DenseNet 在没有随机失活的情况下也能很好地运作。其中一个原因是归一化层的存在，它已经提供了一个正则化效果，因此与随机失活的结合并不是特别有效。此外，随机失活的存在通常要求扩大网络的规模，这违背了 DenseNet 的目标。DenseNet 论文提到了当没有数据增强的时候，在卷积层之后可以使用随机失活。作者认为，推而广之，如果没有足量的样本，随机失活也会有帮助。

现在读者对于 DenseNet 的工作原理有了一定的了解，接下来将学习如何实现一个用于语义分割的神经网络，这将为介绍如何调整 DenseNet 以进行语义分割任务的章节做铺垫。

9.4 使用 CNN 分割图像

一个典型的语义分割任务以 RGB 图作为输入，并且输出一个原始语义分割图像，但是这种解决方案可能存在问题。读者已经知道，分类器使用独热编码生成结果，现在可以对语义分割做同样的事情：神经网络可以创建一系列基于独热编码的图像，而不是生成单一的原始语义分割图像。在本章的案例中，由于需要 13 个类别，神经网络将输出 13 张 RGB 图，每个标签一张，具有以下特征：

- 一个图像只描述一个标签。
- 属于标签的像素在红色通道中值为 1，而其他像素都被标记为 0。

每个给定的像素的红色通道的值只能在一张图像中是 1，在其余的图像中都为 0。这是一项困难的任务，但它不一定需要特殊的架构，一系列使用 same 模式进行填充的卷积层可以做到这一点。然而，它们的计算成本很快就会变得高昂，而且可能还会遇到在内存中拟合模型的问题。因此，研究者一直在推动改进这种架构。

正如读者已经知道的，解决这个问题的典型方法是使用一种池化的形式来降低分辨率，同时增加层和通道。这对分类很有效，但由于本节需要生成一个与输入分辨率相同的图像，需要恢复输入图像的分辨率。实现分辨率恢复的一种方法是 transposed convolution，也叫**反卷积**，它是一种朝卷积相反方向的变换，能够提高输出的分辨率。

添加一系列的卷积和反卷积所产生的神经网络是 U 型的，左侧从输入开始添加卷积和通道，同时降低分辨率。右侧有一系列的反卷积，使分辨率恢复到原始大小。这比只使用相同大小的卷积更高效，但是所得到的分割结果实际上会比原始输入的分辨率低很多。为了解决这个问题，可以引入从左到右的跳跃连接，为神经网络提供足够的信息来恢复正确的分辨率，不仅可以在形式上恢复像素数，而且可以在掩码级别恢复正确的分辨率。

现在介绍如何将这些想法应用于 DenseNet。

9.5 调整 DenseNet 进行语义分割

DenseNet 的效率、准确性和丰富的跳跃连接使其非常适用于语义分割。事实上，使用 DenseNet 进行语义分割，即使是在数据集有限和标签代表性不足的情况下也依然是有效的。

为了使用 DenseNet 进行语义分割，读者需要构建 U 型神经网络的右侧部分，这意味着需要实现以下内容：

- 建立一种提高分辨率的方法，如果把 DenseNet 的过渡层称为向下过渡层，那么就需要向上过渡层。
- 建立跳跃连接来连接 U 型神经网络的左右两侧。

参考神经网络是 FC-DenseNet，也被称为 100 层提拉米苏，但并不需要达到 100 层。

在实践中，作者希望实现如图 9.8 所示的架构。

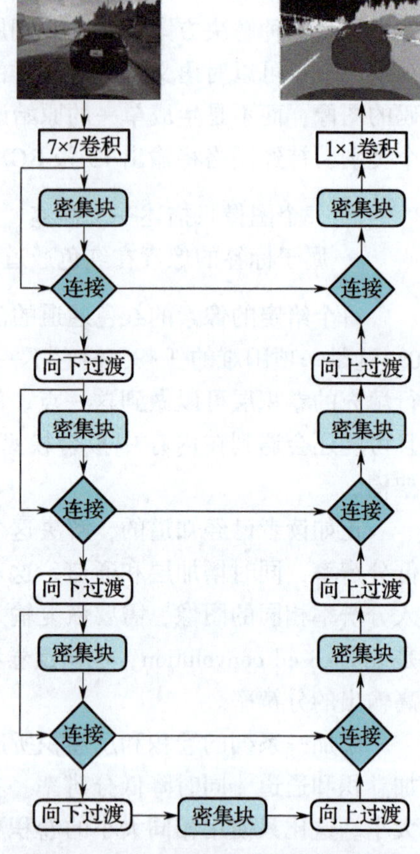

图 9.8　FC-DenseNet 体系架构示例

图 9.8 中连接两列的水平红色箭头是用于提高输出分辨率的跳跃连接，只有当左侧对应的密集块输出与右侧对应的密集块输入分辨率相同时，它们才能工作，这是借助向上过渡层实现的。

现在来看看如何实现 FC-DenseNet。

9.6　编写 FC-DenseNet 模块

DenseNet 非常灵活，所以读者可以轻松地以多种方式对其进行配置。不过需要根据读者的计算机硬件来配置，否则可能达到 GPU 的处理极限。以下是在作者的计算机上使用的数值，读者可以随意改变它们，以达到更好的精度，减少内存消耗或训练神经网络所需要的时间：

- 输入和输出分辨率：160×160。
- 增长率（密集块中每个卷积层增加的通道数量）：12。
- 密集块的数量：11，其中 5 个向下，5 个向上，1 个在向下和向上之间过渡。
- 每个密集块中的卷积块数量：4。
- 批次大小：4。
- 密集块中的瓶颈层：无。
- 压缩系数：0.6。
- 随机失活：有，0.2。

本节将定义一些可以用来构建 FC-DenseNet 的函数，读者可以在 github 查看完整源码。

第一个函数只是定义了一个带有批归一化处理的卷积，如下所示：

```
def dn_conv(layer, num_filters, kernel_size, dropout=0.0):
layer=BatchNormalization()(layer)
layer=ReLU()(layer)
layer=Conv2D(num_filters, kernel_size,
padding="same", kernel_initializer='he_uniform')(layer)
if dropout>0.0:
layer=Dropout(dropout)(layer)
returnlayer
```

第一个函数并无任何特殊，在 ReLU 激活之前有一个批归一化处理，然后是一个卷积层和可选的随机失活。

第二个函数用前面的方法定义了一个密集块，如下所示：

```
def dn_dense(layer, growth_rate, num_layers, add_
bottleneck_layer, dropout=0.0):
  block_layers=[]
  for i in range(num_layers):
    new_layer=dn_conv(layer, 4 * growth_rate, (1, 1),
      dropout) if add_bottleneck_layer else layer
    new_layer=dn_conv(new_layer, growth_rate, (3, 3),
  dropout)
    block_layers. append(new_layer)
    layer=Concatenate()([layer, new_layer])
  return layer, Concatenate()(block_layers)
```

上述函数涉及许多内容，如下所示：

卷积方法（dn_conv）创建 num_layers 层（3×3 卷积层），每次都会增加 growth_rate（增长率，本例是 12 个通道）。此外，如果设置了 add_bottleneck_layer（瓶颈层），在每次 3×3 卷积之前，它会添加一个 1×1 卷积，将输入的通道数转换为 4 * growth_rate。作者在配置中没有使用瓶颈层，但是读者可以使用。

上述函数将会返回两个输出，其中第一个输出为层（layer），是所有卷积（dn_conv）输出的联合，包括输入；第二个输出来自 block_layers，是所有卷积（dn_conv）输出的联合，不包括输入。

之所以需要两个输出，是因为下采样和上采样的路径有些不同。在下采样过程中包含了块的输入，而在上采样时则并非如此。这只是为了保持神经网络的大小和计算时间的合理性，因为在作者的例子中，如果没有这项改变，神经网络将从 724 000 个参数猛增到 12 000 000 个。

第三个函数定义了过渡层，用于降低下采样过程中的分辨率，如下所示：

```
def dn_transition_down(layer, compression_factor=1.0,
dropout=0.0):
```

```
    num_filters_compressed = int(layer.shape[-1] *
      compression_factor)
    layer = dn_conv(layer, num_filters_compressed, (1,1),
dropout)
    return AveragePooling2D(2, 2, padding='same')(layer)
```

上述函数创建一个 1×1 的卷积，然后进行平均池化。如果读者选择添加压缩系数，那么通道的数量就会减少。作者选择的压缩系数为 0.6，因为没有任何压缩的神经网络太大，不适合作者的 GPU 内存。

下一个方法是用于提高上采样路径中的分辨率的过渡层，如下所示：

```
def dn_transition_up(skip_connection, layer):
    num_filters = int(layer.shape[-1])
    layer = Conv2DTranspose(num_filters, kernel_size=3,
strides=2,
    padding='same',                    kernel_
initializer='he_uniform')(layer)
return Concatenate()([layer, skip_connection])
```

上述方法创建了一个反卷积以提高分辨率，并增加了跳跃连接。当然，这对提高分割掩码的有效分辨率很重要。

现在有了所有的构件，只需要组合成完整的神经网络就可以了。

9.6.1 组合构件

首先，需要对分辨率进行一点说明。作者选择了 160×160 分辨率，因为这基本上是作者的计算机在结合其他设置后所能达到的最大限度。读者可以尝试不同的分辨率，但会发现并非所有的分辨率都可以。事实上，根据密集块的数量，读者可能需要使用 16、32 或 64 的倍数。为什么这样？很简单。举个例子，假设读者将使用 160×160 分辨率。如果在下采样过程中，读者把分辨率降低到原来的 1/16（例如有 4 个密集块，每个块后面都有一个向下的过渡层），那么中间分辨率将是一个整数（本例中是 10×10）。

当读者上采样 4 次，分辨率将增长 16 倍，所以最终分辨率仍然是 160×160。但如果从 170×170 开始，中间分辨率仍然是 10×10，而上采样最后将产生 160×160 的分辨率。这将导致问题，因为读者需要将这些输出与下采样时的跳跃层连接起来，如果这两个分辨率不同，那么不能连接各层，Keras 会产生错误。至于图像高宽比，输出既不需要是一个正方形(1:1)，也不需要与原图像的高宽比一致。

接下来读者需要做的是为神经网络和第一个卷积层创建输入，因为假设密集块在它们之前有一个卷积，如下所示：

```
input = Input(input_shape)
layer = Conv2D(36, 7, padding='same')(input)
```

作者使用了一个没有最大池化的 7×7 卷积，但请自由试验。读者可以使用更大的图像并引入最大池化或平均池化，或者读者有能力进行训练的话，也可以创建一个更大的神经网络。

现在读者可以生成下采样路径，如下所示：

```
skip_connections = []
for idx in range(groups):
    (layer, _) = dn_dense(layer, growth_rate, 4,
      add_bottleneck_layer, dropout)
    skip_connections.append(layer)
    layer = dn_transition_down(layer, transition_compression_
factor, dropout)
```

读者只需要创建所有想要的组，在作者的配置中是五组，接着再为每个组添加一个密集块和一个向下过渡层，作者还使用了跳跃连接。

建立上采样路径步骤如下：

```
skip_connections.reverse()
(layer, block_layers) = dn_dense(layer, growth_rate, 4,
    add_bottleneck_layer, dropout)
for idx in range(groups):
    layer = dn_transition_up(skip_connections[idx], block_layers)
    (layer, block_layers) = dn_dense(layer, growth_rate, 4,
      add_bottleneck_layer, dropout)
```

把跳跃连接颠倒过来，因为在上采样时遇到的跳跃连接顺序是相反的。此外还增加了一个没有向下过渡层的密集块，被称为瓶颈层，因为它的信息量很少。然后读者简单地创建对应于下采样路径的向上过渡层和密集块。

现在读者完成了最后的部分，接下来生成输出，如下所示：

```
layer = Conv2D(num_classes, kernel_size = 1, padding = 'same',
    kernel_initializer = 'he_uniform')(layer)
output = Activation('softmax')(layer)
model = Model(input, output)
```

读者只需要添加一个 1×1 的卷积和一个 softmax 的激活。

困难的部分已经完成，但读者需要学习如何将输入提供给神经网络。

9.6.2 为神经网络提供输入

为神经网络提供输入并不困难，但实际中也存在一些复杂的情况，因为神经网络的要求比较高。在内存中加载所有的图像可能不可行，所以要使用一个生成器。然而这一次本节将采用一种简单的数据增强——对一半的图像进行镜像。

首先定义一个目录层次结构，在这个目录中，将所有的图像放在 dataset 文件夹的子目录中，如下所示：

- rgb 包含图像。
- seg 包含被分割和着色的图像。
- seg_raw 包含原始格式的图像(红色通道带有数字标签)。

这意味着当给定一个在 rgb 文件夹中的图像时，只需要将路径改为 seg_raw，就可以得到相应的原始分割结果，这是非常实用的。

定义一个可用于数据增强的通用生成器，方法如下：

- 生成器将收到一份 ID 的列表(在本节的示例中即 RGB 图的路径)。
- 生成器还将收到两个函数：一个是给定一个 ID，可以生成一个图像；另一个是给定一个 ID，可以生成相应的标签(改变路径为 seg_raw)。
- 在一个周期的训练中提供索引，以帮助进行数据增强。

通用生成器如下所示：

```
def generator(ids, fn_image, fn_label, augment, batch_size):
    num_samples = len(ids)
    while 1: # Loop forever so the generator never terminates
      samples_ids = shuffle(ids) # New epoch
      for offset in range(0, num_samples, batch_size):
        batch_samples_ids = samples_ids[offset: offset +
batch_size]
        batch_samples = np.array([fn_image(x, augment,
offset + idx) for idx, x in enumerate(batch_samples_ids)])
        batch_labels = np.array([fn_label(x, augment,
offset + idx) for idx, x in enumerate(batch_samples_ids)])
        yield batch_samples, batch_labels
```

它类似于读者在第 8 章中已经见过的内容。它通过所有的 ID，获得该批次的图像和标签，它们主要的区别是除了当前的 ID 之外，本节还向函数传递了以下两个附加参数：

- 一个标志位，用于指定是否要使用数据增强。
- 用训练周期内的当前索引来让函数知道训练进行到哪一步。

现在可以相对轻松地编写返回图像的函数，如下所示：

```
def extract_image(file_name, augment, idx):
    img = cv2.resize(cv2.imread(file_name), size_cv,
      interpolation = cv2.INTER_NEAREST)
    if augment and (idx % 2 == 0):
    img = cv2.flip(img, 1)
return img
```

如前所述，加载图像并使用最邻近插值算法调整其大小。一半的图像会被翻转。

提取标签的函数，如下所示：

```
def extract_label(file_name, augment, idx):
    img = cv2.resize(cv2.imread(file_name.replace("rgb", "seg_
raw", 2)), size_cv, interpolation = cv2.INTER_NEAREST)
    if augment and (idx% 2 = = 0):
      img = cv2.flip(img, 1)
    return convert_to_segmentation_label(img, num_classes)
```

如前所述，为了得到标签，需要把路径从 rgb 改成 seg_raw，而在分类器中增强数据时标签不会改变。在这种情况下，分割掩码也需要以同样的方式增强，所以当对 RGB 图进行镜像时，也需要对分割掩码进行镜像。

更棘手的部分是生成正确的标签，因为原始格式并不适用。通常在分类器中，读者会提供一个独热编码的标签。也就是说，如果有 10 个可能的标签值，每个标签都会被转换为一个有 10 个元素的向量，其中只有 1 个元素是 1，其他都是 0。在这里需要对整个图像在像素级别做同样的事情，如下所示：

- 标签并非只是 1 张图像，而是 13 张(因为有 13 个可能的标签值)。
- 每张图像都专门为一个标签而设。
- 一个图像的像素只有在分割掩码中存在该标签的地方才为 1，在其他地方为 0。
- 在实践中，在像素级别上应用独热编码。

以下是得到标签的代码：

```
def convert_to_segmentation_label(image, num_classes):
    img_label = np.ndarray((image.shape[0], image.shape[1],
      num_classes), dtype = np.uint8)
    one_hot_encoding = []
    for i in range(num_classes):
      one_hot_encoding.append(to_categorical(i, num_classes))
    for i in range(image.shape[0]):
      for j in range(image.shape[1]):
        img_label[i, j] = one_hot_encoding[image[i, j, 2]]
    return img_label
```

在此方法的开头，作者创建了一个具有 13 个通道的图像，然后作者预先计算了一个独热编码（包含 13 个值）以加快计算。紧接着对每个像素进行独热编码，所依据的值来自于红色通道，也就是 Carla 存储原始分割值的地方。

现在可以开始训练了。读者可以考虑通宵运行，因为这可能需要消耗大量时间，特别是在使用随机失活或决定记录额外图像的时候。

训练 FC-DenseNet 损失和准确率的图像如图 9.9 所示。图中，T_loss 表示训练损失；V_loss 表示验证损失；T_acc 表示训练准确率；V_acc 表示验证准确率。

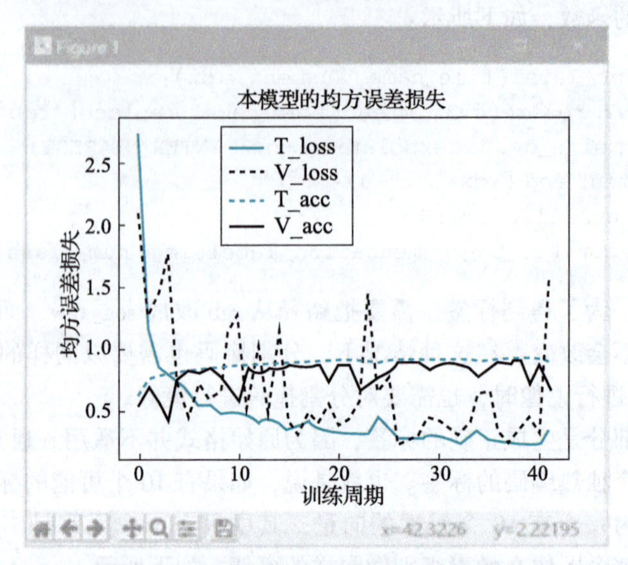

图 9.9 训练 FC-DenseNet 损失和准确率

图 9.9 中效果并不够理想，因为验证损失有很多尖峰，这表明训练是不稳定的，有时损失会增加很多。理想情况下，作者希望有一条平滑、递减的曲线，因为这意味着在每次迭代中损失都会减少。更大的批次规模可能效果更好。

总体表现还不错，如下所示：

```
Min Loss: 0.19355240797595402
Min Validation Loss: 0.14731630682945251
Max Accuracy: 0.9389197
Max Validation Accuracy: 0.9090136885643005
```

验证准确率在 90% 以上，是比较符合预期的。

现在看看它在测试数据集上的表现。

9.6.3 运行神经网络

在神经网络上运行推理与通常的处理过程没有什么不同，但需要将输出转换为读者能够真正理解和使用的彩色图像。

为此，需要定义一个由 13 种颜色组成的调色板，并用它来显示标签，如下所示：

```
palette = [] # in rgb
palette.append([0, 0, 0]) #0: None
palette.append([70, 70, 70]) #1: Buildings
palette.append([190, 153, 153]) #2: Fences
```

```
palette.append([192,192,192]) #3: Other (?)
palette.append([220,20,60]) #4: Pedestrians
palette.append([153,153,153]) #5: Poles
palette.append([0,255,0]) #6: RoadLines ?
palette.append([128,64,128]) #7: Roads
palette.append([244,35,232]) #8: Sidewalks
palette.append([107,142,35]) #9: Vegetation
palette.append([0,0,142]) #10: Vehicles
palette.append([102,102,156]) #11: Walls
palette.append([220,220,0]) #11: Traffic signs
```

现在只需要利用这些颜色得出两幅图像——原始语义分割图像和彩色语义分割图像。下面的函数可以做到这一点：

```
def convert_from_segmentation_label(label):
   raw = np.zeros((label.shape[0], label.shape[1], 3),
dtype = np.uint8)
   color = np.zeros((label.shape[0], label.shape[1], 3),
dtype = np.uint8)

   for i in range(label.shape[0]):
      for j in range(label.shape[1]):
         color_label = int(np.argmax(label[i, j]))
         raw[i, j][2] = color_label
         # palette from rgb to bgr
         color[i, j][0] = palette[color_label][2]
         color[i, j][1] = palette[color_label][1]
         color[i, j][2] = palette[color_label][0]
return (raw, color)
```

读者可能还记得，本例的输出是一个具有13个通道的图像，每个标签有一个通道。读者可以看到，本例使用argmax从这些通道中获得标签，这个标签直接用于原始分割图像，并存储在红色通道中。而对于彩色分割图像，作者存储调色板中的颜色，使用标签作为索引，交换蓝色和红色通道，因为在OpenCV中使用BGR图。

接下来一起看看它的表现如何，请记住这些图像与神经网络在训练期间看到的图像非常相似。

图9.10是第一张图像以及不同版本的分割图像。

图9.10 第一张图像RGB图和来自Carla的真值、彩色分割掩码以及叠加的分割后的图像

从图 9.10 中可以看出它并不完美，但它可以较出色地完成工作：道路被正确地检测到，护栏和树木也算不错。虽然检测到了行人，但效果不太理想。当然，作者可以改进这一点。

第二张图像以及不同版本的分割图像如图 9.11 所示。

图 9.11　第二张图像 RGB 图和来自 Carla 的真值、彩色分割掩码以及叠加的分割后的图像

图 9.11 具有相当挑战性，因为道路和汽车都是黑暗的。但神经网络在检测道路和汽车方面做得很好（尽管形状不是很好）。它没有检测到车道线，但实际上它本身在图像的道路上也并不可见，所以这里的真值过于乐观了。

第三张图像以及不同版本的分割图像如图 9.12 所示。

图 9.12　第三张图像 RGB 图和来自 Carla 的真值、彩色分割掩码以及叠加的分割后的图像

图 9.12 中的结果也不错：道路和树木的检测效果很好，交通标志也被很好地检测到了，但它没有检测到车道线，这虽然很有挑战性，但是原图像中车道线是可见的。

为了确定神经网络确实能够检测到车道线，接下来看一张不那么有挑战性的图像，如图 9.13 所示。

图 9.13　RGB 图和彩色分割掩码以及叠加的分割后的图像

作者没有这张图像的真值，这也意味着虽然它取自与训练数据集相同的批次，但它可能会有一些不同。神经网络在这里表现得非常好：道路、车道线、人行道和植被都可以被完整地检测出来。

读者已经见识到该神经网络表现得很出色，但是可以确定的是应该增加更多

的样本，包括从同一车道和不同车道拍摄的图像以及不同类型的天气下拍摄的图像。不过这也意味着训练的要求会更高。

尽管如此，作者认为利用约1 000张图片所训练出来的神经网络是一个不错的结果。但是如果读者不能在数据集中获得足够的样本呢？接下来学习一个小技巧。

9.7 改善效果较差的语义分割

有时事情并不像读者希望的那样顺利发展。也许为数据集获取大量的样本太昂贵了，或者需要花费太多的时间，又或者没有足够的时间，因为读者需要努力打动一些投资者，或者存在技术问题或其他类型的问题。总之，如果读者有一个糟糕的神经网络又只有很少的时间进行修复。读者能做什么？

有一个小技巧可以帮助读者，它不会把一个坏的神经网络变成一个好的神经网络，但有总比没有好。

下面来看一个训练效果不好的神经网络的例子，如图9.14所示。

图9.14　训练效果不好的神经网络

图9.14中神经网络的验证准确率约为80%，使用大约500张图片进行训练。效果很差，但它看起来比实际更糟糕，因为这些区域充满了噪点，使得神经网络似乎无法决定正在观察哪里。可以通过一些后期处理来解决这个问题。读者可能还记得第1章“OpenCV基础知识和摄像头标定”，OpenCV有几种模糊算法，其中一种是中值滤波，它有一个非常有趣的特点：它选择遇到的颜色的中值，所以它只显示经过它分析的少数像素中已经存在的颜色，这对降低系统出现的噪声非常有效。接下来看看将其应用于前几张图像的结果，如图9.15所示：

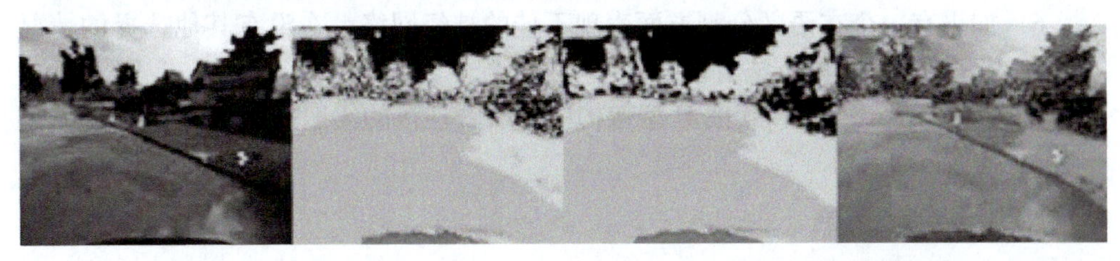

图9.15　训练不良的神经网络识别RGB图和彩色分割、用中值滤波校正的分割（三个像素），以及叠加的分割后的图像

正如读者所看到的，虽远非完美，但它使图像更加可用。况且这只是一行代码而已。

```
median = cv2.medianBlur(color, 3)
```

作者使用了三个像素，但如果读者需要可以使用更多。希望读者不会遇到神经网络表现不佳的情况，但如果遇到了，那么上述方法肯定值得一试。

9.8 总结

祝贺读者完成了关于深度学习的最后一章。

在本章的开头讨论了语义分割的含义，然后全面地讲解了 DenseNet 以及其架构的强大之处。接下来，本章快速地介绍了使用一系列的卷积层来实现语义分割的方法，但本章关注的是一种更有效的方式，即调整 DenseNet 以适应于读者的任务。特别地，本章开发了一个类似于 FC-DenseNet 的架构。使用 Carla 收集了一个带有真值的数据集进行语义分割，然后再用其训练神经网络，并验证了它在检测道路和其他物体（如行人和人行道）时的效果。最后，讨论了一个技巧，用以改善效果不好的语义分割输出。

这一章综合性很强，它要求对之前所有关于深度学习的章节有充分的了解。这是一段漫长的经历，可以说这是一个很紧凑的章节。现在读者对如何训练一个神经网络来识别汽车前面的东西已经有了很好的了解，是时候控制汽车并让它转向了。

9.9 问题

阅读本章后，读者应该能够回答以下问题：

1. DenseNet 的一个显著特点是什么？
2. 启发 DenseNet 作者的这种架构的名称是什么？
3. 什么是 FC-DenseNet？
4. 为什么说 FC-DenseNet 是 U 型的？
5. 读者是否需要像 DenseNet 这样的架构来进行语义分割？
6. 如果有一个在语义分割方面表现不佳的神经网络，在没有其他选择的情况下，是否有快速修复的方法可以使用？
7. 在 FC-DenseNet 和其他 U 型架构中，跳跃连接的用途是什么？

9.10 扩展阅读

- DenseNet（https://arxiv.org/abs/1608.06993）。
- FC-DenseNet（https://arxiv.org/abs/1611.09326）。

第三部分

建图和控制

本部分读者将学习建图和自定位，以便读者能够在真实世界中控制和导航汽车。

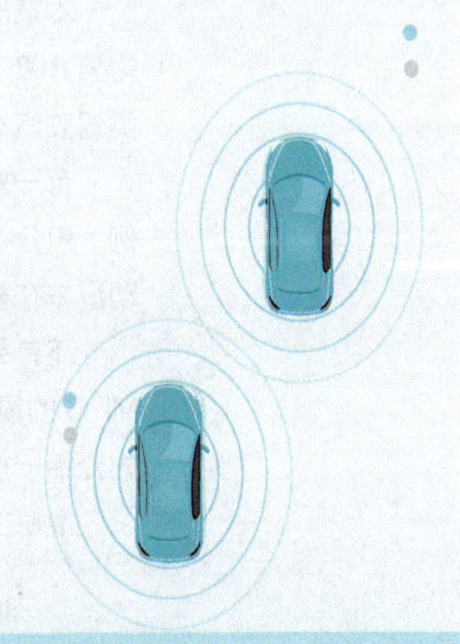

本部分包含以下内容:

第 10 章

转向、加速和制动控制

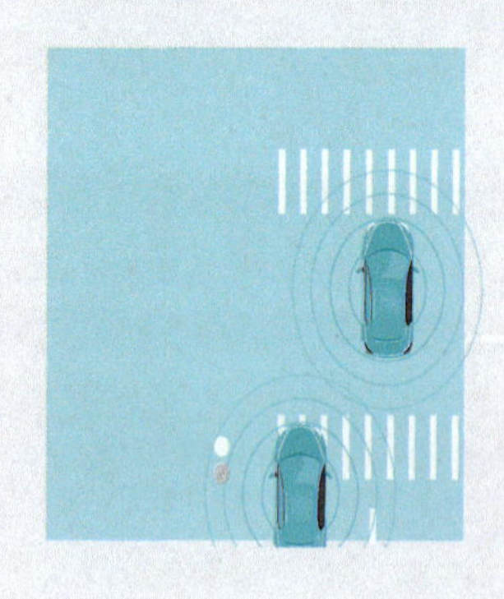

本章涉及更多控制领域的技术以实现转向、加速和制动控制。读者可能还记得第 8 章中如何使用神经网络和摄像头图像来控制汽车。虽然这最接近于模仿人类驾驶汽车的方式，但由于神经网络的计算需求，它可能是资源密集型的。

有一些更传统、资源消耗更少的方法来控制车辆。其中使用最广泛的是**比例、积分、微分（PID）**控制器，接下来，读者将在 Carla 中实现它，以此来驱动汽车在模拟的小镇上行驶。

还有另一种广泛用于自动驾驶汽车的方法，称为**模型预测控制器（MPC）**。MPC 的重点是模拟轨迹，计算每条轨迹的代价，并选择代价最小的轨迹。本章先介绍一些可以实现的示例代码，稍后再学习 PID 控制器。

本章主要介绍以下主题：

- 为什么需要控制？
- 控制器的类型。
- 在 Carla 中实现 PID 控制器。
- 基于 C++ 的 MPC 例子。

学习完本章，读者会明白为什么需要控制，学会为特定的应用场景选择控制器。读者还将学会如何用 Python 实现 PID 控制器，并接触到基于 C++ 编写的 MPC 实例。

10.1 技术需求

本章需要以下软件和库：

- Python 3.7，可在 https://www.python.org/downloads/ 下载。
- Carla 0.9.9，可在以下网址获得：
  https://carla.readthedocs.io/en/latest/start_quickstart/#carla-installation。
- NumPy 模块，可以用 pip3 install numpy 指令来安装。
- 强烈建议使用 GPU。

可以在以下网址找到本章的代码：

https://github.com/PacktPublishing/Hands-On-Vision-and-Behavior-for-Self-Driving-Cars/tree/master/Chapter10。

10.2 为什么需要控制

这可能看起来显而易见，因为读者正试图建造一辆自动驾驶汽车，接下来快速介绍一下。

当制造一辆自动驾驶汽车时，读者想实现什么？最终的目标是通过控制转向、加速和制动等执行器，使车辆从起始位置移动到目的地。以前这些执行器的指令是由人类驾驶员通过转向盘、加速和制动踏板提供的。现在，读者正尝试放弃负责主要驾驶任务的角色。那么用什么来代替自己呢？答案是使用控制器。

什么是控制器？

控制器只是一种算法，它接收某种类型的误差信号并将其转化为驱动信号，以达到给定过程的期望设定点。下面对其中的一些术语做出如下定义：

- **控制变量**（CV）或过程变量是读者想控制的变量。
- **设定点**是控制变量的期望值。
- **误差**是控制变量的当前状态与设定点之间的差异。
- **激励**是向过程发送的信号，对减小误差产生作用。
- **过程**是被控制的系统。
- 读者可能看到这个**过程**有时被称为控制对象或传递函数。

举例来说，假设读者正试图将自动驾驶汽车保持在它所行驶的车道范围内。车道的中心将是**设定点**。读者首先需要知道误差，或者说离车道中心有多远（本章称它为**横向循迹误差**（CTE））。然后，读者要确定需要什么样的激励命令来使

汽车（又称过程）安全地返回到车道中心，从而使汽车的 CTE 最小化。最终，把控制器看作是一个函数，其不断地尝试使给定的控制变量相对于**设定点**的**误差**最小化。

为了实现这一目标，下面回顾一下几种可用的控制器类型。

10.3 控制器类型

大量的控制器已经被发明并应用于控制系统。以下是不同类型的控制器：

- PID 控制器和它的分支。
- 最优控制器。
- 鲁棒控制器。
- 状态空间控制器。
- 矢量控制器。
- MPC。
- 线性二次控制器。

控制器也可以按其使用的系统类型进行分类如下：

- 线性与非线性控制器。
- 模拟（连续）与数字（离散）控制器。
- **单输入、单输出（SISO）与多输入、多输出（MIMO）控制器。**

到目前为止，自动驾驶汽车中最常见和最广泛使用的控制器是 PID 控制器和 MPC。PID 控制器用于单输入、单输出系统，而 MPC 可用于多输入、多输出系统。当读者考虑为自动驾驶汽车选择哪种类型的控制器时，记住这一点会很有帮助。例如，如果只想通过巡航控制来控制车辆的速度，读者可能需要选择一个单输入、单输出控制器，如 PID 控制器。相反，如果想控制多个输出，如在单个控制器中控制转向角度和速度，读者可以选择应用一个多输入、多输出控制器，如 MPC。

接下来的部分将介绍 PID 控制器的基本知识，为将要学习的代码做准备。

10.3.1 PID 控制器

PID 控制器是最普遍的控制系统形式，其背后有超过一个世纪的研究和成果。它有许多流派和精妙的调整，可以适应特定的应用场合。在这里，读者将集中学习基础知识，并为自动驾驶汽车的横向和纵向控制实现一个简单的控制器。读者需要纵向和横向的 PID 控制器，因为 PID 控制器是一个单输入、单输出控制器。请参考图 10.1，该图展示了一个典型的 PID 控制器框图。

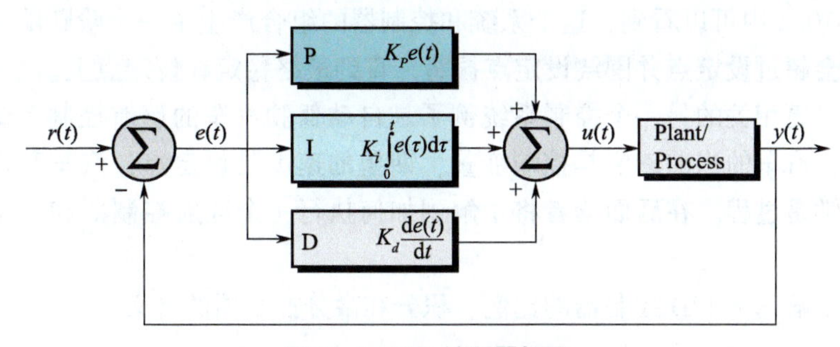

图 10.1 PID 控制器框图

下面看一个简单的例子，用图 10.1 中的 PID 控制器来控制读者家里的温度。读者家里可能有一个恒温器，允许读者设置想要的温度。这里把读者选择的温度称为设定点或 $r(t)$。家里的瞬时温度是控制变量或 $y(t)$。现在，恒温器的工作是通过使用家中的加热器/冷却器来驱动家中的温度（控制变量）达到设定点。控制变量也就是 $y(t)$，被反馈到一个减法块来确定读者想要的家里的温度和当前温度之间的误差，$e(t)=r(t)-y(t)$。然后，该误差被传递给 P、I 和 D 控制项，每个控制项都将乘以一个增益值（通常用 K 表示），然后将这些值相加以产生对加热器/冷却器的控制输入。加热器/冷却器有一定的功率，而房子有一定量的空气。加热器/冷却器的功率和房子的容积相结合，决定了当选择一个新的设定点时房子加热或冷却的速度。这被称为房子的**过程**、控制对象或传递函数。过程代表了系统的控制变量对设定点的变化所做出的响应，也被称为阶跃响应。

图 10.2 展示了一个系统的阶跃响应实例。在时间 $t=0$ 时，**设定点**(由虚线表示)从 0 上升到 0.95。

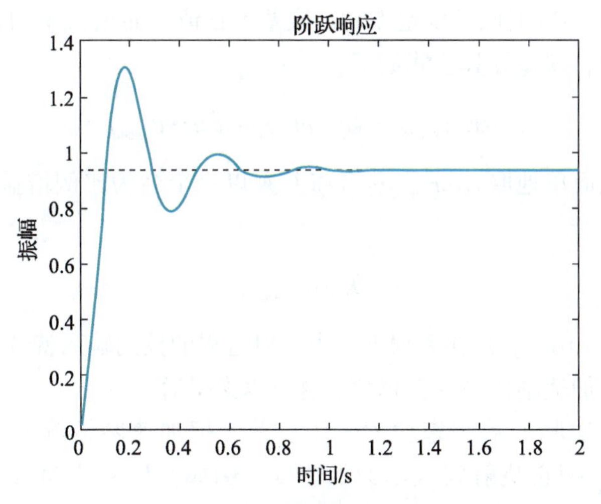

图 10.2 阶跃响应实例

从图 10.2 中可以看到，这个系统和控制器的组合产生了一个阶跃响应，这个阶跃响应会超过设定点并围绕设定点振荡，直到最终稳定在设定点上。

与本书更相关的另一个控制系统例子是自动驾驶汽车的巡航控制系统。在这种情况下，汽车的当前速度是控制变量，期望的速度是设定点，汽车和发动机的物理动力学是过程。在后面读者将了解到如何执行一个巡航控制器和一个转向控制器。

现在了解一下 PID 控制器的比例、积分和微分控制项的含义。

Tips

猛踩加速踏板！

读者有没有想过开车时以多大的力度踩加速踏板？

是什么因素决定了读者踩下加速踏板的力度？

– 是通过对比现在的车速和读者想达到的车速吗？

– 这与读者接近目标速度的快慢有关吗？

– 为确保没有偏离目标速度，读者是否不断检查速度？

在接下来的几个部分中将思考以上的这些问题。

在开始讨论 P、I 和 D 控制项之前，需要定义什么是**增益**。

增益是一个比例系数，用于**过程**的总控制输入中或多或少地影响控制项的权重。

理解比例控制项的含义

在巡航控制的例子中，读者正试图将汽车速度与设定点速度相匹配。设定点速度（$setpoint_{speed}$）和汽车当前速度（$current_{speed}$）之间的差距称为误差，即 $error_{speed}$。当汽车的速度低于设定点时，误差为正值，而当汽车的速度高于设定点时，误差为负值，误差计算公式如下：

$$error_{speed} = setpoint_{speed} - current_{speed} \tag{10.1}$$

比例控制项简单地取 $error_{speed}$，并将其乘以一个名为比例增益即 K_P 的比例系数如下：

$$K_P error_{speed} \tag{10.2}$$

式（10.1）和式（10.2）意味着误差越大，对过程的控制输入就越大，或者在巡航控制的情况下，加速踏板输入就越大。这可以说得通，对吗？

下面用一些实际的数字来检验一下。首先把加速踏板输入范围定义为 0 ~ 100%。接下来，把它映射到汽车的加速度，例如，特斯拉 Model X 的荒诞模式（Ludicrous 模式）加速度为 37m/s^2。因此 100% 的加速踏板输入带来 37m/s^2 的加速度。

如果读者的设定点速度是 100km/h，起始速度为 0km/h，那么当前的误差是 100km/h。如果想在误差为 100km/h 的情况下获得最大加速度，读者可以将比例增益设置为 1，此时加速踏板输入如式（10.3），式中，*Throttle* 表示加速踏板输入。

$$Throttle = K_P error_{speed} = 1 \times 100 = 100\% \tag{10.3}$$

随着速度误差的减少，加速输入也将减小，直到误差为 0 时加速输入为 0。

零加速意味着汽车在滑行。如果没有摩擦力、空气阻力等，这将是理想下的工况，但读者都知道真实情况并非如此。这意味着读者不会永远停留在设定点速度上，而是在略低于设定点速度下振荡，让其有一个稳态的偏差，如图 10.3 所示。

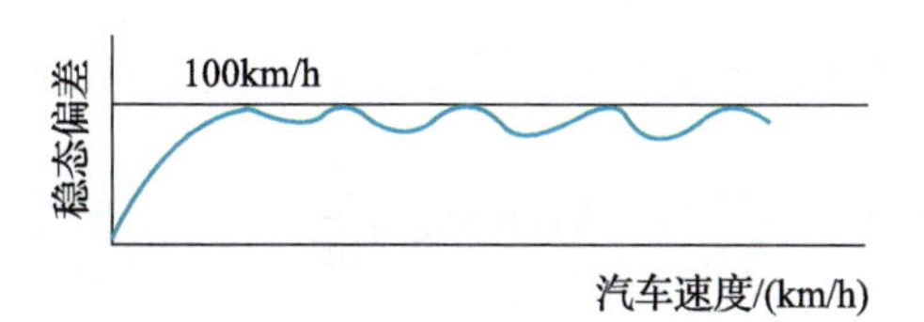

图 10.3 比例控制器的稳态偏差

该如何保持设定点速度？作者有强大的积分控制项，可以帮助提高速度。

理解积分控制项

接下来介绍积分控制项。PID 控制器中的积分控制项旨在解决系统中的任何稳态偏差。它通过累计系统中所有过去的误差来实现这一目标。实际上，它只是对每个时间步长中的所有误差求和，计算方法如式（10.4）。式中，$total\_error_{speed}$ 表示总误差。

$$total\_error_{speed} = total\_error_{speed} + current\_error_{speed} \tag{10.4}$$

然后取总误差，用增益 K_I 对其进行缩放，与对比例控制项所做的操作类似。然后用这个结果作为系统的控制输入，如下所示：

$$K_I \cdot total\_error_{speed} \cdot \mathrm{d}t \tag{10.5}$$

在巡航控制示例中，Model X 的速度只是短暂地达到了设定点的速度，然后迅速回落，因为比例输入变成了 0，空气阻力使速度慢下来。这意味着，如果把所有的误差随时间的积分加起来，读者会发现它们总是正的，并继续增长。

时间越长，积分控制项 $total\_error_{speed}$ 就越大。这意味着，如果适当地选择 K_I，即使瞬时误差为 0，加速控制量也会大于 0。记住，将所有的控制项相加，得到总的加速输入。到目前为止，读者有 P 控制项和 I 控制项，可以得到以下公式：

$$Throttle = K_P error_{speed} + K_I total\_error_{speed} \tag{10.6}$$

现在速度是在设定点附近振荡，而不是始终偏离设定点以下。但是读者可能会问，怎样才能防止速度围绕设定点持续上升和下降，而稳定在一个良好平滑的加速控制中呢？使用微分控制来解决。

理解微分控制项

读者必须克服的最后一个问题是在接近设定点速度时调整加速踏板而不至于超过它。微分项有助于解决这个问题，它根据读者接近设定点的速度来调整加速踏板。就误差而言，这意味着误差的变化率，如式（10.7）所示，式中 K_D 表示微分控制项增益；$current\_error_{speed}$ 表示当前误差；$previous\_error_{speed}$ 表示之前误差；$time_{current}$ 表示当前时刻；$time_{previous}$ 表示调整前时刻。

$$K_D(current\_error_{speed} - previous\_error_{speed})/(time_{current} - time_{previous}) \quad (10.7)$$

上式被简化后，得到以下结果，其中 d 表示变化。

$$K_D error_{speed}\frac{\mathrm{d}}{\mathrm{d}t} \quad (10.8)$$

误差减少说明速度正在接近设定点，微分控制项将是负的。这意味着微分控制项的目的是减小总的加速输入，因为现在的加速是由所有 P、I 和 D 控制项的总和给出的。方程如下：

$$Throttle = K_P error_{speed} + K_I total\_error_{speed} + K_D error_{speed}\frac{\mathrm{d}}{\mathrm{d}t} \quad (10.9)$$

现在读者已经了解 PID 控制器每个部分的实际意义了。真正的诀窍是调整 K_P、K_I 和 K_D 增益，使汽车的速度和加速度按照要求运行。这超出了本书的范围，但在本章末尾有一些很好的参考资料，以便读者了解更多这方面的知识。

接下来，读者将了解到一种更现代的控制器形式——MPC，它在现在的自动驾驶汽车中非常流行。

> Tips
>
> **踩制动踏板！**
>
> 什么是负加速？

10.3.2 MPC

MPC 是一个现代的、非常通用的控制器，用于多输入、多输出系统。这对自动驾驶汽车来说非常完美，因为其有多个输入，如加速、制动和转向力矩，也有多个输出，如相对于车道的横向位置和汽车的速度。正如之前学到的，PID 控制器需要两个单独的控制器（横向和纵向）来控制汽车。有了 MPC，可以在一个完

美的控制器中完成这一切。

近年来，随着计算速度的提高，MPC 变得很流行，它可以进行实时驾驶任务所需要的在线优化。

在了解 MPC 的作用之前，首先思考一下，当读者驾驶汽车时，大脑会做什么：

1）选择一个目的地。

2）计划路线（路径点）。

3）沿着计划的路线行驶且考虑以下约束：交通规则、车的动力和性能（Ludicrous 模式，启动！）、时间约束（有一个足以改变生活的面试要迟到！），以及周围的交通状况。

像人一样工作的 MPC

仔细思考读者是如何进行驾驶的，读者会不断地评估自己的车和周围车辆的状态、到达目的地的时间、在车道上的位置、与前面的车的距离、交通标志和信号、速度、加速踏板位置、转向力矩、制动踏板位置等。同时，读者还不断地根据当前的交通状况模拟可以执行的各种动作。例如，在左边的车道上有一辆车，所以读者不能去那里，前面的车开得非常慢，右边的车道上虽然没有车，但有一辆车正在快速接近，读者需要赶到面试现场，而读者要迟到了。

读者也在不断地权衡执行每项选择的代价，基于以下代价做出考虑：

- 面试迟到的代价：高！
- 违法的代价：高！
- 导致事故的代价：深不可测！
- 使用 Ludicrous 模式的代价：中！
- 损坏汽车的代价：有比无限还高的选项吗？有的话就选它！

然后读者会迅速估计出任何可能的操作代价如下：

- 在左边车道上超车意味着可能会撞上旁边的车，有可能造成事故或损坏自己的车，而且仍然有可能错过面试。

代价：天文数字！

- 读者可以继续在车道上行驶，跟在这辆慢吞吞的汽车后面。这会导致迟到。

代价：高！

- 在右侧车道上超车，需要在 Ludicrous 模式下加速，以确保接近的汽车不会撞到自己。

代价：中！

读者选择了上述最后一个选项，因为根据赋予每个考虑因素的代价，它在模拟策略中的代价最小。

读者已经选择了一种行动方案，现在要做的是执行。

按下 Ludicrous 模式的按钮 5s，同时收紧安全带，直到感觉它像一条蟒蛇勒紧自己，把闪光灯打开，就像自己是空手道小子一样！用力握住转向盘，然后猛踩加速踏板。同时摆动转向盘进入右边的车道，从慢吞吞的驾驶员身边飞过，先前接近的汽车也在读者身后渐渐消失了。

现在读者对自己的操作感到非常满意，读者开始为下一轮操作重新进行整个过程，直到安全准时地到达面试地点！读者成功了！

MPC 设计流程

MPC 采取了和人类执行动态驾驶任务类似的方法。MPC 只是将驾驶任务形式化为数学和物理学（少了一些刺激和激情）。这些步骤非常相似。

建立以下约束条件：

1）车辆的动力学模型，用于估计其在下一时间步长的状态，如下所示：

- 最小转弯半径。
- 最大转向角。
- 最大加速。
- 最大制动。
- 最大横向急动度（加速度的导数）。
- 最大纵向加速度。

2）建立代价函数，包括以下内容：

- 没有达到期望状态的代价。
- 使用执行器的代价。
- 连续激励的代价。
- 转向时使用加速踏板的代价。
- 穿越车道线的代价。
- 碰撞的代价。

3）接下来，模拟可能的轨迹和相关的控制输入，这些输入服从随后 N 个时间步长的数学代价和约束条件。

4）使用优化算法，选择代价最低的模拟轨迹。

5）执行一个时间步长的控制输入。

6）在新的时间步长中测量系统的状态。

7）重复步骤 3）~6）。

每一个步骤都有很多细节，作者鼓励读者通过本章末尾的扩展阅读部分的链接来了解更多。这里有一些快速的指引作为参考。

采样时间（TS）：

- 这是重复 MPC 步骤 3）~7）的离散时间步长。
- 通常，选择 TS 要满足开环上升时间中至少有 10 个时间步长。

预测时域（N）：

- 这是在未来模拟汽车状态和控制输入的时间步长的数量。
- 通常情况下，使用 20 个时间步长来包含汽车的开环响应。

读者还可以查看图 10.4，它说明了读者所学到的许多构成 MPC 有关问题的概念和参数。

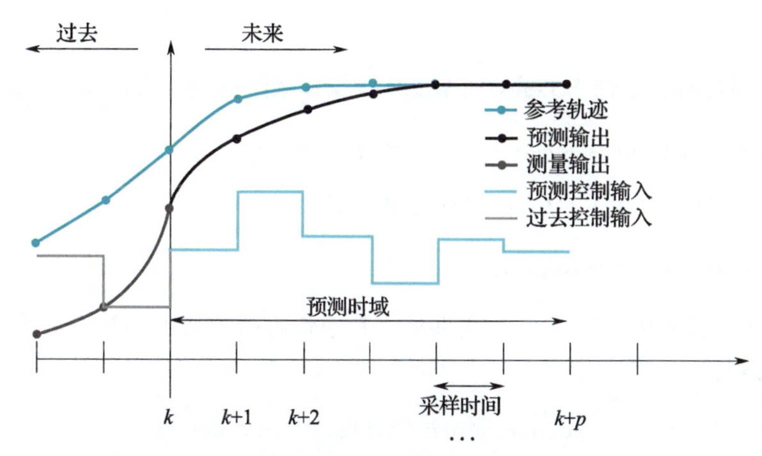

图 10.4　构成 MPC 问题的概念和参数

下面是对图 10.4 中每个参数的简单描述：

- **参考轨迹**是受控变量的期望轨迹，例如车辆在车道上的横向位置。
- **预测输出**是在应用预测控制输入后对受控变量状态的预测。它是由系统的动力学模型、约束和过去测量的输出决定的。
- **测量输出**是受控变量过去状态的测量。
- **预测控制输入**是系统对控制激励的预测，且必须实现预测输出。
- **过去控制输入**是在过去执行的实际控制激励，决定了当前的状态。

MPC 是一种功能强大的资源密集型控制算法，有时可以通过将多输入、多输出控制器集成到单个模块来简化架构。

这些内容很难一下子完全接受，但是如果读者已经走到了这一步，就非常幸运了。在下一节将深入研究代码，令读者可以在 Carla 中使用 PID 控制器控制自动驾驶汽车。

10.4 在 Carla 中实现 PID 控制器控制

本章将进入到真正有趣的实践部分。

到目前为止，读者已经学到了很多关于 PID 控制器和 MPC 的知识。现在是时候把这些知识用于实践了!

在这部分中，作者会介绍所有相关代码，本章代码在 github 上提供，网址如下：https://github.com/PacktPublishing/Hands-On-Vision-and-Behavior-for-Self-Driving-Cars。

读者将学习如何利用 Python 应用 PID 控制器公式和概念，然后与 Carla 对接。

首先，读者需要安装 Carla。

10.4.1 安装 Carla

Carla 项目有一个基于 Linux 和 Windows 操作系统的快速入门指南，网址如下：https://carla.readthedocs.io/en/latest/start_quickstart/。

在 Linux 操作系统下，Carla 文件目录如下：

```
/opt/carla-simulator/
```

在这个文件夹中有一个/bin/文件夹，其中包含可执行的模拟器脚本，可以用以下命令运行：

```
$ /opt/carla-simulator/bin/CarlaUE4.sh -opengl
```

-opengl 标签使用 OpenGL 而不是 Vulkan 运行模拟器。根据系统设置和 GPU，可能放弃使用-opengl。读者应该可以看到一个模拟器环境窗口弹出，如图 10.5 所示。

图 10.5 Carla 模拟器环境开放

在本章中，主要使用位于以下路径的 examples 文件夹：

- Linux 操作系统：/opt/carla-simulator/PythonAPI/examples。
- Windows 操作系统：WindowsNoEditor/PythonAPI/examples。

上述文件夹包含了所有 Carla 脚本的示例，教读者了解 Carla 接口的基本知识。读者会在这个文件夹中发现一个叫作 automatic_control. py 的脚本，它是读者在本章其余部分中使用的脚本的基础。

现在读者已经安装并成功运行了 Carla 模拟器，随后将复制包含 PID 控制器的 Packt-Town04-PID. py 脚本。

10. 4. 2　复制 Packt-Town04-PID. py 脚本

读者可以在本书代码的 Chapter10 目录里找到本章的代码库：https://github. com/PacktPublishing/Han-ds-On-Vision-and-Behavior-for-Self-Driving-Cars。

读者可以将整个代码库下载到计算机上的任何位置。然后需要将 Packt-Town04-PID. py 脚本链接到前面讨论的 examples 文件夹中。在 Linux 操作系统中，读者可以使用如下命令：

```
$ ln -s /full/path/to/Packt-Town04-PID.py/opt/carla-
simulator/PythonAPI/examples/
```

现在有了脚本，也将其链接到了 Carla 中的正确位置，接下来看一下代码以及它有什么作用。

10. 4. 3　浏览 Packt-Town04-PID. py 脚本

Packt-Town04-PID. py 脚本基于 automatic_control. py 示例脚本，并且是由/opt/carla-simulator/PythonAPI/carla/agents 子文件夹中的相关代码片段拼凑而来的，包括以下脚本：

- behavior_agent. py。
- local_ planner. py。
- controller. py。
- agent. py。

读者不需要从头开始编写所有代码，这是学习 API 和与 Carla 模拟器交互的好方法。

寻找 Carla 模块

如果读者现在看 Packt-Town04-PID. py，读者可能注意到的第一件事就是以下这段代码：

```
try:
    sys.path.append(glob.glob('../carla/dist/carla-*%d.%d-%s.
egg'% (
      sys.version_info. major,
      sys. version_info. minor,
      'win-amd64'if os. name == 'nt'else'linux-x86_64'))
[0])
except IndexError:
    pass
```

该代码块加载一个包含 Carla 代码的 . egg 文件，该文件路径如下：/opt/carla-simulator/PythonAPI/carla/dist/。

感兴趣的类

在这之后，读者可能会注意到，代码被组织成以下几类：

- World：车辆行驶的仿真虚拟世界，包括地图和所有的参与者（车辆、行人和传感器）。
- KeyboardControl：其对用户按下的键做出反应并具有一定的逻辑，基于按下的时间长短，将转向、制动和加速的二进制开/关键转换为范围更大的数值，使汽车更容易控制。
- HUD：用于显示与模拟相关的所有信息，例如速度、转向和加速，并且它管理一些发布给用户的信息通知，这些消息通知会持续几秒钟。
- FadingText：这个类被 HUD 类用来显示通知，这些通知在几秒钟后消失。
- HelpTex：这个类使用 pygame 显示一些文本，pygame 是 Carla 使用的一个游戏库。
- CollisionSensor：这是一个可以检测碰撞的传感器。
- LaneInvasionSensor（车道侵入传感器）：这是一个能够检测驾驶员是否越过了车道线的传感器。
- GnssSensor（全球导航卫星系统传感器）：这是一个全球定位系统/全球导航卫星系统传感器，在 OpenDRIVE 地图中提供 GNSS 位置信息。
- CameraManager：这是一个管理摄像头和打印的类。
- Agent：这是定义游戏中代理的基类。
- AgentState：这是一个表示代理的可能状态的类。
- BehaviorAgent：该类实现了一个代理，它通过规划到达目的地的可能最短路径，实现向目的地的导航。
- LocalPlanner：这个类通过航行中生成的路径点来实现轨迹的跟踪。它

还使用适当的增益调用 VehiclePIDController 类。这就是本章的神奇之处。

- `VehiclePIDController`：该类调用横向和纵向的控制器。
- `PIDLongitudinalController`：这个类包含读者已经在巡航控制中学过的 PID 控制器算法。
- `PIDLateralController`：这个类包含用于转向控制的 PID 控制器算法，以保持汽车沿着 LocalPlanner 类生成的路径点前进。

还有一些其他值得注意的方法：

- `main()`：这主要是用于解析操作系统收到的参数。
- `game_loop()`：这主要是初始化 pygame、Carla 客户端和所有相关的对象。它还实现了游戏循环，以 60Hz 的频率循环执行，然后把最新的图像呈现在屏幕上。

设置世界地图的位置

在 game_loop() 函数中，读者可以设置世界地图的位置。目前，它被设置为 Town04。

```
selected_world = client. load_world("Town04")
```

汽车个性化

如果读者是一个汽车爱好者，想选择汽车模型和颜色，可以通过 World() 类里面的代码来实现，如下所示：

```
blueprint = self.world.get_blueprint_library(). filter('vehicle.
lincoln. mkz2017')[0]
            blueprint. set_attribute('role_name', 'hero')
            if blueprint. has_attribute('color'):
                color = '236, 102, 17'
                blueprint. set_attribute('color', color)
```

初始坐标

接下来读者可能想设置地图中车辆的初始坐标，可以通过为 spawn_ points[0] 创建一个不同的索引来实现，如下所示：

```
spawn_point = spawn_points[0] if spawn_points else carla.
Transform()
```

现在读者已经完成了个性化设置，并理解了类的布局和它们的作用，现在将深入到本章代码的核心部分——PID 控制器。

10.4.4 PID 纵向控制器

PID 纵向控制器是负责驱动加速和制动的巡航控制系统。还记得之前留下的疑问吗？什么叫负加速？答案是制动器。只要控制器计算出负加速输入，就会以这一控制值驱动制动器。

增益

利用 Carla 调整过的 PID 增益对这个增益类进行初始化，如下所示：

```
self._k_p = K_P
self._k_d = K_D
self._k_i = K_I
```

这些值在 LocalPlanner 类中被定义如下：

```
self.args_long_hw_dict = {
    'K_P': 0.37,
    'K_D': 0.024,
    'K_I': 0.032,
    'dt': 1.0 / self.FPS}
self.args_long_city_dict = {
    'K_P': 0.15,
    'K_D': 0.05,
    'K_I': 0.07,
    'dt': 1.0 / self.FPS}
```

增益规划

请注意，汽车在高速公路和城市驾驶的增益并不相同。需要根据汽车当前的速度在 LocalPlanner 中选择增益，如下所示：

```
if target_speed > 50:
    args_lat = self.args_lat_hw_dict
    args_long = self.args_long_hw_dict
else:
    args_lat = self.args_lat_city_dict
    args_long = self.args_long_city_dict
```

PID 控制器数学计算

现在开始介绍 PID 控制器数学计算。_pid_control()类函数包含 PID 控制器的核心以及读者在控制器类型部分中 PID 控制器那一小节学到的计算公式，PID 控制器数学计算如下：

1）首先，计算速度误差如下：

```
error = target_speed - current_speed
```

2）接着把当前获得的误差添加到误差缓冲区，稍后使用它来计算积分控制项和微分控制项如下：

```
self._error_buffer.append(error)
```

3）如果误差缓冲区中的值达到 2 个及以上，则计算积分控制项和微分控制项如下：

```
if len(self._error_buffer) >= 2:
```

4）然后，利用当前误差值减去先前的误差值，再将这一差值除以对应采样时间来计算微分控制项如下：

```
_de = (self._error_buffer[-1] - self._error_
buffer[-2]) / self._dt
```

5）接下来，将得到的所有误差相加并乘以相应采样时间，计算出积分控制项如下：

```
_ie = sum(self._error_buffer) * self._dt
```

如果误差缓冲区中没有足够的数据，则把积分控制项和微分控制项设置为 0 即可，如下所示：

```
else:
    _de = 0.0
    _ie = 0.0
```

6）最后，对所有利用增益加权了的 PID 控制项求和并将其值裁剪到［-1.0，1.0］区间内（np.clip 函数作用），以此来计算控制输入，它的数学公式如下：

$$Throttle\ or\ Brake = K_P error_{speed} + K_I total\_error_{speed}\frac{\mathrm{d}}{\mathrm{d}t} + K_D error_{speed}\frac{\mathrm{d}}{\mathrm{d}t} \quad (10.10)$$

如果上述值为正，控制加速。否则，将控制制动器，如下所示：

```
return np.clip((self._k_p * error) + (self._k_d * _de) + (self._k_i * _
ie), -1.0, 1.0)
```

学会了 PID 控制器的基本数学运算，接下来将学习如何在横向 PID 控制器中运用 PID。

10.4.5 PID 横向控制器

这部分内容涉及转向控制，负责驱动转向角。

增益

使用 Carla 调整过的 PID 增益对此类进行初始化，如下所示：

```
self._k_p = K_P
self._k_d = K_D
self._k_i = K_I
```

上述值在 LocalPlanner 类中被定义如下：

```
self.args_lat_hw_dict = {
        'K_P': 0.75,
'K_D': 0.02,
        'K_I': 0.4,
        'dt': 1.0 / self.FPS}
self.args_lat_city_dict = {
        'K_P': 0.58,
        'K_D': 0.02,
        'K_I': 0.5,
        'dt': 1.0 / self.FPS}
```

增益规划

注意与纵向控制的情况一样，考虑到汽车在高速公路与城市驾驶的增益不同，需要根据汽车的当前速度在 LocalPlanner 中选择增益如下：

```
if target_speed > 50:
    args_lat = self.args_lat_hw_dict
    args_long = self.args_long_hw_dict
else:
    args_lat = self.args_lat_city_dict
    args_long = self.args_long_city_dict
```

PID 控制器数学计算

横向控制的数学计算略有不同，但和纵向控制具有相同的基本原理。同样，数学计算相关内容包含在_pid_control()类函数中。实现过程如下：

1）首先，在全局坐标系中找到车辆矢量的起始点，如下所示：

```
v_begin = vehicle_transform.location
```

2）然后，利用车辆的横摆角在全局坐标系中找到车辆矢量的终点，如下所示：

```
        v_end = v_begin + carla.Location(x = math.cos(math.
radians(vehicle_transform.rotation.yaw)),
    y = math.sin(math.radians(vehicle_transform.rotation.yaw)))
```

3）接下来，创建车辆矢量，即车辆在全局坐标系中指向的方向如下：

```
v_vec = np.array([v_end.x - v_begin.x, v_end.y
-v_begin.y, 0.0])
```

4）随后，计算车辆所在位置到下一个路径点的矢量如下：

```
w_vec = np.array([waypoint.transform.location.x -
                    v_begin.x, waypoint.transform.
location.y -
                v_begin.y, 0.0])
```

5）有了上述 2 个矢量，就可以得到车辆矢量与车辆所在位置点指向路径点的矢量之间的夹角。这个夹角本质上是转向误差，如下所示：

```
_dot = math.acos(np.clip(np.dot(w_vec, v_vec) /
(np.linalg.norm(w_vec) *     np.linalg.norm(v_vec)), -1.0, 1.0))
```

6）接下来，通过计算 2 个矢量的叉积来确定车辆在路径点的哪一侧，如下所示：

```
_cross = np.cross(v_vec, w_vec)
```

7）如果叉积为负，就将角度_dot 的值调整为负，如下所示：

```
if _cross[2] <0:
_dot *= -1.0
```

8）然后，将当前转向误差添加到误差缓冲区，如下所示：

```
self._e_buffer.append(_dot)
```

9）如果误差缓冲区中的值有 2 个及以上，则计算积分控制项和微分控制项，如下所示：

```
if len(self._e_buffer) >=2:
```

10）接下来，利用当前误差值减去先前的误差值并除以相应的采样时间来计算微分控制项，如下所示：

```
_de = (self. _e_buffer[ -1] - self. _e_buffer[ -2]) / self. _dt
```

11) 随后将所有得到的误差求和并乘以相应的采样时间，以此来计算积分控制项，如下所示：

```
_ie = sum(self. _e_buffer) * self. _dt
```

如果误差缓冲区中没有足够的数据，则把积分控制项和微分控制项设置为0即可，如下所示：

```
else:
        _de = 0.0
        _ie = 0.0
```

12) 最后，对所有利用增益加权了的PID控制项求和，并将其值裁剪到[-1.0, 1.0]区间内（np.clip函数作用），以此来计算控制输入。作者还没有看到此控制输入用于转向，但它的工作原理和关于速度的原理相同，如式(10.11)，式中，$Steering_{angle}$表示转向角。

$$Steering_{angle} = K_P error_{speed} + K_I total\_error_{speed} \mathrm{d}t + K_D error_{speed} \frac{\mathrm{d}}{\mathrm{d}t} \tag{10.11}$$

负转向角代表左转，而正转向角代表右转，如下所示：

```
return np.clip((self._k_p * _dot) + (self._k_d * _de) + (self._k_i *
_ie), -1.0, 1.0)
```

截至目前，读者已经学过了如何基于Python实现PID控制器控制，现在来看一下它如何运行。

10.4.6 运行脚本

首先，确保通过以下指令运行了Carla模拟器：

```
$  /opt/carla-simulator/bin/CarlaUE4.sh -opengl
```

然后，在一个新的终端窗口中运行Packt-Town04-PID.py脚本，运行此脚本的命令如下：

```
$  python3 /opt/carla-simulator/PythonAPI/examples/Packt-Town04-
PID.py
```

脚本成功运行后，将会弹出一个新的窗口，如图10.6所示。

图 10.6　Packt-Town04-PID. py 脚本运行窗口

进行到这一步，已经可以使用键盘和新学到的知识控制汽车转向和加减速。在下一节中将介绍如何基于 C++ 应用 MPC。

10.5　C++中的 MPC 实例

由于本章篇幅有限，基于 C++ 的 MPC 完整实例将放在 github 中以供参阅：

https://github.com/Krishtof-Korda/CarND-MPC-Project-Submission/blob/master/src/MPC.cpp。

以下示例将引导读者完成 MPC 模块的实现，读者可以使用该模块代替 PID 控制器进行横向和纵向控制。MPC 是一个多输入、多输出系统，这意味着读者可以控制多重输出。

以下示例展示了构建 MPC 所需要的所有基本组件和代码：

1）首先，使用以下代码将多项式拟合到预测时域内的路径点：

```
Main.cpp -->polyfit()
```

使用以下代码计算横向循迹误差：

```
Main.cpp -->polyeval()
double cte = polyeval(coeffs, px) - py;
```

使用以下代码计算方向误差：

```
double epsi = psi - atan(coeffs[1] + 2 * coeffs[2] * px
 + 3 * coeffs[3] * px * px) ;
```

2）现在使用 MPC.cpp 程序来构造向量，以便将其传递给优化器。优化器将所有的状态和执行器变量放在一个向量中。因此，要在这里设置向量中每个变量的起始索引如下：

```
size_t x_start = 0;
size_t y_start = x_start + N;
size_t psi_start = y_start + N;
size_t v_start = psi_start + N;
size_t cte_start = v_start + N;
size_t epsi_start = cte_start + N;
size_t delta_start = epsi_start + N;
size_t a_start = delta_start + N - 1;
```

3）接下来，为代价分配可调权重如下：

```
const double w_cte = 1;
const double w_epsi = 100;
const double w_v = 1;
const double w_delta = 10000;
const double w_a = 7;
const double w_delta_smooth = 1000;
const double w_a_smooth = 1;
const double w_throttle_steer = 10;
```

4）接下来可以根据这些权重创建代价函数。

在实现 MPC 之前还要注意，如果系统处在相对于参考状态的相对状态，则必须添加代价。换句话说，如果车辆没有处在期望的路径、方向或者速度上，则要添加代价，如下所示：

```
for (int t = 0; t < N; t++) {
 fg[0] + = w_cte * CppAD:: pow(vars[cte_start + t], 2);
 fg[0] + = w_epsi * CppAD:: pow(vars[epsi_start + t],
2);
 fg[0] + = w_v * CppAD:: pow(vars[v_start + t] - ref_v, 2);
}
```

然后，需要为执行器的使用添加代价。这样在非必要情形下将不会触发执行器，这有助于最大限度地减少驱动。可以把这种情况比喻为汽车不轻易工作，并且只有在代价足够低时才会下达驱动命令，如下所示：

```
for (int t = 0; t < N - 1; t++) {
 fg[0] + = w_delta * CppAD:: pow(vars[delta_start + t],
2);
 fg[0] + = w_a * CppAD:: pow(vars[a_start + t], 2);
}
```

5）读者需要为连续使用执行器添加代价。这有助于最大限度地减少执行器执行波动，例如新手驾驶员慌乱时会在加速踏板和制动踏板间乱踩，添加代价如下所示：

```
  for (int t =0; t <N -2; t++) {        fg[0] + =w_delta_smooth *
CppAD:: pow(vars[delta_start
 + t + 1] -vars[delta_
  start +t], 2);
  fg[0] + =w_a_smooth * CppAD:: pow(vars[a_start +t
 + 1] -
vars[a_start +t], 2);
  }
```

6）接下来，在车辆大角度转向时增加使用加速踏板的代价，因为在转弯时猛踩加速踏板将会导致车辆失控，代价代码如下所示：

```
  for (int t =0; t <N -1; t++) {
    fg[0] + =w_throttle_steer * CppAD:: pow(vars[delta_
start                                         + t] /
vars[a_start +t], 2);
  }
```

7）现在开始建立初始约束如下：

```
  fg[1 +x_start] =vars[x_start];
  fg[1 +y_start] =vars[y_start];
  fg[1 +psi_start] =vars[psi_start];
  fg[1 +v_start] =vars[v_start];
  fg[1 +cte_start] =vars[cte_start];
  fg[1 +epsi_start] =vars[epsi_start];
```

8）步骤进行到这里，即可根据状态变量和预测时域内的路径点来建立车辆模型约束。

为 t +1 时刻的状态创建变量，即当前的时间步，如下所示：

```
  for (int t =1; t <N; t++) {
    AD <double >x1 =vars[x_start +t];
    AD <double >y1 =vars[y_start +t];
    AD <double >psi1 =vars[psi_start +t];
    AD <double >v1 =vars[v_start +t];
    AD <double >cte1 =vars[cte_start +t];
    AD <double >epsi1 =vars[epsi_start +t];
```

9）然后，为 t 时刻的状态创建变量，也就是上一个时间步，如下所示：

```
AD<double>x0 =vars[x_start +t -1];
AD<double>y0 =vars[y_start +t -1];
AD<double>psi0 =vars[psi_start +t -1];
AD<double>v0 =vars[v_start +t -1];
AD<double>cte0 =vars[cte_start +t -1];
AD<double>epsi0 =vars[epsi_start +t -1];
```

10）现在需要确保只考虑 t 时刻的驱动，所以只定义 t 时刻的转向（delta0）和加速（a0），如下所示：

```
AD<double>delta0 =vars[delta_start +t -1];
AD<double>a0 =vars[a_start +t -1];
```

11）接下来需要一个特定约束，这个约束来自于读者尝试跟随的路径点队列。通过创建一个拟合路径点的多项式来完成这项工作，这取决于多项式有多少个系数，例如，二阶多项式将有三个系数，创建多项式如下：

```
AD<double>f0 =0.0;
for (int i =0; i<coeffs.size(); i + +){
f0 + =coeffs[i] * CppAD::pow(x0, i);
}
```

使用相同的系数就可以为期望的汽车行驶方向建立约束，如下所示：

```
  AD<double>psides0 =0.0;
  for (int i =1; i<coeffs.size(); i + +){
psides0 + =i * coeffs[i] * pow(x0, i -1); }
  psides0 =CppAD::atan(psides0);
```

12）最后需要为车辆模型创建约束。在本例中可以使用自行车模型作为简化的车辆模型，如下所示：

```
fg[1 +x_start +t] =x1 -(x0 +v0 * CppAD:: cos(psi0) * dt)。
fg[1 +y_start +t] =y1 -(y0 +v0 *)
CppAD:: sin(psi0) * dt)。
fg[1 +psi_start +t] =psi1 -(psi0 +v0 * delta0)
 * dt /Lf)。)
fg[1 +v_start +t] =v1 -(v0 +a0 * dt)。
fg[1 +cte_start +t] =cte1 -((f0 -y0) +(v0 *
CppAD:: sin(epsi0) * dt))。)
fg[1 +epsi_start +t] =epsi1 -((psi0 -psides0)
 + v0 * delta0 /Lf * dt)。)
}
```

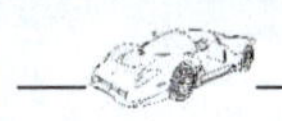

目前，读者有一个用 C++ 编写 MPC 的实例，可以根据这个基本实例进行拓展，使用时将它转换成相应控制应用所需要的编程语言即可。

10.6 总结

至此读者已经掌握了用于自动驾驶汽车的横向和纵向控制器。

本章讲述了两个应用最广泛的控制器，即 PID 控制器和 MPC。PID 控制器非常适合单输入、单输出系统，并且非常高效，但需要多个控制器来控制多个输出。同时，本章还介绍了 MPC 适用于具备足够资源的多输入、多输出系统，它的优势在于可以在每个时间步中进行连续实时优化。

本章提供了数学和模型的一些细节，读者可以在 Carla 和 Python 中实现自己的 PID 控制器。

在下一章中将介绍如何构建地图并且对自动驾驶汽车定位，基于此可以不断获取自身在环境中的位置。

10.7 问题

学习完本章，读者应该有能力回答以下问题：

1. 哪种类型控制器最适合计算资源较低的车辆？
2. PID 控制器的积分控制项针对什么进行校正？
3. PID 控制器的微分控制项针对什么进行校正？
4. MPC 中的代价和约束之间有什么区别？

10.8 扩展阅读

- 用于城市交通自主车辆跟踪的自调整 PID 控制器：http://oa.upm.es/30015/1/INVE_MEM_2013_165545.pdf。
- 用于调整 PID 控制器的 Twiddle 算法：https://martin-thoma.com/twiddle/。
- 基于自适应 PID 神经网络的智能汽车横向跟踪控制：https://www.ncbi.nlm.nih.gov/pmc/articles/PMC5492364/。

第 11 章 环境建图

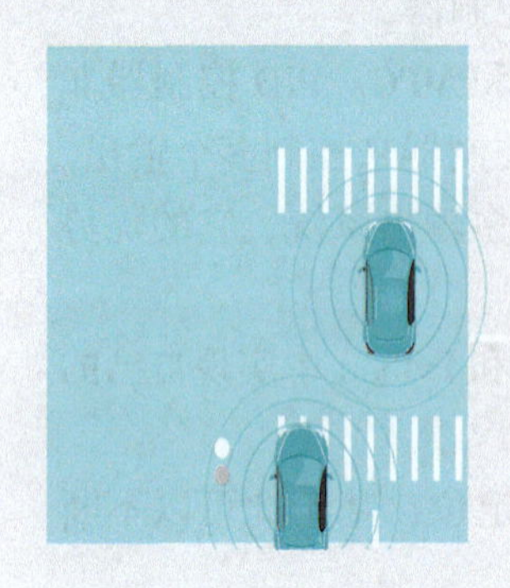

在真实世界中导航自动驾驶汽车，需要具备一些基本条件。

首先，需要有一张环境地图。读者可以在手机上利用地图查找喜欢的餐厅，接下来要用到的环境地图就与这种手机上的地图非常相似。其次，需要一种方法实现在真实世界中定位。在手机屏幕上，读者的位置是利用 GPS 获取位置信息后显示出的蓝点。

本章将介绍多种自动驾驶汽车依据环境进行建图和定位的方法，自动驾驶汽车能够在真实世界中确定自己的位置。建图和定位很重要，因为创造自动驾驶汽车的初衷就是为了让其能够自主出行。

本章将介绍以下主题：

- 为什么需要地图和定位。
- 建图和定位的类型。
- 开源建图工具。
- 基于 Ouster 激光雷达和 Google Cartographer 的 SLAM（同步定位与地图构建）。

11.1 技术需求

本章内容需要安装以下软件：

- Linux 操作系统。
- ROS Melodic：http://wiki.ros.org/melodic/Installation/Ubuntu。
- Python 3.7。
- C++。
- Google Cartographer ROS：
  https://github.com/cartographer-project/cartographer_ros。
- Ouster_example_cartographer：
  https://github.com/Krishtof-Korda/ouster_example_cartographer。

可以在以下网址找到本章的代码：

https://github.com/PacktPublishing/Hands-On-Vision-and-Behavior-for-Self-Driving-Cars。

11.2 为什么需要地图和定位

本章将会介绍地图和定位的重要性，以及如何将二者组合起来。读者常认为地图和定位在真实世界中是理所当然的事情。但对于自动驾驶汽车，建图和定位尤其关键，因为汽车无法利用人类惊人的大脑实现建图和定位。

11.2.1 地图

想象一个没有手机、没有高德地图、没有纸质地图的世界。

如果读者从家里出发到一个从未到过的城市，读者有多大的把握完成这样的出行？更不用说到相隔几个城市之外刚刚开业的乔氏超市连锁店了。相信读者可以做到，但可能每隔几公里就要停下来向当地人询问接下来的路怎么走，这样才能让自己不断接近目的地。地图使人们的生活更加便利，让人们能够去各种陌生的地方，有了地图就不用担心会迷路。

如今谷歌和苹果等公司绞尽脑汁地为每一条人们能想到的街道和小巷绘制地图。这是一项艰巨的任务，人们每天都从中受益。地图的重要性不言而喻。

11.2.2 定位

想象一下读者被传送到了如图 11.1 所示的地方。

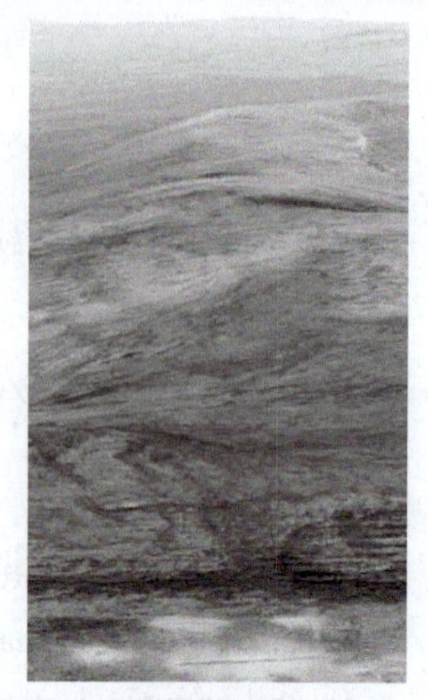

图 11.1 位于俄罗斯的一个地貌俯瞰像猴脸的地方

读者已获得了该地区的地图，需要找到一条通往最近水域的行走路线。从被传送的震惊中回过神后，需要做的第一件事是在地图上寻找自己的位置。读者可能会环顾四周，挑选附近的地标，然后尝试在地图上找到这些地标。当读者发现自己正处于猴脸的中间时，意味着读者已经在地图上为自己完成了定位，接下来可以继续寻找水域了。

现在读者明白了，想要在真实环境中航行，为什么地图和定位都是不可缺少的。

另一种问题在于：如果建图已经完成而环境发生了改变怎么办？

当读者在开车，听着手机里的导航提示音，突然遇到前方道路施工并迫使读者绕道 30min。这时读者可能会狠狠地诅咒导航，问它为什么不提示有道路施工。

事实上，即使将导航信息更新到最新版本，也依旧会经常错过真实世界的真实信息。想象一下在读者前面正有一群鸭子穿过马路，导航是不会对此做出提醒的。在下一节中读者会学到各种类型的建图和定位方法，以此来保护小鸭子的生命。

11.3 建图和定位的类型

定位和建图领域已有很多杰出的研究，并且仍处于不断发展之中。GPU 和计算机处理速度的提升为一些优秀的算法提供了发展空间。

回想一下上一节的内容，卫星导航无法识别前方正在横穿马路的小鸭子们。真实世界是不断变化的，因此地图永远不会变得绝对精准。读者必须采用一种方法，这种方法不仅可以使用预先构建的地图定位，还可以使用实时构建的地图，便于读者看到地图上新出现的障碍并通过导航绕过它们。为此，本节引入 SLAM 这一概念。

虽然建图和定位有各自相对独立的方法，但在本章中将重点介绍同步定位与地图构建（SLAM）。除此之外，以下的细分类目也给出了一些最常用的独立定位和建图的算法：

- 粒子滤波。
- 马尔可夫定位。
- 栅格定位。
- 用于测距定位的扩展卡尔曼滤波。
- 定位推算的卡尔曼滤波（里程计）。

Tips

提示

更多有关定位的知识可以参阅以下网址：

https://www.cs.cmu.edu/~motionplanning/lecture/Chap8-Kalman-Mapping_howie.pdf。

http://robots.stanford.edu/papers/thrun.pf-in-robotics-uai02.pdf。

https://www.ri.cmu.edu/pub_files/pub1/fox_dieter_1999_3/fox_dieter_1999_3.pdf。

建图类型如下：

- 栅格地图。
- 基于特征(地标)建图。
- 拓扑(基于图形)建图。
- 视觉示教与重现建图。

Tips

提示

更多有关建图的知识可以参阅以下网址：

https://www.cs.cmu.edu/~motionplanning/lecture/Chap8-Kalman-Mapping_howie.pdf。

https://www.ri.cmu.edu/pub_files/pub1/thrun_sebastian_1996_8/thrun_sebastian_1996_8.pdf。

关于这些算法和实现有很多优质的资料，但在本书中将关注使用最广泛的定位和建图形式，即同步类型：SLAM。接下来将解释什么是 SLAM。

同步定位与地图构建（SLAM）

现在继续回到幻想中来。想象一下，读者在夜晚突然醒来，四周没有任何光源，没有月亮，也没有萤火虫，只是一片漆黑。不要害怕，读者可以利用 SLAM 从床上导航以获得美味的夜宵。

读者试着用左手摸索，直到感觉到床的边缘。几乎一瞬间读者就可以把自己在床上的位置确定下来，并在脑海中绘制了床的左边缘该有的样子。假设读者睡觉时在床上没有垂直翻转，头脚颠倒，就可以确定这真的是床的左边。

接下来，读者迈开双腿，越过床沿试探地面，慢慢从床上下来，直到最后感受到地板的位置。读者刚刚相当于对地板的一部分进行了建图。现在，读者小心地站起来，伸出双臂向前方摸索。同时小心地将双脚扫过地板，就像现代形意舞者寻找台阶、边缘和陷阱一样，这样才不会摔倒。

每次向前移动时，读者都会在脑海中仔细记录自己所面对的方向以及走了多远（里程计），并且一直都在脑海中构建房间的地图，并使用自己的手和脚作为测距传感器，以此来确定自己在房间中的位置（定位）。每次发现障碍时，读者都会将其存储在脑海中的地图里，小心翼翼地绕过它。读者正在做的事就是同步定位与地图构建。

图 11.2　OS1-128 激光雷达（由 Ouster 公司提供）

SLAM 通常使用某种测距传感器，例如激光雷达，如图 11.2 所示。

当读者在房间里摸索行走时，胳膊和腿就像测距仪。激光雷达使用激光照射环境，遇到物体后反射回来。有了光离开和返回过程中的传播时间以及光速，就可以计算激光雷达与物体之间的距离。激光雷达，如 OS1-128 激光雷达，能够产生具有高精度距离信息的丰富且稠密的点云，如图 11.3所示。

图 11.3　城市环境中激光雷达点云（来自 Ouster 公司）

SLAM 算法用这个距离信息实现定位和建图。

为了帮助估计车辆姿态和连续测量点之间的距离，还需要惯性测量单元（IMU）。Ouster 激光雷达在建图方面广受欢迎的一个原因是其内置了 IMU，能够实现仅用单个设备进行建图。在本章的后面将会介绍如何使用 Ouster 激光雷达和 Google Cartographer 进行建图。

SLAM 的概念是在没有先验信息的情况下建立地图，与此同时在地图上进行

定位。这是非常困难的，有点像“先有鸡还是先有蛋”的问题。想要定位就需要有一张用于定位的地图（鸡蛋），但同时，为了即时建图，又需要在尝试构建的地图上进行定位（鸡）。这就像时间旅行类电影中的一个问题：活得时间足够长才能回到过去拯救自己。

好消息是，该领域的研究已有 30 多年，并在机器人和自动驾驶汽车算法领域产出了丰富的成果。

SLAM 类型

下面列出了在机器人、无人机测绘和自动驾驶行业中使用的一些最先进的算法，每一个算法都有不同的应用。例如，RGB-D SLAM 用于基于摄像头的 SLAM，而 LIO SAM 则专门用于激光雷达。Kinetic fusion 点云重建是另一种有趣的 SLAM 形式，可用于绘制室内复杂物体。更完整的列表可以在 KITTI 网站上找到，其网址为：http://www.cvlibs.net/datasets/kitti/eval_odometry.php。

- LIO SAM：https://arxiv.org/pdf/2007.00258.pdf。
- LOAM：
  https://ri.cmu.edu/pub_files/2014/7/Ji_LidarMapping_RSS2014_v8.pdf。
- RGB-D SLAM：https://felixendres.github.io/rgbdslam_v2/。
- Kinetic fusion 点云重建：
  https://www.microsoft.com/en-us/research/wp-content/uploads/2016/02/ismar2011.pdf。

随后读者将学习到一种非常重要的方法，用以减少 SLAM 算法误差。

SLAM 中的回环检测

在建图和定位中需要意识到任何事情都不是完美的。读者永远找不到完全准确的传感器，所有传感器的测量都服从一种包含测量均值和方差的概率分布。这些是工厂在校准过程中凭经验确定的，然后在数据表中向用户提供。关心这些问题的原因在于传感器总会有一些误差，这意味着使用这些传感器导航的时间越长，地图和估计的位置就会越偏离实际。

SLAM 算法几乎都包含一个技巧来对抗这种漂移：回环检测。它是这样工作的，假设读者在前往阿布扎比的途中经过 Aldar 总部大厦，如图 11.4 所示。

读者把这座宏伟的圆形建筑标记在地图中，然后继续前行。过了一段时间，也许读者在李贝鲁特吃过午饭后开车回去，会第二次经过 Aldar 总部大厦。当这次通过大厦时，可以测量自己和它之间的距离，并将这个距离与预期的相对位置和第一次在地图上标记该建筑的位置的距离进行比较。这时读者会意识到自己并不在预期的相对位置。算法立即获取此信息，迭代纠正整个地图以表达读者在环境中的真实位置。

图 11.4 Aldar 总部大厦

SLAM 不断地对它建图中的每个特征执行此操作，并在稍后回环检测时返回操作结果。在接下来的几节中使用开源 SLAM 时，读者将会对这些内容做进一步的了解。在这之前先简单展示一些可用的开源建图工具，体验建图的乐趣。

11.4 开源建图工具

SLAM 的实现和理解非常复杂，但幸运的是，可以在读者的自动驾驶汽车上应用很多开源解决方案。

Awesome Open Source 网站(https://awesomeopensource.com/projects/slam)包含可供读者使用的 SLAM 算法。

以下精心挑选的方案可以满足读者的需求：

- Cartographer by Google：https://github.com/cartographer-project/cartographer。
- LIO-SAM by TixiaoShan：https://github.com/TixiaoShan/LIO-SAM。
- LeGO-LOAM by RobustFieldAutonomy：https://github.com/RobustFieldAutonomyLab/LeGO-LOAM。

读者将在下一节中开始使用迄今为止最受欢迎和支持的 Cartographer，体验它所提供的全部功能。

11.5 基于 Ouster 激光雷达和 Google Cartographer 的 SLAM

本章介绍如何使用 Cartographer 和 Ouster 激光雷达进行建图实践。

本示例使用的是 Ouster 激光雷达，因为它内置运行 SLAM 所需要的 IMU，这意味着不需要再购买其他传感器来获取惯性数据。

读者将看到的示例是对 Ouster 传感器收集的数据进行离线处理，示例改编自 Wil Selby 的工作。请访问 Wil Selby 网站以获取更多酷炫的项目和想法：https://www.wilselby.com/。

Selby 还有一个相关项目，用于在 ROS 中为 DIY 无人驾驶汽车在线(实时)执行 SLAM，其网址为：https://github.com/wilselby/diy_driverless_car_ROS。

11.5.1 Ouster 传感器

读者可以从 OS1 用户指南中了解更多有关 Ouster 数据格式和传感器用法的信息，其网址为：

https://github.com/PacktPublishing/Hands-On-Vision-and-Behavior-for-Self-Driving-Cars/blob/master/Chapter11/OS1-User-Guide-v1.14.0-beta.12.pdf。

在学习本章时不需要提前准备传感器，本章为读者提供了从 OS1-128 激光雷达收集的样本数据以供使用，稍后会介绍如何下载这些数据。

11.5.2 代码仓

读者可以在以下网址的 ouster_example_cartographer 子模块中找到本章的代码：

https://github.com/PacktPublishing/Hands-On-Vision-and-Behavior-for-Self-Driving-Cars/tree/master/Chapter11。

为了确保拥有子模块中的最新代码，可以在第 11 章的文件夹下运行以下命令：

```
$ git submodule update --remote ouster_example_cartographer
```

11.5.3 从 cartographer_ros 开始

在深入研究代码之前，建议读者通过阅读算法演示来学习 Cartographer 的基础知识，其网址为：

https://google-cartographer-ros.readthedocs.io/en/latest/algo_walkthrough.html。

接下来简要概述利用传感器运行 Cartographer 所需要的配置文件。

配置 cartographer_ros

Cartographer 需要以下配置文件来配置传感器、机器人和坐标变换等信息。在 ouster_example_cartographer/cartographer_ros/文件夹中可以找到以下文件：

- configuration_files/demo_3d. rviz。
- configuration_files/cart_3d. lua。
- urdf/os_sensor. urdf。
- launch/offline_cart_3d. launch。
- configuration_files/assets_writer_cart_3d. lua。
- configuration_files/transform. lua。

上述文件利用 Ouster 传感器收集的数据包执行离线 SLAM。

现在逐步浏览每个文件并解释它如何在 ROS 中实现 SLAM。

demo_3d. rviz 文件

此文件用于配置 rviz GUI 窗口。基于 cartographer_ros 源文件中提供的示例，其网址如下：

https://github.com/cartographer-project/cartographer_ros/blob/master/cartographer_ros/configuration_files/demo_3d.rviz。

本示例指定了参考系。各种参考系的详细信息可在以下网址中获得：

https://www.ros.org/reps/rep-0105.html。

在读者的项目中，可以使用以下代码片段添加基于传感器的参考系名称：

```
Frames:
    All Enabled: true
    base_link:
        Value: true
    map:
        Value: true
    odom:
        Value: true
    os:
        Value: true
    os_imu:
        Value: true
```

以下是上述代码中每个参考系的定义：

- base_link 是机器人的坐标系。

- map 是全局的固定坐标系。
- odom 是一个固定于全局的坐标系，它根据 IMU、车轮编码器、视觉里程计数器等得出的量程计算得出。odom 可能会随时间产生漂移，但有利于保持位置信息连续平滑，无离散跳跃。Cartographer 使用此坐标系发布未进行闭环的局部 SLAM 结果。
- os 是 Ouster 传感器或为项目选择的其他激光雷达的坐标系，用于将激光雷达测距读数转换为 base_link 下的读数。
- os_imu 是 Ouster 中的 IMU 坐标系或为项目选择的其他 IMU 的坐标系。这是 Cartographer 在 SLAM 期间跟踪的坐标系。它也将被变换到 base_link 下。

接下来，定义坐标系的 TF 变换树层级结构，以便于读者在任意坐标系之间进行坐标变换，如下所示：

```
Tree:
  map:
    odom:
      base_link:
        os:
          {}
      os_imu:
          {}
```

可以看到 os 和 os_imu 都与 base_link（车辆坐标系）相关。这意味着不能从 os（激光雷达坐标系）直接变换到 os_imu（IMU 坐标系）下，而要先将两者都变换到 base_link 下。然后才可以沿着 TF 树完全变换到 map 坐标系下。这就是 Cartographer 在使用激光雷达测距和 IMU 位姿测量进行建图时要做的事情。

接下来配置 RobotModel，根据之前定义的 TF 变换树，以正确的姿态显示 link（这里的 link 指的是包含传感器、机械臂或任何读者想要在机器人上跟踪的具有坐标系的物体）。

以下代码片段展示了在何处放置 link 名称，这些名称在先前的 Frames 部分中已经完成定义：

```
Class: rviz/RobotModel
  Collision Enabled: false
  Enabled: true
  Links:
        All Links Enabled: true
        Expand Joint Details: false
        Expand Link Details: false
        Expand Tree: false
        Link Tree Style: Links in Alphabetic Order
```

```
base_link:
    Alpha: 1
    Show Axes: false
    Show Trail: false
os:
    Alpha: 1
    Show Axes: false
    Show Trail: false
    Value: true
os_imu:
    Alpha: 1
    Show Axes: false
    Show Trail: false
    Value: true
```

这段代码中添加了 base_link、os 激光雷达和 os_imulink。

接下来，将 rviz/PointCloud2 映射为包含 PointCloud2 激光雷达点数据的话题，对于 Ouster 激光雷达包文件，激光雷达点云数据存储在/os_cloud_node/points 话题中。如果读者使用其他激光雷达，可以将该激光雷达的话题名称放在 Topic：后面，如下所示：

```
Name: PointCloud2
Position Transformer: XYZ
Queue Size: 200
Selectable: true
Size (Pixels): 3
Size (m): 0.029999999329447746
Style: Flat Squares
Topic: /os_cloud_node/points
```

此处将来自激光雷达的话题映射为 PointCloud2 类型。

这里包含了 rviz 中激光雷达和 IMU 传感器的具体配置。接下来介绍为了匹配特定的机器人布局如何修改 cart_3d. lua 文件。

cart_3d. lua 文件

该文件用于配置机器人 SLAM 调优参数。cart_3d. lua 文件应该是专属于特定机器人的，而不是专属于特定包。它基于 cartographer_ros 源文件中提供的示例文件，其网址如下：

https://github.com/cartographer-project/cartographer_ros/blob/master/cartographer_ros/configuration_files/backpack_3d.lua。

建议读者根据特定的应用程序调整 cart_3d. lua 文件中的参数。以下网址提供

了调整指南：

https://google-cartographer-ros.readthedocs.io/en/latest/algo_walkthrough.html。

在这里可以简要介绍一些可以配置自动驾驶汽车的选项，如下所示：

```
options = {
  map_builder = MAP_BUILDER,
  trajectory_builder = TRAJECTORY_BUILDER,
  map_frame = "map ",
  tracking_frame = "os_imu ",
  published_frame = "base_link ",
  odom_frame = "base_link",
  provide_odom_frame = false,
  publish_frame_projected_to_2d = false,
  use_odometry = false,
  use_nav_sat = false,
  use_landmarks = false,
  num_laser_scans = 0,
  num_multi_echo_laser_scans = 0,
  num_subdivisions_per_laser_scan = 1,
  num_point_clouds = 1,
  lookup_transform_timeout_sec = 0.2,
  submap_publish_period_sec = 0.3,
  pose_publish_period_sec = 5e-3,
  trajectory_publish_period_sec = 30e-3,
  rangefinder_sampling_ratio = 1.,
  odometry_sampling_ratio = 1.,
  fixed_frame_pose_sampling_ratio = 1.,
  imu_sampling_ratio = 1.,
  landmarks_sampling_ratio = 1.,
}
```

上述选项是从 Ouster 网站上提供的包文件中获取到的，用以配置离线 SLAM，网址如下：

https://data.ouster.io/downloads/os1_townhomes_cartographer.zip;

https://data.ouster.io/downloads/os1_townhomes_cartographer.zip。

如果需要在自动驾驶汽车上实现在线(实时)SLAM，则需要修改加粗部分的内容，如下所示：

- odom_frame = "base_link"：这里应该设置为 odom，以便 Cartographer 将非闭环的连续姿态发布为 odom_frame。

- provide_odom_frame = false：这应该设置为 true，以便 Cartographer 知道 odom_frame 已经发布。
- num_laser_scans = 0：这应该设置为 1，直接使用从传感器获取的激光雷达扫描数据，而不是包文件中记录的点云。
- num_point_clouds = 1：如果不使用包文件，而是使用实时激光雷达扫描，则应将其设置为 0。

接下来将介绍如何配置传感器 os_sensor.urdf 文件。

os_sensor.urdf 文件

此文件用于配置自动驾驶汽车的坐标变换。每个安装在车辆上的传感器都是一个 link。将 link 视为刚体，就像链条中的链节一样。链条中的每个链节都是刚性的，但链节可以做相对移动，并且每个链节都有自己的坐标系。

在此文件中将机器人名称设置为 Ouster 传感器，即 <robot name = "os_sensor" >。

我们添加了传感器中代表激光雷达坐标系（ <link name = "os_lidar" >）和 IMU 坐标系（ <link name = "os_imu" >）的 link。

以下代码展示了如何将各个坐标系变换回 base_link：

```
<joint name = "sensor_link_joint" type = "fixed" >
    <parent link = "base_link " />
    <child link = "os_sensor " />
    <origin xyz = "0 0 0" rpy = "0 0 0"/>
</joint >
<joint name = "imu_link_joint" type = "fixed" >
    <parent link = "os_sensor " />
    <child link = "os_imu " />
    <origin xyz = "0.006253 -0.011775 0.007645" rpy = "0 0 0"/>
</joint >
<joint name = "os1_link_joint" type = "fixed" >
    <parent link = "os_sensor " />
    <child link = "os_lidar " />
    <origin xyz = "0.0 0.0 0.03618" rpy = "0 0 3.14159 " />
</joint >
```

可以看到 os_sensor 被放置在 base_link 的中心，同时赋予 os_imu 和 os_lidar 各自相对于 os_sensor 的平移和旋转。Ouster 传感器用户指南的第 8 节中提供了这些平移和旋转，其网址为：

https://github.com/Krishtof-Korda/ouster_example_cartographer/blob/master/OS1-User-Guide-v1.14.0-beta.12.pdf。

接下来将介绍如何编写启动文件以调用之前所有的配置文件并启动 SLAM

进程。

offline_cart_3d.launch 文件

该文件用于调用前面讨论的所有配置文件。

它将 points2 和 imu 话题重新映射为 Ouster 包文件 os_cloud_node 话题。如果读者使用其他类型的激光雷达，只需要在适当位置使用该传感器的话题名称，如下所示：

```
<remap from="points2" to="/os_cloud_node/points"/>
<remap from="imu" to="/os_cloud_node/imu"/>
```

接下来学习如何使用 assets_writer_cart_3d. lua 文件保存地图数据。

assets_writer_cart_3d.lua 文件

要生成以 . ply 格式输出累计的所有点云，需要用此文件配置选项。

可以设置对点进行下采样的 VOXEL_SIZE 值，并只取质心。这样做很重要的原因是如果没有下采样，将需要很长的数据处理周期。

VOXEL_SIZE =5e-2

设置 min_max_range_filter 以保留激光雷达指定扫描范围内的点。这通常基于激光雷达参数表中的规格。Ouster OS1 参数表可在 Ouster (https://outser. com/) 网站上找到。

以下代码段展示了配置距离滤波器选项的位置：

```
tracking_frame = "os_imu",
pipeline = {
{
action = "min_max_range_filter",
min_range = 1.,
max_range = 60.,
},
```

最后学习如何使用 transform. lua 文件进行 2D 投影。

transform.lua 文件

此文件是执行变换的通用文件，也用于前面介绍的文件中创建 2D x - ray 地图和概率格栅图。

现在已经介绍完每个配置文件的作用，接下来运行系统看看实际效果。下一节将介绍使用预构建的 Docker 镜像运行 SLAM。

11.5.4　Docker 镜像

下载一个已经创建好的 Docker 镜像。可以保证所有必需的软件包都能完整安装，既能保证成功运行还能节省大量时间。

如果读者在 Linux 操作系统上运行，则只需要使用以下命令，运行位于 ouster_example_cartographer 子模块中的 install-docker. sh：

```
$./install-docker.sh
```

如果读者使用的是其他操作系统(Windows 10 或 macOS 操作系统)，可以直接从它们的网站下载并安装 Docker，其网址如下：

https://docs. docker. com/get-docker/。

使用以下命令验证 Docker 是否已正确安装：

```
$ docker -version
```

希望至此一切顺利，准备好在容器中运行 Docker 镜像。强烈建议使用带有 NVIDIA 显卡的 Linux 操作系统运行代码和 Docker 镜像。run-docker. sh 脚本可帮助图形处理器使用正确的选项启动 Docker。强烈建议使用 NVIDIA GPU 来高效运行 SLAM。读者也可以使用其他 GPU，但兼容性欠佳。

接下来的部分将会讲述 Docker 与 NVIDIA GPU 连接时的一些故障排除步骤。

Docker NVIDIA 故障排除

根据 Linux 操作系统上的 NVIDIA 设置，在连接到 Docker 之前可能需要执行以下命令：

```
#Stop docker before running 'sudo dockerd --add
runtime=nvidia=/usr/bin/nvidia-container-runtime'
$ sudo systemctl stop docker

#Change mode of docker.sock if you have a permission issue
$ sudo chmod 666 /var/run/docker.sock

#Add the nvidia runtime to allow docker to use nvidia GPU
#This needs to be run in a separate shell from run-docker.sh
$ sudo dockerd --add-runtime=nvidia=/usr/bin/nvidia-container
runtime
```

现在，读者可以使用以下命令运行 Docker 并将其连接到 GPU 上：

```
$./run-docker.sh
```

此脚本将从 Docker Hub 中提取最新的 Docker 镜像，并在 NVIDIA 显卡运行时(如果可用)或仅在 CPU 上运行该镜像。

该文件的注释中还有许多有用的命令，用于在 2D 或 3D 模式下运行 Cartographer。这里读者学习的是 3D 模式。

接下来的几节将按步骤引导读者使用前面从 Ouster 下载的数据运行 SLAM。

获取样本数据

用于 SLAM 的样本数据可以从 Ouster 网站获取。

使用以下命令下载样本数据：

```
$ mkdir/root/bags
$ cd/root/bags
$ curl -O https://data.ouster.io/downloads/os1_townhomes_
cartographer. zip
$ unzip/root/bags/os1_townhomes_cartographer. zip -d/root/
bags/
```

加载工作空间的环境变量

读者需要加载 catkin 工作空间的环境变量，以确保系统能在当前 bash 环境下读取并执行 ROS 中的相关命令，如下所示：

```
$ source /root/catkin_ws/devel/setup. bash
```

验证 rosbag

使用内置的 Cartographer 包验证工具来验证 rosbag 不失为一种好方法，这样既可以确保 Cartographer 包中有连续的数据，也有利于产生结果，如下所示：

```
$ rosrun cartographer_ros cartographer_rosbag_validate -bag_
filename /root/bags/os1_townhomes_cartographer. bag
```

准备启动

要在 Cartographer 包上运行离线 SLAM，首先需要进入启动路径，如下所示：

```
$ cd /root/catkin_ws/src/ouster_example_cartographer/
cartographer_ros/launch
```

使用 Cartographer 包中的数据运行离线 SLAM

启动离线 SLAM 所需要的条件都已具备。这会创建一个 . pbstream 文件，稍后通过它来写入数据，例如：

- . ply 点云文件。
- 建图区域的 2D x - ray 图像。
- 开放区域和占用区域的 2D 概率格栅图。

使用以下命令在 bag 文件上启动离线 SLAM 进程：

```
$ roslaunch offline_cart_3d. launch bag_filenames: =/root/bags/
os1_townhomes_cartographer. bag
```

这会打开一个 rviz 窗口，如图 11.5 所示。

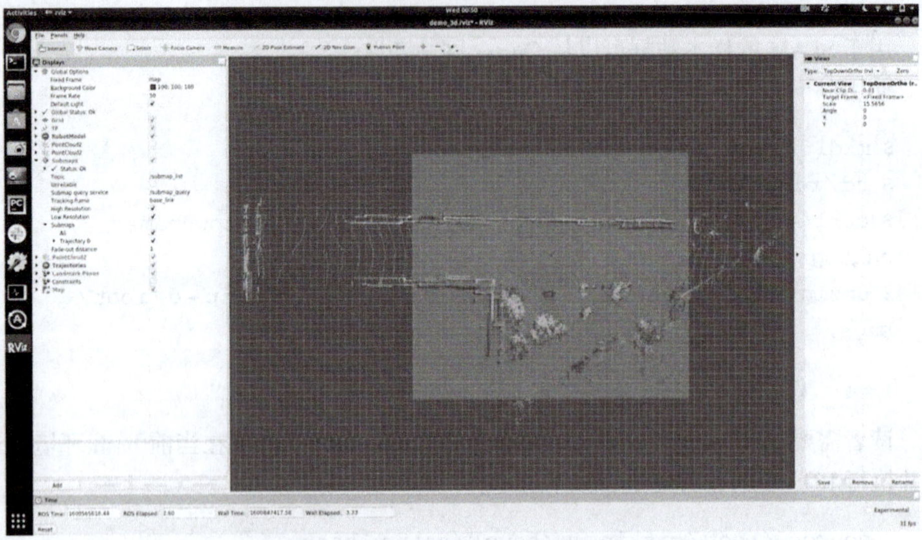

图 11.5　Cartographer 启动 rviz 窗口

现在可以欣赏 Cartographer 执行 SLAM 的过程。

首先它将生成较小的局部子图，然后再扫描匹配，将子图拼接到全局地图。当收集到足够的数据以匹配全局地图时，每隔几秒就会抓取一次点云。

当进程结束后，会在/root/bags 文件夹中产生一个名为 os1_townhomes_cartographer. bag. pbstream 的文件。读者将使用此文件写入数据。

保存有效数据

保存有效数据后，读者可以获得 SLAM 的最终结果：一张街道的地图。

运行以下命令以存储得到的结果：

```
$ roslaunch assets_writer_cart_3d. launch bag_filenames: =/root/
bags/os1_townhomes_cartographer. bag pose_graph_filename: =/
root/bags/os1_townhomes_cartographer. bag. pbstream
```

存储过程会花费一点时间，请耐心等待。

第一个输出结果

通过以下命令可以查看生成的 2D x - ray 地图：

```
$ xdg - open os1_townhomes_cartographer. bag_xray_xy_all. png
```

输出的图像如图 11.6 所示。

第二个输出结果

通过以下命令可以查看生成的 2D 概率格栅图：

```
$ xdg - open os1_townhomes_cartographer. bag_probability_grid. png
```

输出的图像如图 11.7 所示。

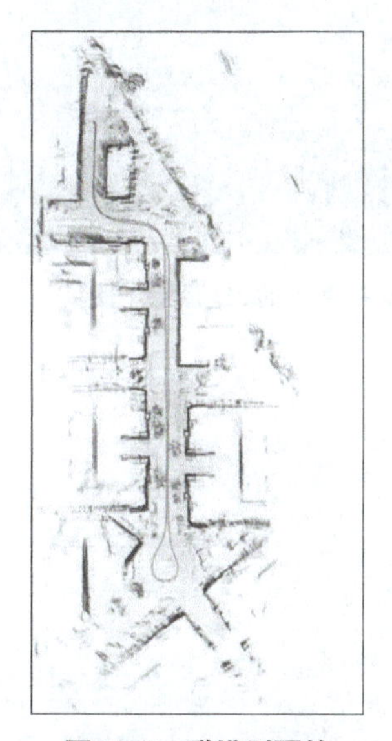

图 11.6　联排别墅的 2D x - ray 地图

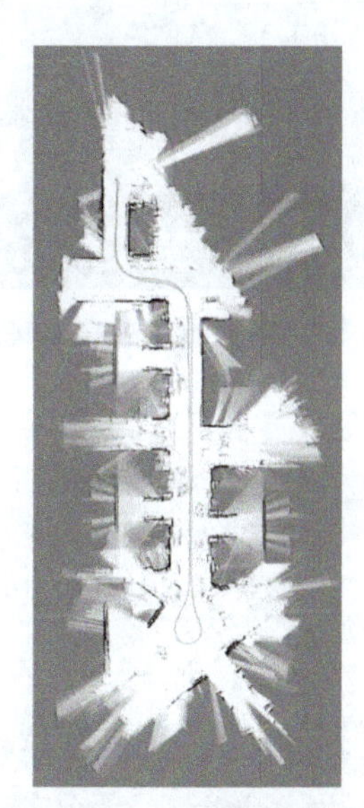

图 11.7　联排别墅的 2D 概率格栅图

最后一个输出

/root/bags 文件夹中包含一个 os1_townhomes_cartographer. bag_ points. ply 文件。

可以使用任何能够打开 . ply 文件的工具查看该文件。CloudCompare 是一个免费的开源工具，可以从以下网址下载：

https: //www. danielgm. net/cc/。

读者还可以使用 CloudCompare 将 . ply 文件保存为其他格式，例如 XYZ、XYZRGB、CGO、ASC、CATIA ASC、PLY、LAS、PTS 或 PCD 格式。

如果想用 UnityCoder 执行这种转换，还有详细的指引说明可供查阅，代码网址如下：

https: //github. com/unitycoder/UnityPointCloudViewer/wiki/Converting-Points-Clouds-with-CloudCompare。

图 11.8 为输出的图像结果，其俯视图如图 11.9 所示。

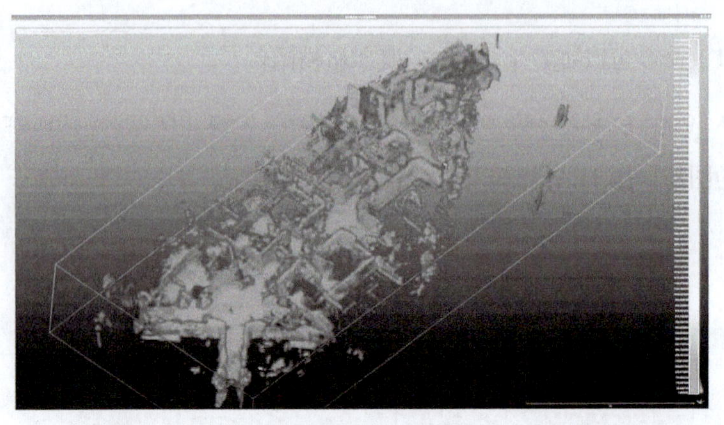

图 11.8　在 CloudCompare 中看到的 3D 点云地图

图 11.9　在 CloudCompare 中查看 3D 点云地图的俯视图

如图 11.8 和图 11.9 所示，这两张地图使用 CloudCompare 查看器展示了 3D 点云地图：恭喜读者制作了第一张地图！这只是旅程的开始，作者迫不及待地想看看读者利用新技能还会做出什么！接下来会总结前面学到的所有知识。

11.6　总结

通过本章乃至本书中其他内容的学习，读者已经取得了长足的进步。从一部手机和一个 GPS 定位蓝点开始。读者周游世界到俄罗斯，在猴脸找到了生命之水。漆黑的夜晚，读者在家里用 SLAM 的方式拿到夜宵。本章介绍了建图和定位的区别，以及它们各自所包含的不同类型。读者还学会了一些开源工具的使用方法，这些工具可以帮助读者在以后的学习中做进一步的探索。

本章还介绍了如何基于 Ouster OS1-128 激光雷达数据应用开源 Cartographer，使

用 CloudCompare 并结合内置 IMU 来生成稠密且形状规整的联排别墅地图。现在读者知道了如何创建地图，还可以根据自己所在的空间环境建图，并在其中实现定位。现实世界就是读者的 Ouster。作者已经迫不及待地想看看接下来读者用创造力和专业知识还能创造出什么。

希望读者能享受这一次学习之旅，作者很愿意与读者分享这些知识，期待这些能够鼓舞读者继续探索未来！

11.7 问题

现在读者应该能够回答以下问题：

1. 建图和定位之间有什么区别？
2. Cartographer 通常使用什么坐标系作为跟踪坐标系？
3. 为什么需要 SLAM？
4. 在哪个文件里可以设置 min_max_range_filter？

11.8 扩展阅读

- Cartographer：https://github.com/cartographer-project/cartographer_ros。
- 更多关于 Cartographer：
  https://google-cartographer-ros.readthedocs.io/en/latest/compilation.html。
- RGB-D SLAM：https://felixendres.github.io/rgbdslam_v2/。
- 机器人中的概率算法：http://robots.stanford.edu/papers/thrun.probrob.pdf。

答　案

第 1 章

1. 是的，但在某些情况下，读者可能需要自己定义编译选项。
2. 通常是 bilateralFilter( )。
3. HOG 探测器。
4. 使用 VideoCapture( )。
5. 更大的光圈增加了传感器的进光量，但减小了景深。
6. 当没有足够的光线满足所需要的快门速度和光圈设置时，需要更高的 ISO。
7. 是的，亚像素精度以显著的方式改进了校准。

第 2 章

1. 对于 UART。单端：2 条线（数据线和地线）。不需要时钟线，因为它是异步的，设备维持自己的时间并提前与波特率达成一致。差分：2 条线(高电平和低电平)。测量差分电压而不是对地电压。

   对于 I^2C：2 条线，串行时钟（SCL）和串行数据（SDA），使用带有主设备和从属设备的总线架构。

   对于 SPI：3 + 1n、条线，其中 n 是从属设备的数量。3 根主线：信号时钟（SCLK）、主出从入（MOSI）、主入从出（MISO）。每个从设备有一根从机选择线（SS）。

   对于 CAN：2 条线，CAN-HI 和 CAN-LO，使用总线架构，CAN-HI 和 CAN-LO 作为差分对。
2. 使用差分对可以降低噪声，其中噪声对两个信号的影响相似。利用电线相互缠绕消除感应电流。
3. 串行数据传输通过一根导线依次串行地发送所有位。并行数据传输在自己的线路上同时发送每个位。因此，对于 8 位字，并行数据传输速度将比串行数据传输快 8 倍。
4. I^2C、SPI、CAN 和以太网。
5. I^2C 和 SPI。
6. 通用异步收发器 UART。

第3章

1. HLS、HSV、LAB 和 YcbCr。
2. 获得车道的俯视图，使车道线在图像中也是平行的。
3. 使用直方图。
4. 滑动窗口。
5. 使用 polyfit( )，然后根据拟合的系数画线。
6. Scharr( )运行良好。
7. 使用指数加权移动平均（滚动平均）方法，简单且有效。

第4章

1. 它是神经网络中的一个神经元。
2. Adam。
3. 它是一种将卷积核应用于某些像素，从而获得新像素的操作。
4. 它是一个至少有一个卷积层的神经网络。
5. 它是一层所有神经元和上一层所有神经元的层连接。
6. 将卷积层的 2D 输出线性化，使全连接层可以使用其输出。
7. TensorFlow。
8. LeNet。

第5章

1. 做读者必须做的事……但在理想情况下应只使用一次，以避免在模型中出现偏差。
2. 它是一种由初始数据集生成更多数据的过程，用以增加数据规模并提高网络的泛化能力。
3. 不会，Keras 用来自数据增强的图像替换原始图像。
4. 一般来说，全连接层往往是参数最多的层，尤其是最后一个卷积层后的第一层全连接层通常是最大的。
5. 当训练损失随着训练周期的增加而下降时，验证损失上升。
6. 并非总是如此，读者可以使用一种策略来首先使神经网络过拟合（以正确学习训练数据集），然后再改进泛化能力并消除过拟合。

第6章

1. 增加非线性激活次数，让神经网络学习更复杂的功能。
2. 不一定。事实上，精心设计的深度神经网络可以更快、更精确。

3．当训练精度提高但验证精度降低时停止模型训练。

4．提前停止。

5．批归一化。

6．使用数据增强。

7．是的，因为它不会只依赖少数几个通道。

8．训练可能会更慢。

9．训练可能会更慢。

第7章

1．SSD是一种能够在图像中识别多个对象的神经网络，其输出包括检测到的对象的位置。它可以实时工作。

2．Inception是谷歌创建的一个非常有影响力的精确神经网络。

3．被冻结的层无法被训练。

4．不能。它只能检测交通信号灯，而不能检测它们的颜色。

5．迁移学习是指采用在其他任务上训练的神经网络，调整使其适用于解决新的相关任务的过程。

6．添加随机失活；增加数据集的大小；增加数据增强的种类；添加批归一化。

7．鉴于ImageNet中的图像种类繁多，很难选择卷积层的卷积核大小，因此他们并行使用了多种大小的卷积核。

第8章

1．DAVE-2，也可以称为DriveNet。

2．在分类任务中，根据一些预先定义的类别对图像进行分类，而在回归任务中我们生成一个连续预测，例如在本节的例子中，预测的转角介于 -1 和 1 之间。

3．读者可以使用yield关键字。

4．它是一种可视化工具，可以帮助读者理解神经网络关注的重点哪里。

5．需要三个视频流来帮助神经网络理解如何纠正错误的位置，因为侧方摄像头安装在远离汽车中心的位置，可以有效地纠正。

6．出于性能原因，需要确保所有代码仅在客户端上运行。

第9章

1．密集块，其中每一层都与前一层的所有输入和输出连接。

2．ResNet。
3．是 DenseNet 的改编，用于语义分割。
4．因为它可以直观化为 U 型，左侧下采样，右侧上采样。
5．不需要，读者可以堆叠一系列卷积。但由于分辨率很高，将很难获得好的结果，很可能会占用大量内存并且降低处理速度。
6．读者可以使用中值滤波去除可能出现在不良训练网络的分割掩码中的噪声。
7．它们用于高分辨率通道传播，帮助神经网络恢复真实的分辨率。

第 10 章

1．PID 控制器，因为只求解简单的代数方程。回想一下，MPC 需要实时解决多变量优化问题，这需要很高的处理能力来确保驾驶时足够低的延迟。
2．PID 控制器中的积分控制项应用基于系统累积误差的控制输入来校正系统中的稳态偏差。
3．PID 控制器中的微分控制项根据误差的时间变化率调整控制输入，以此来校正超出设定值的情况。
4．代价用于为轨迹分配一个值，理想轨迹中的代价最低。示例中的代价是碰撞代价、连续驱动代价、使用执行器的代价以及不在目标位置的代价。约束是系统的物理限制，例如转弯半径、最大横向和纵向加速度、车辆动力学和最大转向角。

第 11 章

1．建图旨在存储有关环境中可用于导航的空间信息，而定位旨在确定机器人在环境中的位置。
2．odom_frame。
3．SLAM 是必要的，因为地图永远不会拥有当前有关环境的完整信息。所以读者需要随时创建可导航区域的地图。SLAM 还提供了一种不需要昂贵的高精度 IMU 设备即可对环境建图的方法。
4．assets_writer_cart_3d. lua 文件。